图解
精益单元生产
实战手册

ILLUSTRATION OF
LEAN CELL DESIGN
PRACTICE HANDBOOK

王清满　林炜生◎著

人民邮电出版社

北　京

图书在版编目（CIP）数据

图解精益单元生产实战手册 / 王清满，林炜生著
. -- 北京 : 人民邮电出版社，2021.2
ISBN 978-7-115-53282-4

Ⅰ. ①图… Ⅱ. ①王… ②林… Ⅲ. ①精益生产－生
产管理－图解 Ⅳ. ①F273.2-64

中国版本图书馆CIP数据核字（2019）第301267号

内 容 提 要

本书分为四章。第一章介绍了企业推进单元线的原因、单元生产可以为企业带来的优势以及各类生产线的优缺点。第二章从创建连续流、物料配送、设备柔性化、品质内建和可视化5个维度介绍了单元生产的基本要求。第三章通过7个步骤介绍了单元生产的设计布局。第四章提供了单元生产线案例，详细描述了一家企业是如何一步步建立单元生产、提高效率、降低不良品、减少库存的。

本书适合企业生产管理人员、电子工程师、精益从业者、现场改善人员、精益咨询人员以及其他具有一定精益基础的读者阅读与学习。

◆ 著　　　　王清满　林炜生
　　责任编辑　赵　娟
　　责任印制　彭志环

◆ 人民邮电出版社出版发行　　北京市丰台区成寿寺路 11 号
　　邮编　100164　　电子邮件　315@ptpress.com.cn
　　网址　https://www.ptpress.com.cn
　　三河市兴达印务有限公司印刷

◆ 开本：700×1000　1/16
　　印张：15.75　　　　　　　　　　　　2021 年 2 月第 1 版
　　字数：209 千字　　　　　　　　2021 年 2 月河北第 1 次印刷

定价：79.00 元

读者服务热线：**(010)81055493**　印装质量热线：**(010)81055316**
反盗版热线：**(010)81055315**
广告经营许可证：京东市监广登字 20170147 号

人们常说，慢工出细活，创作图书也遵循同样的道理，所以我不断告诫自己，别着急出版新书，多花时间提炼思路、打磨作品、优化结构、简化表述。可是整理出对精益从业者有帮助的书，来减少过程中"过河式"的摸索时间，减少"救援式"查阅资料的时间，减少"无绪式"设计单元生产的时间，也是一件颇为让人欣慰的事情。如此心境成为我创作新书的动力，让我能投入大量的时间完成一本新书。

如今，市场需求模式告别大批量、少品种的模式，演变为小批量、多品种的个性化需求模式，而精益生产可以用少量库存、低成本、快速制作的方式满足客户的需求，它的高柔性、低成本、高品质与新的需求模式吻合。单元生产增强了精益生产的柔性制造能力，可以根据不同需求安排人员数量，将生产线变成无数短线，运用单元生产方式，企业可以培养多能工，利用小型化设备来满足客户多变的需求。

在精益生产中，单元生产几乎成了必不可少的部分，企业可以通过重新设计新的生产线来提高效率，也可以通过单元线将所有的精益改善工具综合在一起应用。在单元线的设计过程中，需要应用标准工时测量、人机工程学、动作改善、线平衡、简单自动化、浪费发现、持续改善等专业知识。只有在5S[即整理（SEIRI）、整顿（SEITON）、清扫（SEISO）、清洁（SEIKETSU）、素养（SHITSUKE），日语发音都有一个 S，所以称为 5S]、可视化、品质内建、物流系统、效率体系等的辅助配合下，正式运行的单元线才能发挥其优势。其他精益工具是一件"兵器"，可是单元生产线不一样。单元生产线是一个"兵器库"，集中了各种精益工具。众所周知，看板拉动在准时制（Just In Time，JIT）生产方式中扮演着重要的角色，但连续流单元线起到比看板拉动更重要的作用。因为 JIT 中一旦允许建立连续流，看板拉动就变成一种浪费。例如，装配线和包装线分割成"孤岛"，需要用到看板传递信息，将装配线和包装线合并变成连续生产线，看板拉动就没有存在的意义。改善优先序的方法是先建立连续流单元线，如果无法实现连续流，则实施看板拉动。

任何企业都想通过一套简单的办法来提升现场管理水平，提供给客户满意的企业产品和服务，使自己变成客户的长期合作伙伴。单元生产线设计或许是实现上述目标的一套系统性方法。企业设计了一条优越的生产线，员工就可以用高效的动作完成作业，使物料准时供应且有条不紊、保持低不良品率等，从而释放单元生产线的巨大魅力。

在企业，生产的主体是生产线，如何分析生产线的优缺点，并根据其优缺点进行进一步改善呢？如何确认当前生产线的生产形式是否是最合适的方式？还有更好的生产线吗？如何设计一条生产线？为什么单元生产线有与生俱来的优点？如何建立单元线的物流系统、品质系统、多能工系统？这些问题都能在本书中找到答案。

本书的第一章介绍了单元生产线设计的基础知识和不同的生产布局方式，比较不同布局方式的优缺点和相应的改善方向，阐述单元线的优点，列举常用的单元生产线类型。

本书的第二章介绍了单元生产线设计的基本要求，单元生产线的基本要求和基本原则。例如，创建连续流、物料定时配送、设备柔性化、品质内建、可视化管理等。

本书的第三章介绍了单元生产线设计的操作步骤，阐述了如何用 7 个步骤建立一条理想的单元生产线。

本书的第四章介绍了印刷电路板装配（Printed Circuit Board Assembly，PCBA）单元生产作业案例，用一个真实的案例展示了单元生产线的设计过程。

本书从单元生产线的知识面、设计面和应用面，全面且具体地展示了单元生产线的设计全过程，使读者对单元生产线有一个全方位的认识，同时在单元生产线的实践过程中提供相应的思路和参考意见。最后结合单元生产线的案例，加深读者对单元生产线现场的认识，使其了解如何开展实施单元生产线项目。

由于笔者水平有限，书中难免存在不足之处，望广大读者不吝赐教、批评指正。

精益爱好者　王清满

目录
CONTENTS

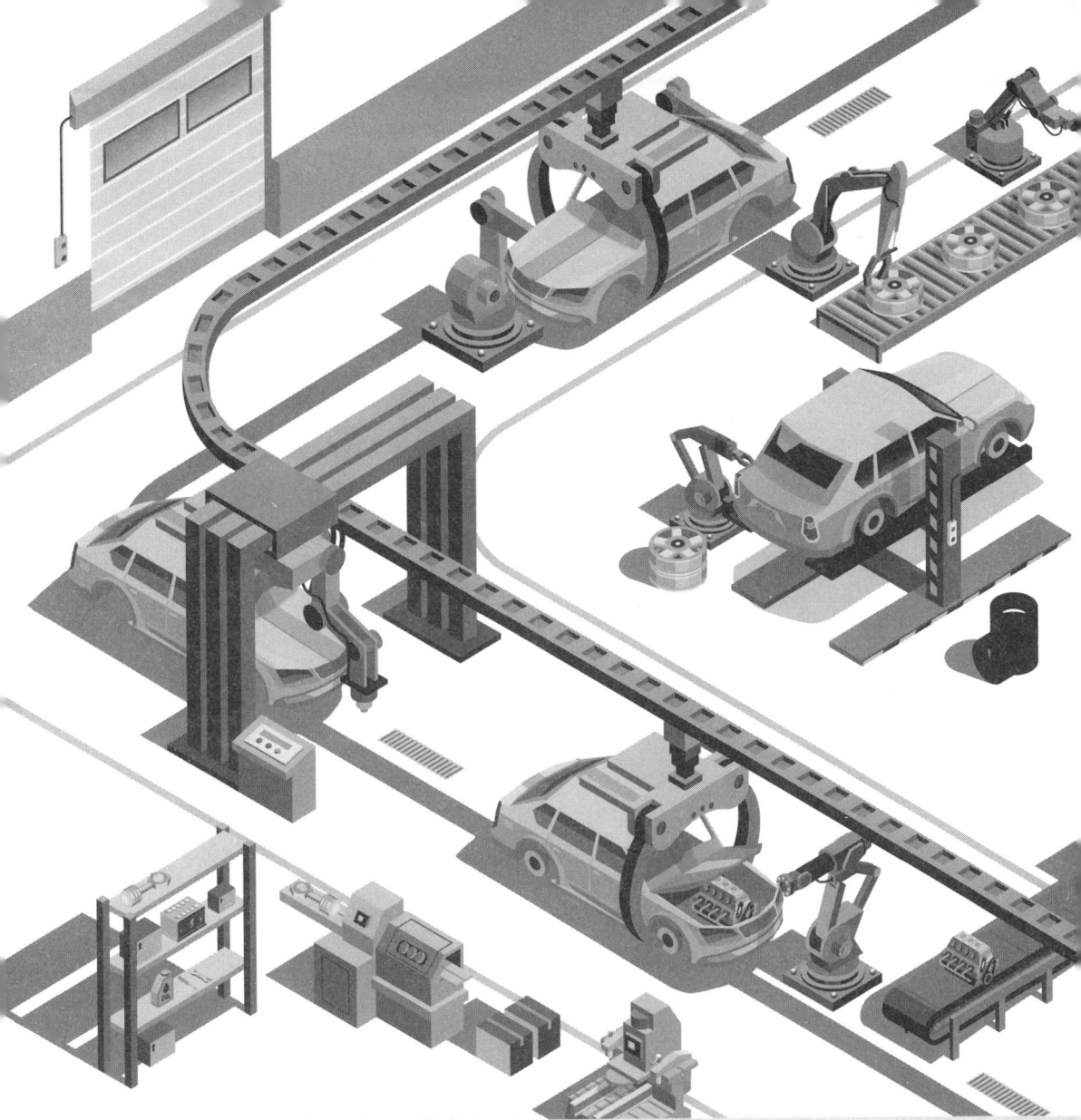

第一章

单元生产线设计基础知识

1.1 常见生产线布局

在生产制造行业，不仅生产的产品各式各样，而且生产的流程也千差万别。生产线布局方式一般分为 4 种。4 种生产线布局方式如图 1-1 所示。

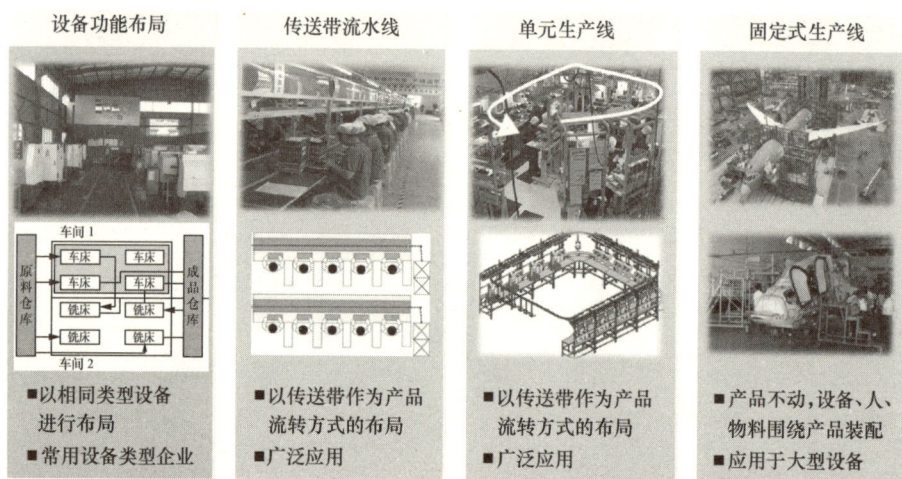

设备功能布局	传送带流水线	单元生产线	固定式生产线
■以相同类型设备进行布局 ■常用设备类型企业	■以传送带作为产品流转方式的布局 ■广泛应用	■以传送带作为产品流转方式的布局 ■广泛应用	■产品不动,设备、人、物料围绕产品装配 ■应用于大型设备

图 1-1　4 种生产线布局方式

1. 设备功能布局

设备功能布局是将相同类型的机器布置在一起形成加工区域的一种生产线布局方式。在这种方式下，需要操作的加工对象按各自加工顺序依次流经各个加工单元，不同产品有完全不同的加工工艺要求和操作顺序。相同的多台设备和不定的工艺路径形成多种生产组合，多样性生产往往带来的不是生产便利，而是生产中各种各样的问题。采取这种布局方式的通常是设备类型企业，例如，模具加工、锻造冲压等企业。设备功能布局的优点是布局容易（只须将相同的设备放在一起）、管理方便、设备利用率高、停机概率小、培养单一技能快等。

设备功能布局的缺点是增加了生产过程中的搬运和产品制造周期。

2. 传送带流水线

流水线是由福特公司创始人福特发明的一种布局方式，一度成为市场上主要的生产线布局方式。传送带流水线将整体工作分解为一系列标准化的分段作业，每个分段作业由一个作业人员负责，待加工产品通过传送带输送到作业人员面前，流水线上的产品是作业人员的加工对象。这种布局的优点是加工速度快、产出高，便于作业人员在短时间内达到工作要求；其缺点是工作单调，要求作业人员长时间重复单一的动作，生产线平衡低，高效率的作业人员要等待低效率的作业人员，造成整体操作效率低，不能完全发挥高效率作业人员的作用。另外，流水线常用于大批量生产，批量越大越能减少成本。传送带流水线适用在标准化较高或者大批量产品加工的行业中，例如，电子工业、汽车工业等。

3. 单元生产线

Cell 是细胞、单元的意思，意味着生产线可以像细胞分裂或死亡一样增加或减少，从而适应需求量的变化。在这种布局方式下，每个人都是一个基本单元，其操作可以被拆分或合并，每个人都是多能工，使生产线的柔性增加。单元生产尽量由一个人完成一个产品的生产，以减少生产线上的传递与准备动作，增加和减少几条小生产线是单元生产的本意。单元生产线具有很高的柔性，为了满足不同客户的需求，可以做出相应的调整。例如，产量低时由一个人生产；产量中等时由 2～3 人应对；产量高时则用全线满员或者增加新的单元生产线来满足需求。由于单元生产线的数量多，每条生产线只要生产一种产品就能生产出不同的产品。

4. 固定式生产线

在固定式生产线布局的方式下，生产的产品是固定不动的，原材料、人员和设备围绕产品进行移动和生产，这种方式广泛应用在大型产品上，产品不易移动，具有体积大、重量大、数量少的特点。

不管生产线按照哪种方式布局，能生产出高品质、低成本产品，员工效率高和工作中心在制品（Work In Progress，WIP）少的生产线都为最佳的生产线。适用最重要，适合本工厂的工艺要求和产品要求才是好的布局方式。因此我们应该根据公司产品、仪器设备、原材料和工艺过程来考虑生产线的布局方式。在现实中也有混合布置的实例，例如，生产中的前加工工序是五金加工或者塑胶加工的可采用设备功能布局，而装配生产线可采用传统的流水线布局方式。

1.2 设备功能布局

设备功能（工艺导向）布局是把大致相同的设备或工艺集中摆放在同一个区域，对产品进行类似加工的一种布局方式。设备功能布局如图1-2所示。

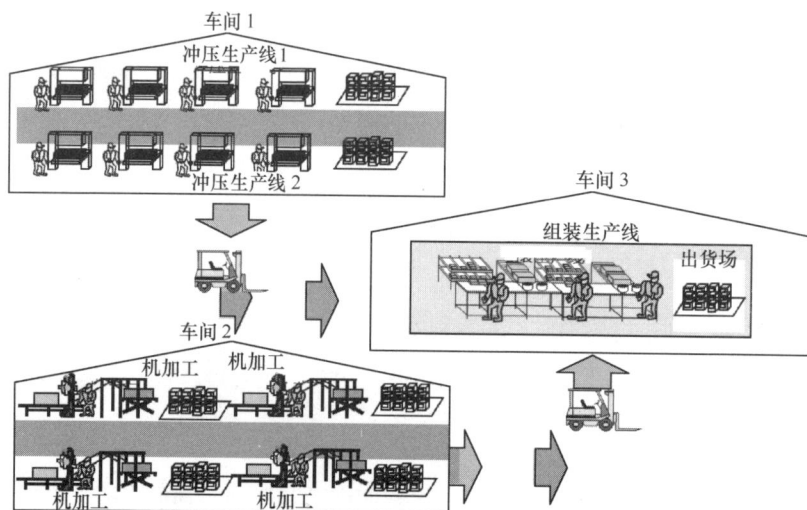

图1-2 设备功能布局

例如，模具加工工厂把车床、铣床、钻床、线切割、加工中心放置在不同的区域，模具根据工艺路线的要求搬运到不同的区域进行加工。模具、冲压、钣金、注塑、机加工都会使用这种布局方式。在这种布局中，人们经常会出现一种惯性思维，看到冲压工厂就会采用设备功能布局，人们在潜意识里认为冲压本就应该通过设备功能布局来进行车间规划设计，而没有进一步思考为什么需要集中放置设备。设备功能布局在我们的工厂适用吗？能够给企业带来什么好处或坏处？其他企业采用设备功能布局的理由是什么？

设备功能布局的优势有以下 4 项。

1. 有利于设备管理和人员管理

将相同的设备和作业人员放置在一起，减少变化，自然就能减少管理上的难度，管理者仅需要管理相同类型的设备和具有相同操作技能的员工即可。

2. 有利于员工提高技能

单一技能或者少数技能重复使用，很容易锻炼作业人员的操作技能，容易培养出技术上的尖兵，但是这些尖兵在技术的广度应用上可能有所缺失。

3. 设备故障影响最小

在相同区域内会有很多台同样的设备，如果一台设备出现了故障并不会影响产出，可以直接转到另一台设备进行加工，维修人员也相对更容易进行维修。同样的设备出现多次故障，而这些设备的原理和结构都是相似的，备件也更好管理。

4. 调配设备产能负荷

设备集中摆放在一起很容易看出设备的负荷程度，也容易将满负荷设备的工作计划调配到其他设备进行生产。汇总加工工单可以提高设备的使用率，不会出现因为上游未加工完成而造成部分生产线环节等待的现象。

1.2.1 设备功能布局方式缺点 1：搬运浪费

设备集中摆放，上下工序产品流转很不方便，搬运的具体工作需要搬运人员把产品从一个车间搬运到另一个车间，搬运的路线很长。如果车间在不同的楼层、不同的区域，距离会更远，除了搬运距离变长之外，搬运次数也会变多。为了节省搬运人员的时间，一般是要堆积了大量的产品之后才开始搬运，形成一天搬运一次或者两天搬运一次的习惯。此外，还要增加不少搬运人员和设施。设备类型的布局就是一种离散型的布置方式，增加了很多孤岛作业的情况，上下游的信息很难进行沟通和协调，从而造成了搬运的无序化，增加了异常搬运的频次。设备功能搬运如图 1-3 所示。

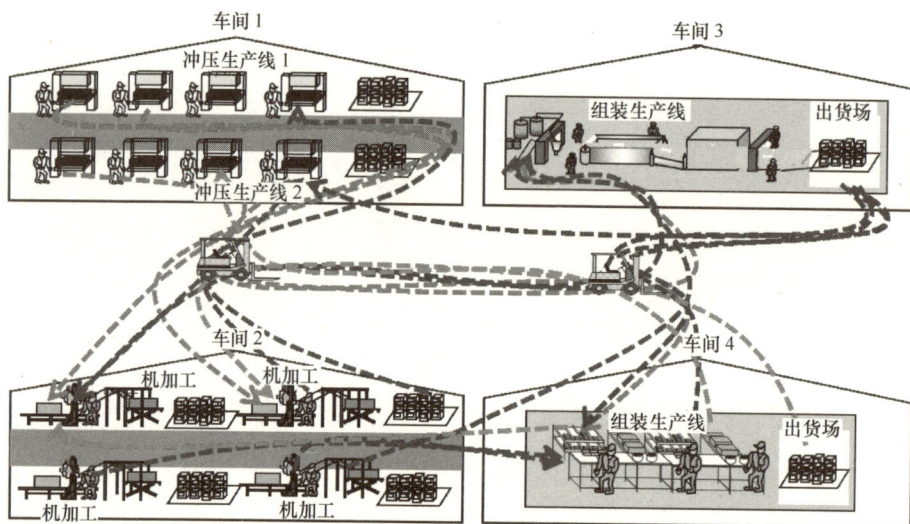

图 1-3 设备功能搬运

为什么需要搬运？因为设备功能布局不合理，或者上下两个工序不连续、中间有隔断。有隔断就会出现搬运需求，将需要搬运的上下两个工序连接在

6

一起，形成连续流的生产方式，这样就不会产生隔断，或者大幅减少需要搬运的概率。然而，按设备功能布局往往会将上下工序断开，从而产生大量需要搬运的工作。单独考虑搬运可能造成的浪费就是增加人员数量和工作时间，搬运过程产品工艺路线多样化、搬运次数多再加上生产没有进行先进先出（First Input First Output，FIFO）控制，就会形成所谓的乱流。FIFO是指先入库的材料先发出，按先入库的优先发出材料，发完该批再发后一批次。如果不按顺序则会造成先到货物长期堆积在仓库里，以及造成库存次序的混乱。有些人不太在意搬运产生的成本浪费，认为最多就是增加人员和设备，可是搬运产生的浪费不仅影响人力成本和设备成本，还会造成其他方面的浪费。

1.2.2　设备功能布局方式缺点 2：产生乱流

在设备功能布局的生产条件下，经常会出现需要的物料没有办法准时送达的情况。各加工车间按照自己"最优化作业"排序，而不是按照组装车间产品计划排序，零件杂乱无章地向自己的车间输送过来，而要装配的产品却缺乏零件，暂时不装配的产品零件却在堆积。往往有人认为造成这种情况是由于没有制订好生产计划，或者生产计划没有被执行好。其实，出现这种问题的一部分原因是生产布局方式导致了产品乱流。产品乱流现象出现后，意味着所有的计划是失控的，原本安排这台设备生产，而该设备处于满负荷状态，因此需要移到另一台设备上生产，而另一台设备还在执行原先的运行计划。另外，当乱流现象出现后，管控产品的进度也失效了。设备功能乱流情况如图 1-4 所示。

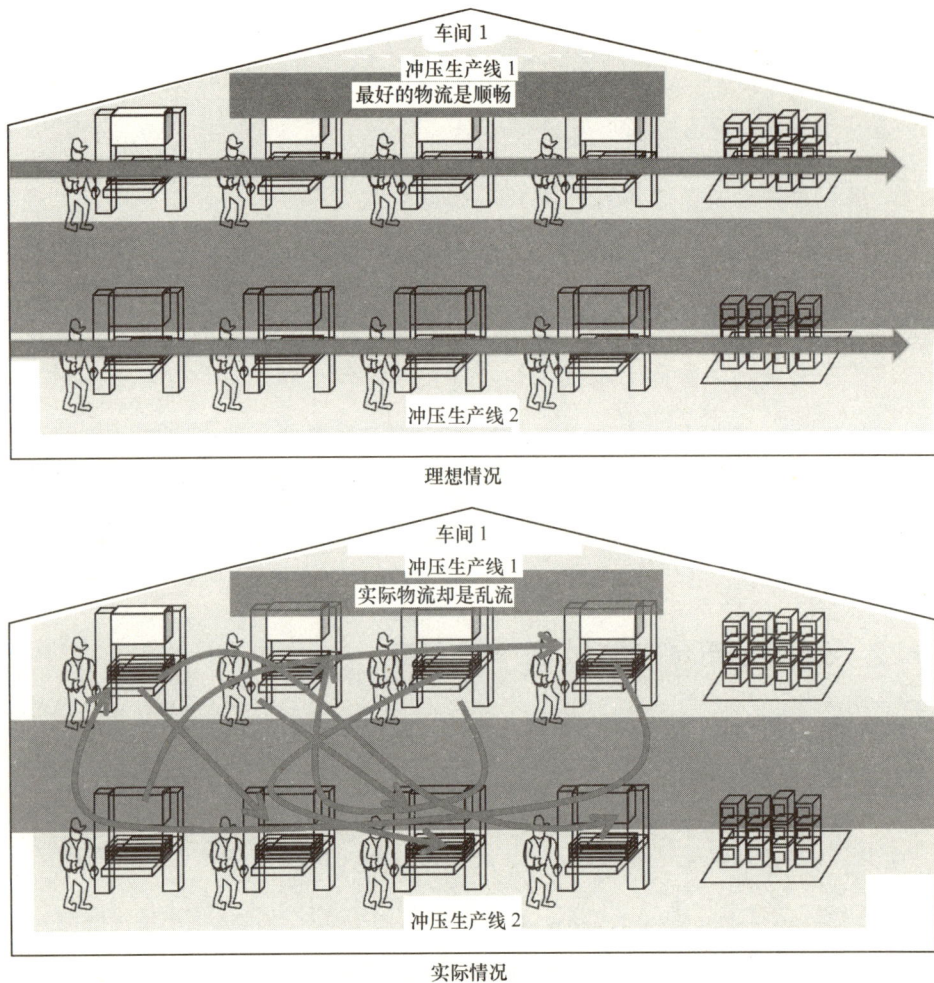

图 1-4 设备功能乱流情况

产生乱流的具体原因如下所述。

一是有几台相同的加工设备，根本没有办法确认是在哪台设备上加工，一般是看到哪台设备空闲就安排哪台设备，后续工序由其他几台设备加工，从而看到产品在设备之间无序、无规则地流动。产生乱流还因为不同的产品有不同的加工路径，一种产品可能不会产生乱流，但是当多种产品与不同的工艺路线混合在一起时就容易产生一团乱麻的现象。

二是每个加工区域都有大量的库存，库存并没有做到先进先出，这样就导致先到的产品没有及时生产，后到的产品反而先被安排生产。综合多种原因，再加上管理者没有特别干预协调，最后就出现了乱流现象。

当产品处于乱流状态时，生产进度把控和计划准时达成就会完全处于一种失效的状态，没有办法在规定的时间内生产出产品，就无法知道生产的产品处于哪个环节，还需要多长的时间才能够生产出产品。这时候就会出现更多的人工干预。例如，到现场查看产品进度；加班赶交货期；责令每个区域加快生产客户着急的订单；向客户解释为什么产品不能按时交货等。

1.2.3　设备功能布局方式缺点 3：制造周期长

我在工厂里经常看到每个工段加工的时间很短，总共加起来几十分钟，可是从投入原材料到最后成品加工完成的制造周期，需要几天或者几个星期。那大量的时间都浪费在哪里呢？

批量加工过程需要时间来完成，完成加工的产品要停下来，等待所有产品加工完成。待产品加工完成后，需要等待搬运人员将产品搬运到下一个工序。到了下一个工序也不能马上生产，理由是生产工单里要求的生产时间没有到，产品无法提前生产。工序等待可能是因为物料短缺，也可能是因为生产线正在加工产品，需要等待正在加工的产品加工完毕，这些都会使产品的制造周期变长。设备功能布局下的等待浪费如图 1-5 所示。

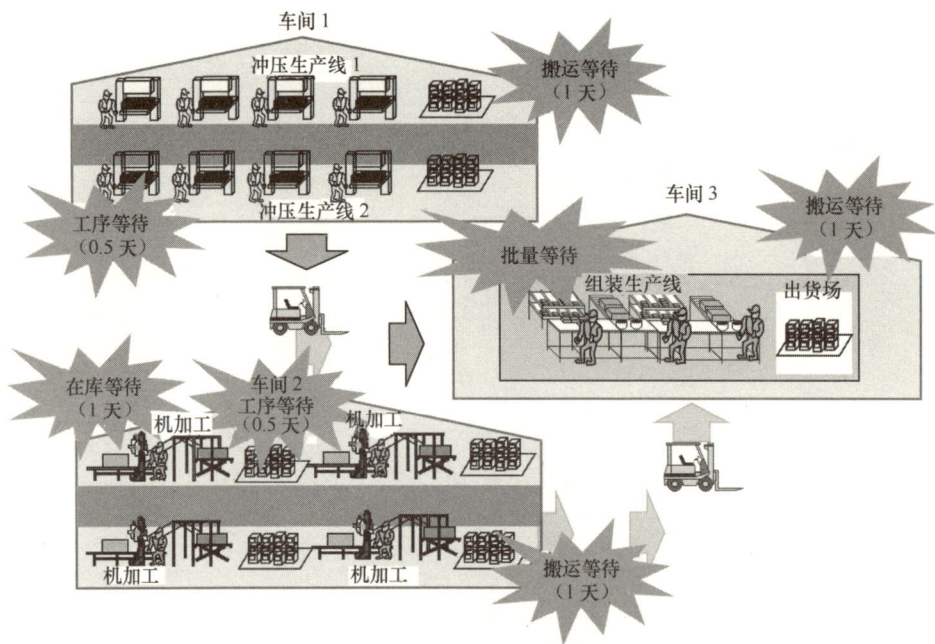

图 1-5 设备功能布局下的等待浪费

产品的制造周期长对企业生产有哪些影响？

1. 减缓现金流周转次数

一元钱和十元钱代表的价值是不一样的，但是相同时间段内一元钱周转十次和十元钱周转一次所产生的价值是一样的。如果制造周期变长，现金流动速度将变缓，公司需要投入更多的现金，现金流一旦出现问题会导致企业经营受阻。

2. 无法快速满足客户需要

客户临时变更交货日期。例如，从 10 天交货变为 3 天交货，在这种情况下，原来制造周期为 3 天的可以 3 天交货，但制造周期为 10 天的则无法满足客户 3 天交货的要求。如果无法快速满足客户的要求，则意味着客户将会减少相应的订单。

3. 产生更多的库存

制造周期长的库存数量一定要比制造周期短的库存数量多，这是因为库存需要积压更长的天数、停留在工厂的时间更长，从而形成更多的库存。

4. 降低竞争力

相同的价格、相同的品质，制造周期短的产品更受客户的喜欢。以购买汽车为例，现在市场上存在价格相近、品质相当的各种品牌汽车，在这种竞争环境下，短时间内能为客户提供新车就变成一种竞争优势。制造周期与库存有相同的功效，它们可以衡量一家企业的运营能力。库存量大意味着企业缺乏有效的管理方式或把很多问题用库存掩盖起来。库存量大、制造周期长的企业一定不是一家好的企业。

1.2.4　设备功能布局改善方向

设备功能布局的优点是作业人员管理容易（同一类的员工）、通用性强（所有的产品都在布局内生产）、故障不影响整体产出（一台设备损坏了还有其他备用设备可以生产）、作业人员培训周期短。尽管如此，一般不建议企业采用设备功能布局方式。有些企业因为自身行业的特殊性，认为在企业内部不存在（有办法针对缺点进行解决）设备功能布局的缺点，这样的企业就可以继续使用设备类型布局。设备功能布局可以采用连续流生产线或单元生产线方式，这不仅给企业带来了巨大的收益，还符合精益五大原则中关于创建连续流和实现连续生产的原则。

创建连续流在不同的行业存在不同的情况，最简单的改善方式是将原来离散的生产区域合并为一条生产线，生产线可以是流水线也可以是单元生产线。若原来离散的生产区域变为流水线以后，原来需要的搬运不需要了，作业人员可用"手递手"的传递方式代替。原来产品为乱流，现在产品可以有规律地从流水线的起始端流动到末端，直接变成成品，这样既容易安排计划也容易监控产品进度，还可以消除过程中的等待，使整体制造周期变短。单件流改善如图1-6所示。

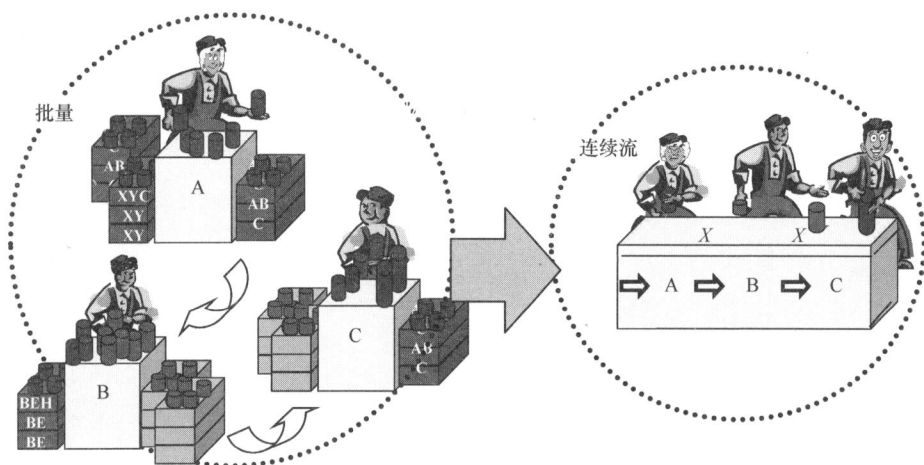

图1-6 单件流改善

> 不同的布局方式具有不同的优点和缺点，设计布局时要结合产品的特点进行分析，适用的布局方式可以给生产制造环节带来不同的优势和劣势。布局的优势是我们选择它的理由，同时，我们要想办法克服布局的劣势。

1.3 传送带流水线

流水线是每个作业人员承担一个工序，通过传送带输送到下一个工序完成制品的生产方式。传统流水线如图1-7所示，传统流水线实景如图1-8所示。

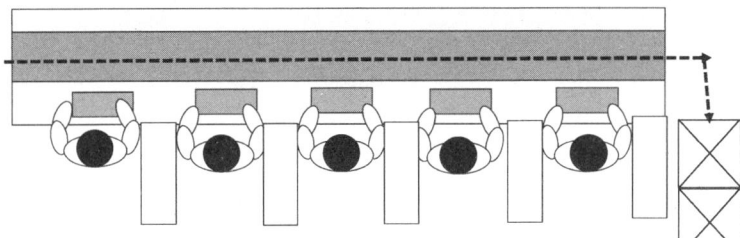

图 1-7　传统流水线

图 1-8　传统流水线实景

　　一般情况下，在讲流水线时，我会提及福特汽车的流水线。福特汽车的流水线一度成为批量制造成本低、大量满足客户需求的经典的生产方式。

　　在流水线出现之前，每装配一辆汽车需要 728 个人工小时，当时汽车的年产量大约为 12 辆。1913 年，福特改革了装配汽车的全过程。不久之后，福特公司一年就生产出几十万辆汽车，当时，这是一项极为出色的成就。这个新系统如此有效且实惠以至福特将生产出来的汽车降价一半，降至每辆汽车 260 美元，让一直买不起汽车的人也有机会购买到心仪的汽车了。第一条流水线使每辆 T 型汽车的组装时间由原来的 12 小时 28 分缩短至 10 秒，生产效率足足提高了 4487 倍！

　　流水线究竟是怎样提高速度的？

　　流水线把一个重复的过程分为若干个子过程，每个子过程可以和其他子过程并行作业。这种方式可以把原来需要几个作业人员做完的工作分割给更多的作业人员来完成，每个作业人员只负责工作中的一小部分，产出效率自然就提高了。"让零件向作业人员走来，而不是作业人员向零件走去。"作业人员只须站在传送带旁的固定位置上不假思索地重复简单的动作，所有多余的环节和无效的劳动就被压缩了，从而提高了生产效率。

福特花费了大量的精力研究如何提高劳动生产率，他把装配汽车的零件装在敞口箱里，放在传送带上，送到作业人员面前，作业人员只须站在传送带两边，就节省了来往取件的时间，而且在装配底盘时，让作业人员拖着底盘通过预先排列好的零件，负责装配的作业人员就可以直接安装，这样装配速度自然就加快了。

流水线使作业人员分工协作，每个作业人员只需要重复自己的那道工序就可以提高生产效率。作业人员间的分工更为精细，产品的质量和产量大幅提高，极大地促进了生产工艺过程和产品的标准化，有效解决了生产资料、技术、组织和生产过程需要结合起来等问题。福特为了进一步节省成本，简化部件，大批量生产，低价销售，"更多、更好、更便宜"的经营思路在此时大体形成了。

福特流水线非常适合大批量生产制造，特别是在商品匮乏的年代，福特流水线可以快速生产出各种产品以满足客户的需求。随着社会的不断发展，客户要求产品具有更多的独特性，这个时候大批量的生产方式就暴露出一些问题。福特不允许汽车设计上有任何他认为多余的部件和装置，为了减少因为模具更换而损失的生产时间，也为了避免因品种繁多而带来的库存费用增加，福特只生产单一型号、单一色彩的"T形车"。销售人员多次提出增加汽车的外观喷漆色彩，福特的回答是："客户要什么颜色都可以，只要它是黑色的。"

传送带流水线生产的优势主要体现在以下 4 个方面。

1. 加工速度快

每个作业人员被安排操作某段工作，能够在很短的时间内完成工作并到下一个工位，从而在短时间内完成一个产品的生产。加工效率提高之后，就可以压低制造成本，以更低的价格卖给客户，满足了当时社会物资需求井喷的情况。

2. 对作业人员的要求不太高，作业人员培训的周期比较短

由于每个作业人员只负责一小段工作，动作重复性很高，操作内容也比较少，流水线作业快速将农民转换为作业人员。

3. 搬运少

产品和零件传送到作业人员面前可以减少很多搬运的动作，避免作业人员因寻找和取出物料并移到合适的位置安装而耗费时间。

4. 实现连续流生产

产品通过流水线组装可以实现从原材料变成成品的转换过程，其间没有任何离散型作业。

1.3.1　传送带流水线缺点 1：故障会导致全流水线停止

传送带流水线与设备类型的布局不同，如果一个工位停止工作或者出现故障，整条线就会停止工作。一个作业人员的工作可以影响整条线的产出，如果一个作业人员在规定时间内无法完成工作，将产品直接拿出流水线，导致后续的作业人员都有一个空节拍。生产线越长，空节拍的问题就越严重，就会产生更多的无效产出。为了防止空节拍的情况，一般在工位之间会放置 1～2 个在制品，当出现空节拍时，作业人员开始拿出在制品进行加工，从而补充空节拍的时间。

1.3.2　传送带流水线缺点 2：生产线平衡差

在生产平衡做得比较好的时候，生产线的平衡率为 80%～90%。如果生产线的平衡率为 80%，意味着 20% 的生产力白白损失了。作业人员可能在等待上一个工序的产品，可能空闲下来什么活也不做，或者一个作业人员相当卖力地工作却依旧有很多待加工的产品，这些都是生产线不平衡的表现。一边是作业人员没有工作可做，另一边是作业人员怎么做也不能完成工作。将生产线上没有工作的人员数量除以全体生产作业人员数量就可以得出生产线的大致平衡率。要想提高生产线效率，首先要考虑做生产线平衡改善的工作，重新测量每个工位的标准工时，画出生产线山积图，重新调整每个工位的工作内容，使生产作业人员的工作负荷尽量保持一致。生产线平衡差示意如图 1-9 所示。

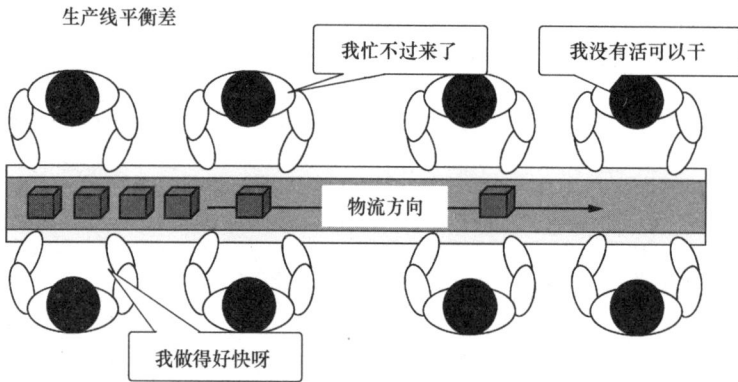

图 1-9 生产线平衡差示意

1.3.3 传送带流水线缺点 3：最慢的人决定产出

作业人员的操作速度有快有慢，很难找到一组人在相同速度下进行生产。在传送带流水线上，作业人员操作效率不一致的问题会被放大，因为最慢的作业人员决定整条线的产出。就像在高速公路上行驶的汽车，如果在单行道上行驶，最慢的那辆车的速度决定后面所有车的行驶速度。在新的作业人员刚开始工作时，这种影响会变得非常明显，一个新的作业人员可以影响整条线的产出。最慢的作业人员成为重点改善对象。想要改善瓶颈工位的问题，可以消除瓶颈工位的浪费动作，或者想办法降低瓶颈工位的作业时间，例如，引入更好的工装夹具实现简易化、自动化，或者将部分工作转移给其他作业人员。有时候瓶颈工位会悬挂一个瓶颈工位标识牌，提醒相关人员对瓶颈工位进行改善。流水线瓶颈如图 1-10 所示。

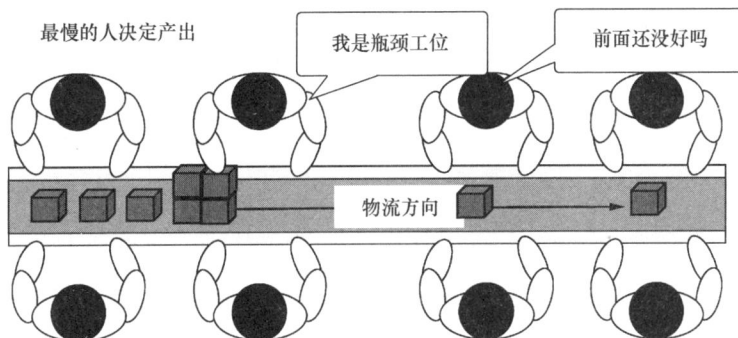

图 1-10　流水线瓶颈

1.3.4　传送带流水线缺点 4：缺少相互帮助

由于作业人员各自负责不同的工作，操作快的作业人员并不一定能够帮助操作慢的作业人员，另外，因为分工不同，有的作业人员是做检验的，有的作业人员是做操作的，做检验的作业人员很难帮助做操作的作业人员。想提供帮助的作业人员很难知道前面的作业人员做到哪一步了，也很难相互协助。现场很难让作业人员在固定的时间完成每个操作，因为总会出现异常，例如，物料卡住出料盘、设备安装异位、物料方向不对、工作一段时间后需要取新物料等，这些情况都会导致传送带无法按时完成动作，需要其他作业人员协助。流水线缺乏帮助如图 1-11 所示。

缺少相互帮忙

我忙不过来了，
谁来帮我

等待中

物流方向

我做得好快呀

我是做检查的人

我帮不了忙

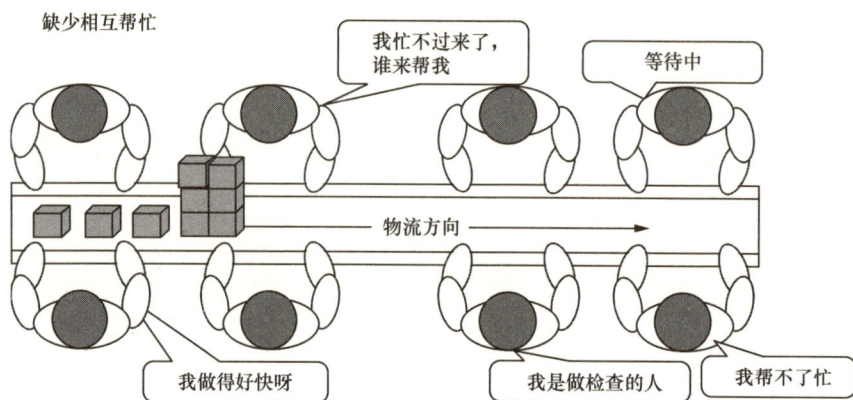

图 1-11 流水线缺乏帮助

有些精益改善人员一看到传送带就想取消，认为传送带占用了生产空间，增加了作业人员追赶节拍的紧张感，无法进行拉动式生产以及增加了作业人员的取放动作（作业人员需要把产品放到传送带上，加工时需要将产品从传送带拿到工作区域），作业人员也可以用"手递手"的方式传递产品。虽然传送存在这样或那样的弊端，但是我们还要进一步分析，如果产品比较重、不太容易搬运，这就需要使用传送带来转移上下工序的产品，例如，丰田汽车总装厂现在还在使用传送带运送待加工的车体。

传送带流水线一直成为生产线布局的主要方式，对于提高生产效率和满足客户的巨大需求起到不可估量的作用。传送带流水线一般采用大批量生产降低成本，这在客户需求比较单一的年代不会有什么较大问题，但是在如今客户需求多样化的年代，大批量制造变得异常艰难，需要大量的库存和设备，导致大量的产品积压，给企业的生产增加了很多运营成本。如果当生产方式变为小批量、多品种，同时还想保持低成本的模式，就要引入精益生产或者单元生产线方式，以更加柔性的方式满足客户的需求。

传统流水线比设备功能布局更有利于产品流动，适应大批量制造，能够将作业人员快速培养为熟练工，在单位时间内能够大量产出，但是这种方式很难适应如今小批量、多品种的客户需求，所以需要进一步优化改善。

1.4　单元生产线

单元生产线具有很强的柔性，能满足小批量、多品种的生产方式，也能满足当前的消费模式。在商品不再匮乏和社会生产水平不断提高的当下，人们不再追求同质化产品，而是追求独一无二的定制产品。这个时候大批量、少品种的生产方式就不能满足市场需求了，转而形成小批量、多品种的生产方式。单元生产线因为更能满足小批量、多品种模式而不断展示其优越性。

单元生产线的柔性体现在以下几个方面：产品容易切换，单元生产线都为短线，换线总损失时间短，可以同时生产不同型号的产品。船小好调头，短线生产的生产平衡率不但较高而且更容易切换产品。根据订单情况随时调整生产线人员数量和生产线数量也是单元线的特点，在 30 ～ 50 人的流水生产线上，很难根据客户不同的需求调整生产线人数，但是在单元线上调整人数就相对容易。另外，单元生产线一般使用的是小型设备，小型设备的投资较少。如果客户订单增加，则可以增加新的生产线来满足客户的需求，如果客户订单减少，也可以对生产线进行简单改造以生产其他产品。

单元生产线是传统传送带生产线的改进版本。例如，传统流水线的平衡率很低，但是单元生产线的平衡率可以达到100%；传统流水线作业人员不能相互帮助，但是单元生产线在工作交接区域作业人员可以彼此帮助；传统流水线很难应对小批量、多品种的订单，单元生产线却可以很好地适应小批量生产。

生产线看似是单元生产，其实质却不是单元生产，单元生产线必须满足以下 4 个基本要求。单元线要求如图 1-12 所示。

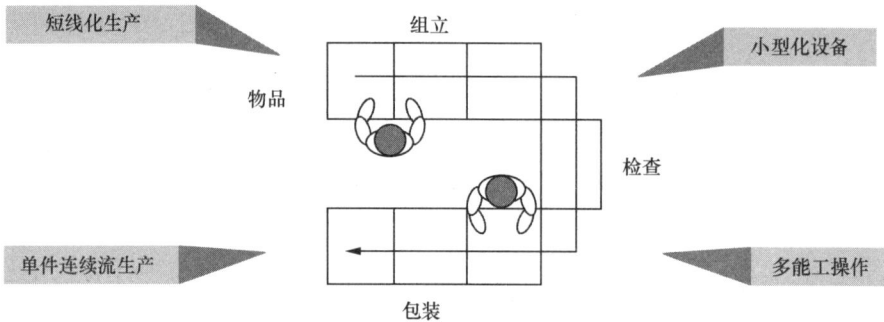

图 1-12　单元线要求

1. 单件连续流生产

前面提及的离散型设备布局方式一定不是单元生产线，因为离散型生产方式会带来多余的搬运，若生产线产生乱流，需要更长的制造周期，而单元生产线要求一定要形成连续流。很多机加工行业想要使用设备类型的布局方式，可以采用工序流畅化改善，将原来的设备类型改为工艺布局方式，这样可以让一个产品从头到尾连续生产，减少了很多搬运、库存和等待的时间，不仅提高了效率，同时也便于监控生产计划。连续流改善如图 1-13 所示。

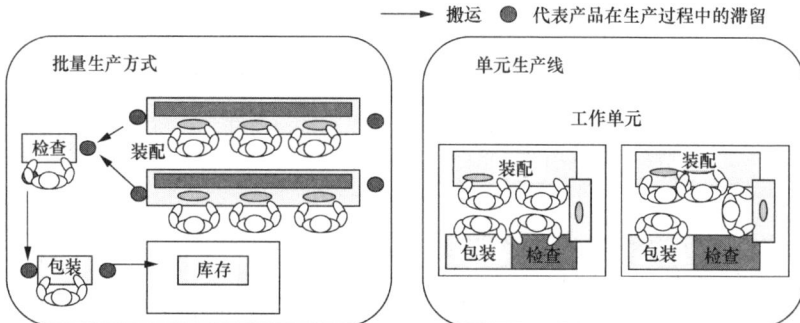

图 1-13　连续流改善

2. 短线化生产

单元生产线有人数限制，一般为 1～8 名作业人员，限制人数的目的是实现短线化生产。短线化生产可以实现更高的生产平衡，并可以实现同时生产几种型号的产品。短线化生产有可能占用更多的设备，这就需要考虑如何让几条短线共同使用价格较高的设备。早期流水生产线往往会设计成很长的生产线，例如，生产电视机的流水线长度达到 100 米。生产线越长，异常空节拍无作业的情况就越多。长线可以向短线改善，然后再向单元生产线改善。现场改善方向如图 1-14 所示。

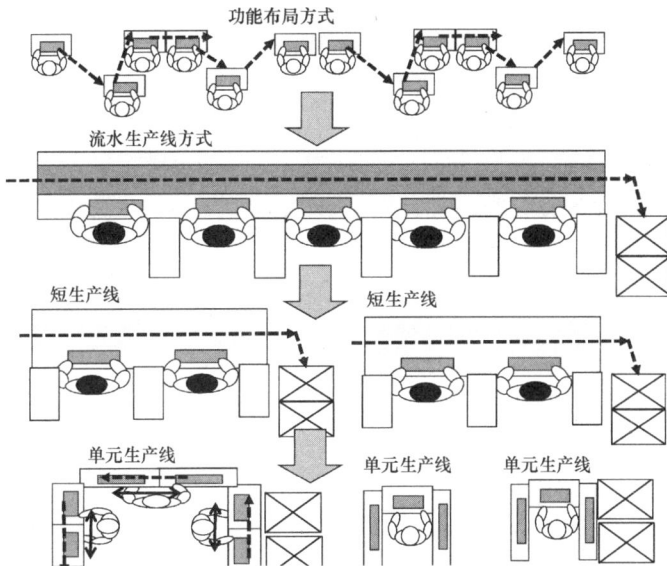

图 1-14 现场改善方向

3. 多能工操作

在单元生产线上，作业人员一般不会固定在一个岗位上，经常需要一个人操作几个工位，甚至一个人要完成产品的全部组装工作，这就要求作业人员必须是多能工。

4. 小型化设备

大型设备往往会为了追求生产的最大化而牺牲产品的切换次数，这容易造成生产过量，生产了很多不需要的产品放到仓库中。另外，大型设备在做流程化生产时，很难编排到生产线中形成连续流，这是因为设备太大、设备运行速度过快、很多生产线共用导致的。同时，大型设备的操作区域比较大，容易造成动作浪费和移动上的浪费。小型设备具有以下特点：节省空间，设备之间的距离比较近，可以减少作业人员走动的距离。小型化设备调整了设备的可移动性，当流程变化或试验新产品时，把它们移动到另外的地方更容易。设备小型化，价格也就更便宜，这样可以进一步扩大生产线，同时由于小型设备的稳定性较强，可以减少维修的等待时间。小型化设备改善如图 1-15 所示。

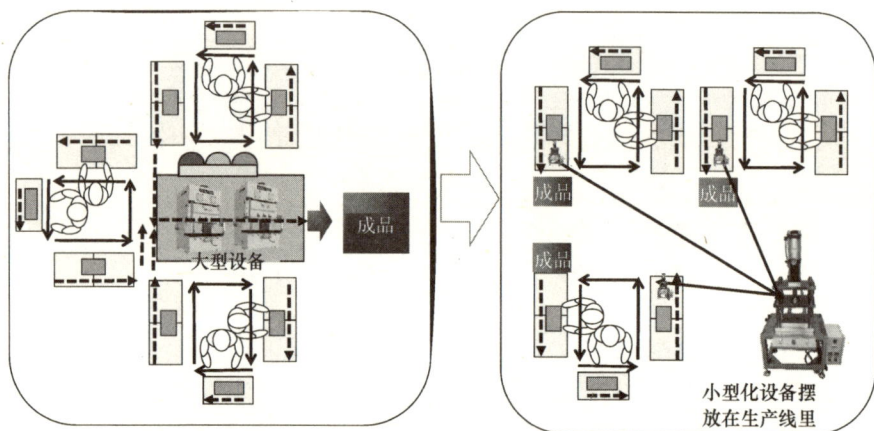

图 1-15　小型化设备改善

1.4.1　单元生产线的优势 1：减少取放时间

在传统的流水线上，作业人员在开始作业时要把加工的产品从上一个工位的放置区域拿取之后放到自己的加工区域，这个取放动作的操作距离一般是 25 厘米，操作时间是 1 秒。作业人员做完后需要将产品放置到合适的区域完成另一个取放动作。随着一条生产线上的人数越来越多，这类的无效取放动作也越来越多。但是在单元生产线中，就不需要来回在不同工位间的取放动作，因为一个作业人员可以做完所有的工作，减少了取放的次数并消除了动作上的浪费。

取放时间减少示意如图 1-16 所示，流水线上的 3 个作业人员完成工作的操作时间分别为 8 秒、10 秒和 12 秒，生产线的平衡率为 83.3%，每小时能生产出 300 件产品。而在单元生产线上，由于一个作业人员就可以完成操作工作，节省了工位间传递的取放动作，即把原来的操作时间降为 6 秒、8 秒和 10 秒，共需要 24 秒完成一个产品，每小时产出 150 件，只要两个作业人员就可以完成原来每小时 300 件的工作任务，从而节省一个作业人员。

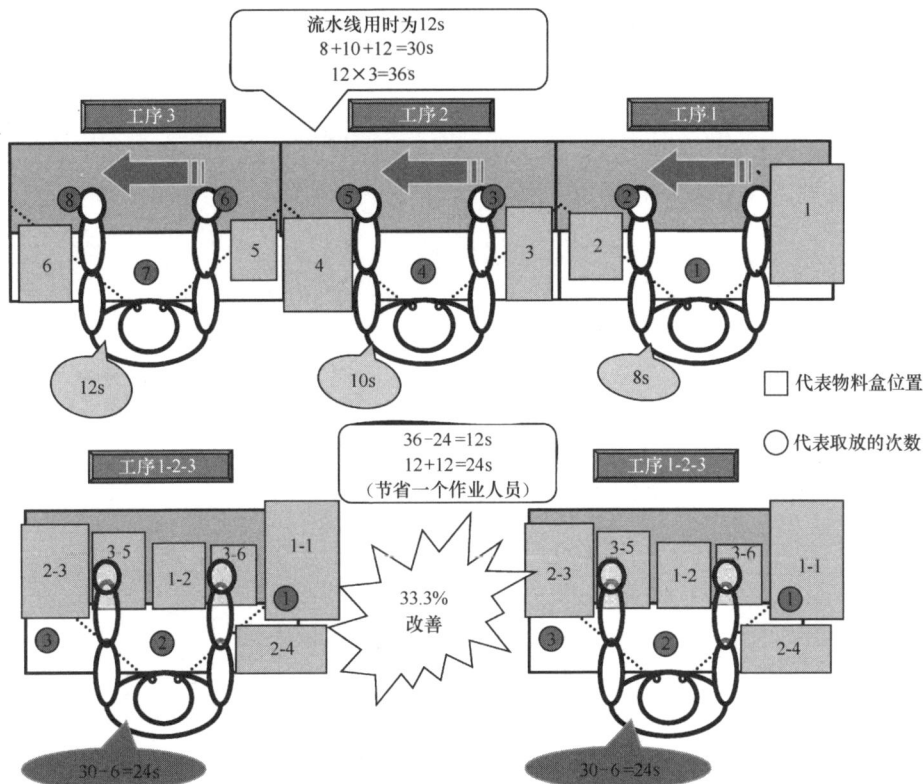

图 1-16　取放时间减少示意

1.4.2 单元生产线的优势 2：快速应对生产变动

在传统的流水线上，如果客户从原来每日需要 1200 件变为每日需要 1500 件，应对的办法之一是用工业工程（Industrial Engineering，IE）重新设计、规划每个工位的工作量，但这样做会造成 IE、线体变化、水电气切换、设备搬迁等的工作量变大，应对这些工作需要消耗很大的精力。但是在单元生产线中，面对客户需求的变化，只需增加或减少相应的单元生产线数量即可。

1.4.3 单元生产线的优势 3：应对生产产品型号的切换

在传统的流水线上，为了生产不同的产品，如果客户既需要 A 又需要 B 和 C，那就只能通过换线来达到这个目的。换线损失时间一般在 30 分钟左右，产品种类越多，换线的损失时间也就越多，因此很多生产管理人员不愿意换线，而是希望将几个月的订单都完成后才换线，这会造成几个月的库存。但是在单元生产线中，为了满足不同产品的切换，只须分配给每个单元生产线不同的生产型号。即便需要切换生产线，切换生产线影响的只是一个人或少数几个人。这个优势也让单元生产线可以适应小批量、多品种生产。生产换线变化如图 1-17 所示。

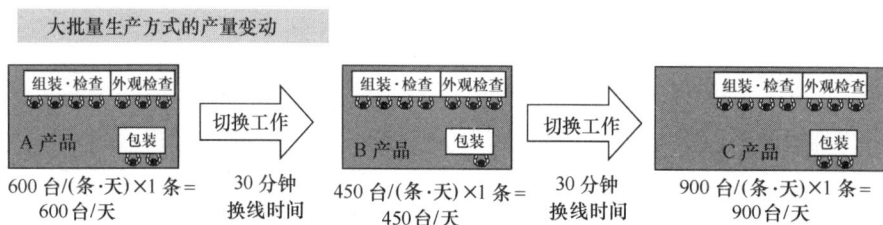

图 1-17 生产换线变化

单元生产方式的产量变动

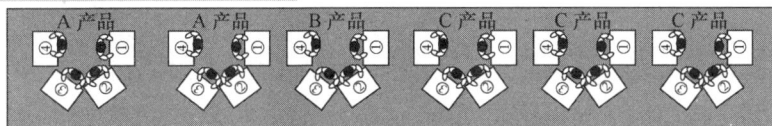

不同的设置，不同的生产线

图 1-17 生产换线变化（续）

1.4.4 单元生产线的优势 4：平衡率高

在生产改善中，有时长线需要改为短线，有时短线需要改为单元生产线，为什么要进行这样的改善？理由是人越少，生产线的平衡率越高。例如，在长线中需要 16 个作业人员完成工作，生产线的平衡率为 80.6%，在短线中需要将两个人的操作合并为一个人操作，操作时间是两个工位时间相加之和，没有做任何改善，生产线的平衡率为 83.8%。两个工位合并为一个工位，整条生产线变成 4 个人生产的单元生产线，这时生产线的平衡率可以达到 88.6%，从这个过程中可以看出，只要合并工位就可以改善生产线。平衡率对比见表 1-1。

表 1-1 平衡率对比 （单位：s）

工位	测量时间平均值	长线	短线		单元生产线	
		工时	工时 1	工时 2	工时 1	工时 2
ST-1	37.0	37	71	66	136	121
ST-2	33.7	34				
ST-3	33.3	33	65	60		
ST-4	32.3	32				
ST-5	33.3	33	67	62	142	127
ST-6	34.0	34				
ST-7	36.3	36	75	70		
ST-8	39.0	39				

（续表）

工位	测量时间平均值	长线	短线		单元生产线	
		工时	工时1	工时2	工时1	工时2
ST-9	26.7	27	53	48	101	86
ST-10	26.0	26				
ST-11	23.3	23	48	43		
ST-12	25.3	25				
ST-13	29.3	29	56	51	124	109
ST-14	26.7	27				
ST-15	33.0	33	68	63		
ST-16	34.7	35				
Σ		503	503	463	503	443
线平衡率		80.6%	83.8%	82.7%	88.6%	87.2%
标准工时（取瓶颈值）		39	75	70	142	127
每小时产出（台）		92.8	47.8	51.2	25.2	28.2

单元生产线的平衡率可以达到100%，这是因为一个作业人员操作时不受其他作业人员的干扰，因而操作速度可以实现得最快。日本的很多公司把生产线转为单元生产线，这样就可以知道每个作业人员操作速度的差异，同时，每个作业人员一天生产的数量就说明了作业人员的加工速度，公司很容易监控产品的品质，因为通过产品就能追溯到是由谁生产出来的。

单元生产线可以减少生产周期，减少取放动作的次数，减少从大型设备走到工位间所造成的移动时间浪费，在生产过程中，严格控制在制品的数量，从而达到减少数量的目的。在单元生产线模式中，线上在制品控制最小化，减少设备一次加工的数量，严格供应原材料，按照一定的消耗周期适时适量补充，这样能使线上在制品的数量显著降低。在制品数量少，工位上几乎没有堆积和碰撞的情况，从而减少了产品外观因摩擦而刮花的情况。一旦出现不良品，整条生产线停止，迫使问题暴露出来。虽然短期会影响产品产出，但是坚持不懈地推行这种模式则可以养成出现问题便立即找原因并解决问题的习惯，无形中使产品质量得到提升。

设备投资规模小，小型化的设备采购成本低，甚至可以由内部设计制造。小型化设备的使用相当灵活，场地搬迁容易，更容易融入生产线，在柔性化和成本上比大型设备更有优势。

单元生产线有利于企业建立激励制约机制，提高劳动生产率。传统的生产线一般实行生产线统一绩效考评机制，不能有效地进行区别激励，即使作业人员的操作速度快也无法体现出来。而单元生产线的人员看一眼便知，容易统计作业人员的操作速度，更容易区分不同作业人员的工作表现，也就可以使用有区别的激励措施。

单元生产线可以改变人机关系。传统生产线因为产能大，基本是一个作业人员一个工位，操作内容单一枯燥，作业位置固定，工作时间长，作业人员容易疲劳、厌倦。单元生产线中节拍时间长，一个作业人员能够同时操作多台机器，作业内容及作业范围比较丰富，也可以间接提高作业人员的兴趣与积极性。

单元生产线生产与批量流水线生产的对比见表 1-2。

表 1-2 单元生产线生产与批量流水线生产的对比

项目	单元生产线生产	批量流水线生产
产品特点	品种多样	品种单一
设备和工装夹具	小型、灵活、柔性高	专用、高效、价高
分工和作业内容	多任务、复杂	细致、简单、重复
操作工作	多技能	专项技能
库存水平	低	高
生产效率	高	高
生产周期	短	长
设备稼动率	低	高

单元生产线的优势是具有强大的柔性，因为它能根据产品的不同型号快速建立生产线，根据不同的客户节拍增加或减少人数，设备可移动，能配合生产不同产品的需求，所以也就能满足小批量、多品种的需求。

1.5 单元生产线的不同类型

不同类型的单元生产线为单元生产线设计提供了更多的可能性：首先，我们需要了解单元生产线的不同类型；其次，我们需要知道每种类型的差异和优缺点。

1.5.1 屋台式单元生产线

屋台式单元生产线是指一位作业人员拥有一条单独的生产线。屋台式的说法来自日语，即货摊式的意思，生产工作台可以由一个或多个工作台组成单人生产线。单人生产线的平衡率最高可达 100%，单人生产线的责任是分明的，很容易统计谁的效率最高。在原来的流水线上，作业人员的操作比较单一，例如，拧螺丝的作业人员就一直从事拧螺丝的工作，但是单人生产线上的作业人员要完成一个成品的所有安装工作，作业人员的自主性较强，工作更富有挑战性、责任感和成就感。屋台式单元生产线如图 1-18 所示。

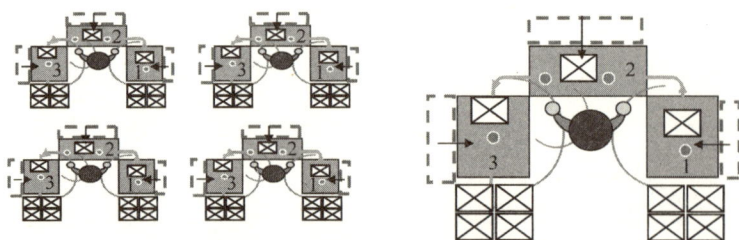

图 1-18　屋台式单元生产线

1.5.2　巡回式单元生产线

巡回式单元生产线是指作业人员仍然采用一人完成作业生产，多人共用一条

生产线，采用你追我赶来完成总

任务。在巡回式单元生产线上，

同时有几个人从头到尾完成所有

的工作，容易形成一种竞争氛围，

如果哪个人的操作速度慢就会被

他人不断超越。另外，这种模式

可以完全按照客户的需求量安排

生产人员。巡回式单元生产线如图 1-19 所示。

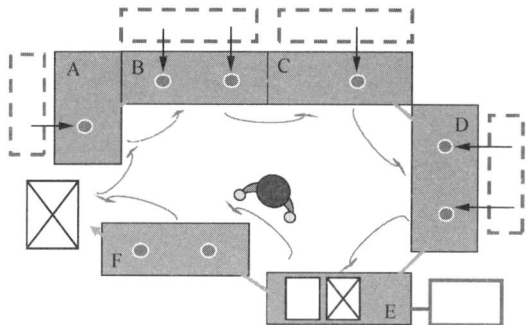

图 1-19　巡回式单元生产线

1.5.3　分割式单元生产线

分割式单元生产线是指多人共用一条生产线，它比巡回式单元生产线更进

一步，部分放弃了一人完成作业，

转而根据作业人员的技能现状尽

可能地合并作业。分割式单元生

产线如图 1-20 所示。

分割式单元生产线基本上由

人完成，在作业人员确实无法

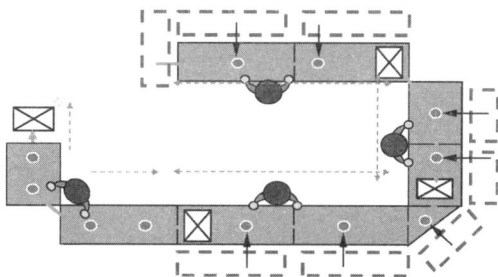

图 1-20　分割式单元生产线

掌握必要的作业技能时才会进行作业分割。当生产线上出现很多新的作业人员

时，需要用分割式单元生产线将新的作业人员培训成多能工后，才能考虑改为

单人生产线布局。有时候分割式单元生产线是一种过渡式的生产布局方式。

分割式单元生产线是与"互相协助"同时存在的。"互相协助"是指虽然

两个作业人员负责不同的工位却可以互相帮助，从而提高平衡率、降低库存。与传统流水线不同，分割式单元生产线更强调工作的互助性，如果看到后面的作业人员无法完成固定的作业，其他作业人员就会来帮助其完成一部分作业。就像接力赛跑一样，可以在某个区域设置一个交接区域（规定哪些工作是两个作业人员同时可以做的部分）。两个作业人员互相协助的工作可以在交接区域完成，做得快的作业人员可以多做一些。这样操作的好处是可以消除操作过程中的变异，作业人员在工作中难免会因为一些突发事情延误操作，例如，螺丝没有拿住而滑落，垫片没有按照要求安装或来料异常需要反复确认等。这些异常很容易打乱正常的工作节奏。

在分割式单元生产线中，经常会根据不同的客户需求划分不同的分割作业方式，订单量很大时一个作业人员操作一个工作岗位，订单量较少时一个作业人员操作2～3个工作岗位，客户订单减少则可以采用单人屋台式单元生产。在设计分割式单元生产线的时候，一开始会设计3种不同线速的生产线，然后配套3种线速下的标准作业，根据不同客户的订单数量选择分割作业方式，不同节拍、不同人数的生产线如图1-21所示。

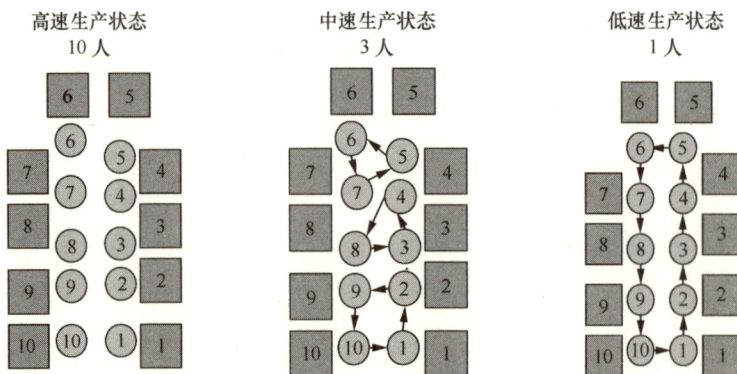

图1-21　不同节拍、不同人数的生产线

分割式单元生产线一般采用 U 形生产，这样可以保持出入口一致，作业人员可以在生产完一个产品后，加工另外一个新产品，这样可以很好地控制生产中的在制品数量，一旦某个生产环节出现停顿，尾部无成品产出时，首部会及时停止投入新的半成品。出入口一致可以减少人员的移动：一字形生产的作业人员需从生产线的一端走到另外一端；而 U 形生产线的作业人员能方便转身到背面的工位操作，且工位之间排列得比较紧密，在发现问题时，工作人员可以及时通知周围人协助。

屋台式单元生产线、分割式单元生产线和巡回式单元生产线的对比如图1-22 所示。

	屋台式单元生产线	分割式单元生产线	巡回式单元生产线
场景示意	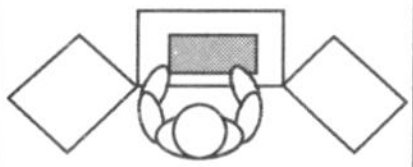	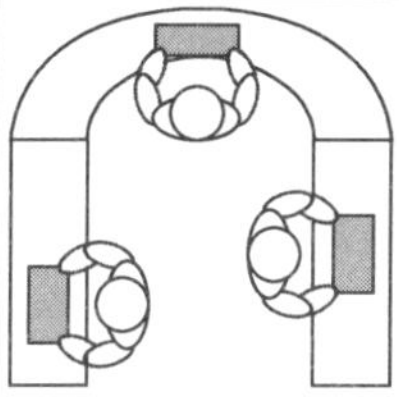	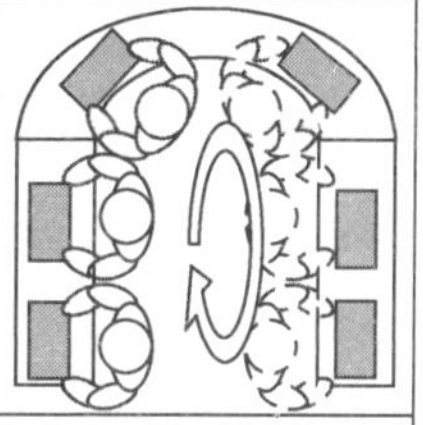
作业人员数量	一人	多人	多人
分工形态	无分工（一人完成）	工序分工	无分工
布局	无限制	多数采用 U 形	采用 U 形
批量大小	基本上为单个制作	基本上为单个制作	单个制作
应对量的措施	增加作业点	调整作业人员数量	调整作业人员数量

图 1-22　屋台式单元生产线、分割式单元生产线和巡回式单元生产线的对比

除了上述 3 种单元生产线的类型，下面还有几种根据生产线布局方式所产生的生产线类型。

1.5.4　串联形单元生产线

屋台式单元生产线的缺点之一是需要为每个人的生产线配置重复的设备，如果设备便宜，则可以很好地实现；但如果设备价格较高，就需要考虑采用其他方式。如何用一台价格高的设备同时应对几条单元生产线的需求，以节省购入

设备的成本，还能满足单元生产的要求，串联形单元生产线就是很好的选择。串联形单元生产线不一定用到传送带，有时可以把设备放在中间，让几个单元线围绕设备进行布局。串联形单元生产线如图 1-23 所示。

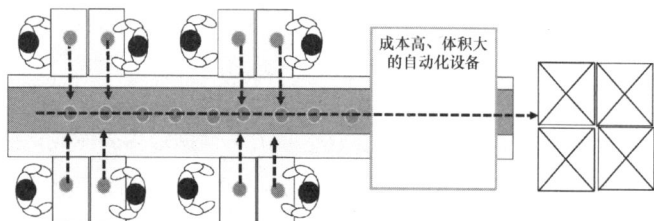

图 1-23　串联形单元生产线

1.5.5　FIFO 架单元生产线

若生产线的零件的数量较多或体积较大，可以选择带 FIFO 架单元生产线。生产线前部可以用精益滚轮条搭建重力下滑的物料放置架，待加工零件放在架上，用完一箱物料后，下一箱的物料自动利用重力滑到作业人员面前，作业人员取下空箱可以放入专门的滑道，等待物料人员收回空箱。这种生产线的优势是可以放置一定数量的零件，便于物料盒下滑到作业人员适宜操作的位置上。互帮式单元生产线如图 1-24 所示。

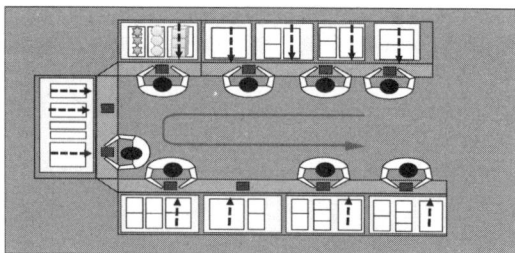

图 1-24　互帮式单元生产线

1.5.6　二字形单元生产线

两条一字形生产线放置在一起，有时候在生产过程中会出现顺向的成品流动方式，加工品流动方向有顺沿工艺流向，也有逆沿工艺流向。生产线计算人力（作业人员数量＝总生产周期时间／节拍时间）会出现余数零点几，需要安排一个人做不饱和的工作。如果使用二字形单元生产线，就可以让两个"多余"的作业人员合并。二字形单元生产线如图 1-25 所示。

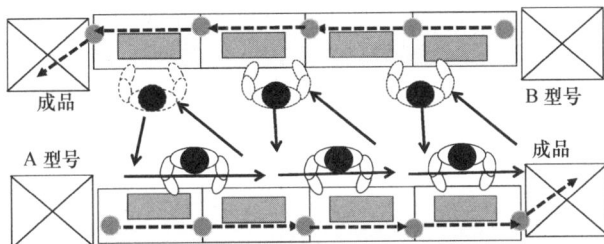

图 1-25 二字形单元生产线

1.5.7 环形单元生产线

若加工产品的重量较大或者体积较大不便于流转，就需要考虑利用环形单元生产线。环形单元生产线是将产品放置在流动的工作台上，通过环形滑轨实现产品加工。环形单元生产线如图 1-26 所示。

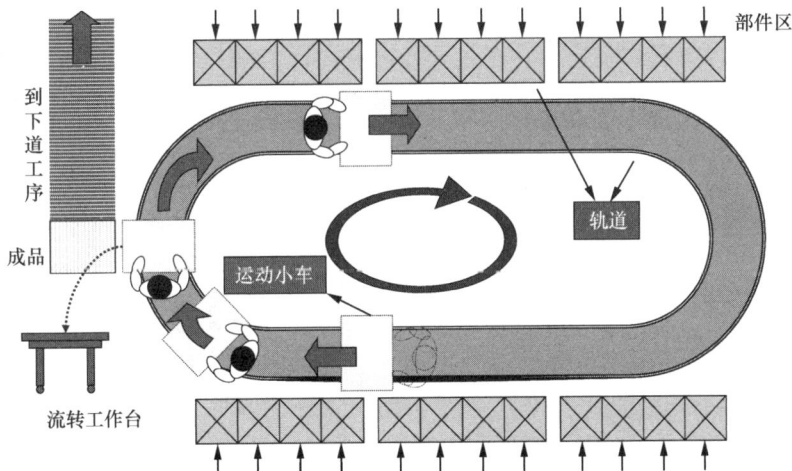

图 1-26 环形单元生产线

当加工完成品后,作业人员把成品放置到成品滑道滑出,同时取下待加工的产品,沿轨道完成每个工位的操作。通过增减人员控制产品的产出数量。如果订单数量较多,就增加人手;如果订单数量较少,就减少人手。另外,环形线是一种巡回生产方式,前面作业人员的加工速度将会影响后面作业人员的工作。

在生产线上,作业人员时常用托盘来流转加工产品,为了便于托盘的回传,有时也会使用环形单元生产线,托盘进行环形运动能保持托盘的循环使用。另外,在设计自动化生产线时也会使用环形生产线或者圆形生产线。托盘可以变成一辆运动小车,产品放在运动小车上进行上下工序的传递。

1.5.8　手风琴单元生产线

生产线中总少不了引入一些设备以加快产品生产,这些设备分为半自动和全自动设备。如何将设备和生产线融合就成为一个问题,虽然全自动生产线的效率较高,但是存在费用较高、开发失败的风险较高、产品更新换代的通用性较差的问题,所以不建议由手工生产线一下变为全自动生产线。比较稳妥的做法是采用手工生产线与全自动生产线结合的方式,将重复、单调、标准化的工作采用全自动生产线的方式,将精密操作或者需要判定的工作采用手工生产线的方式。在人员和设备生产线中,一般要求作业人员的操作路线保持一条直线,没有任何需要绕道的路线,以减少人员移动的距离。为了使人员操作方便,设备需要沿直线进行布局,布局样式一端平整一端高低不同,类似于手风琴,于是便形成了手风琴生产线。在设备的配合下,其生产线的效率可以达到很高的水平。手风琴单元生产线如图1-27所示。

物料的补充方式一般是将物料盒放置在生产线上采用重力下滑至料箱,物料盒可以单独设计为一个物料架,物料架设计得窄长使其嵌入设备之间比较容易，还不会增加人员的步行距离。用精益"滚轮条"实现物料盒的重力下滑，滑至员工适宜操作的区域。此外，还设计有空箱的回传轨道，能够将空箱回传到物流人员方便操作的一侧，保证物料的循环补充。

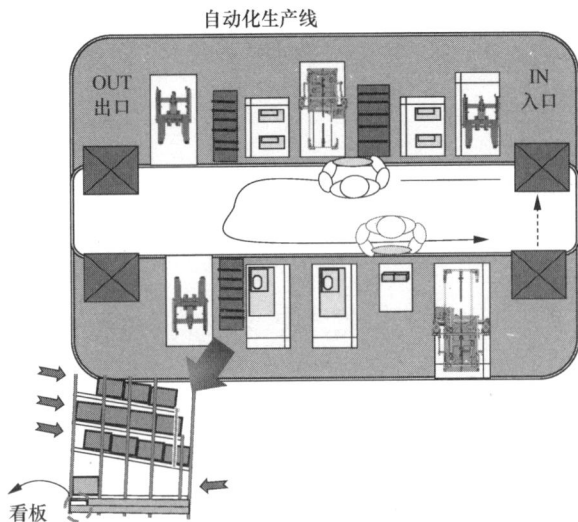

图 1-27　手风琴单元生产线

在设计生产线时，企业需要告诉设备供应商设备外观的尺寸要求，以契合生产线。如果设备过宽，工人需要走更多的路跨越设备；如果设备过长，则占用过多的生产面积，不利于生产线的布局。最佳的设备尺寸是一张或两张工作台的尺寸，这样的尺寸使设备容易在不同的生产线上进行切换，在切换的过程中，仅需要拆除一张工作台就可以把设备放置到生产线中了。

1.5.9　Chaku-Chaku 生产线

Chaku-Chaku 是由日语音译的词，即机器加工时的节奏声，代表着机器只做机器该做的工作，人只做人该做的工作，从而实现人和机器彻底分离的走动式作业。在 Chaku-Chaku 生产线上，作业人员只需要"放置物料——按下按钮——取出加工好的半制成品——转身走至下一个工位"，而机器将完成"自动加工——自动夹持——自动进料——自动停止——自动返回——自动卸料——自动防呆"等工作。Chaku-Chaku 生产线的自动化水平很高，设计了工序间自动传递、自动检查和自动定位放置。需要说明的是，自动传递、自动检查和自动定位放置的成本较高。Chaku-Chaku 生产线的优势如下所述。

1．Chaku-Chaku 生产线效率高

大部分生产工作交给设备完成，作业人员只需要负责很少的工作就可以实现很高的生产线产出，作业人员在工作中同时可以照看很多台设备，在设备之间不断地走动，搬运产品、放置产品、检查产品，这些工作都能在极短的时间内完成。

2．投资成本低

一条全自动化的流水线初期的投资动辄几百万元甚至高达上千万元，而 Chaku-Chaku 生产线的机器只要几万元到十几万元不等，有的甚至只要几千元。例如，很小的液压机、气压机等。自动加持、自动进料、自动返回和卸料都可以用简单的设备来实现。

3．柔性生产

Chaku-Chaku 生产线完全是小批量、多品种产品的生产线，而且作业非常简单，容易根据订单数量进行增减。Chaku-Chaku 生产线的设备简单，很容易转换产品型号进行生产，完全可以根据客户需要的产品数量进行生产。

4．品质有保证

由于 Chaku-Chaku 生产线的机器都有自动卸料和自动防错装置，而且作业人员还会根据生产状况停止生产线运作，所以机器的稳定性稍微有点波动就会

立刻被锁定，问题能及时解决。

Chaku-Chaku 生产线如图 1-28 所示。

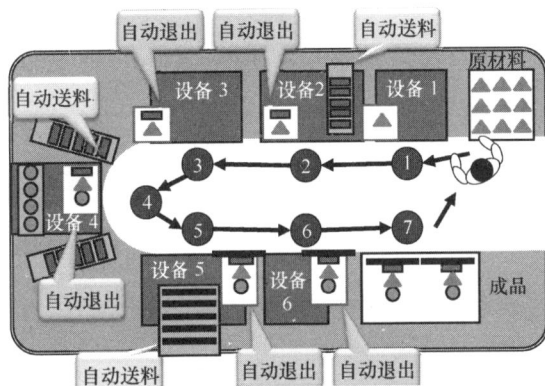

图 1-28 Chaku-Chaku 生产线

　　屋台式单元生产线是效率最高的生产类型之一，在设计单元生产线时，首先尽量采用单人屋台式生产，然后再考虑如何提高多能工的工作效率，让工人达到单人屋台式生产的要求。选用不同类型的生产线没有绝对的标准，最好的原则是适用，适合产品的工艺、流动和其他相关要求。

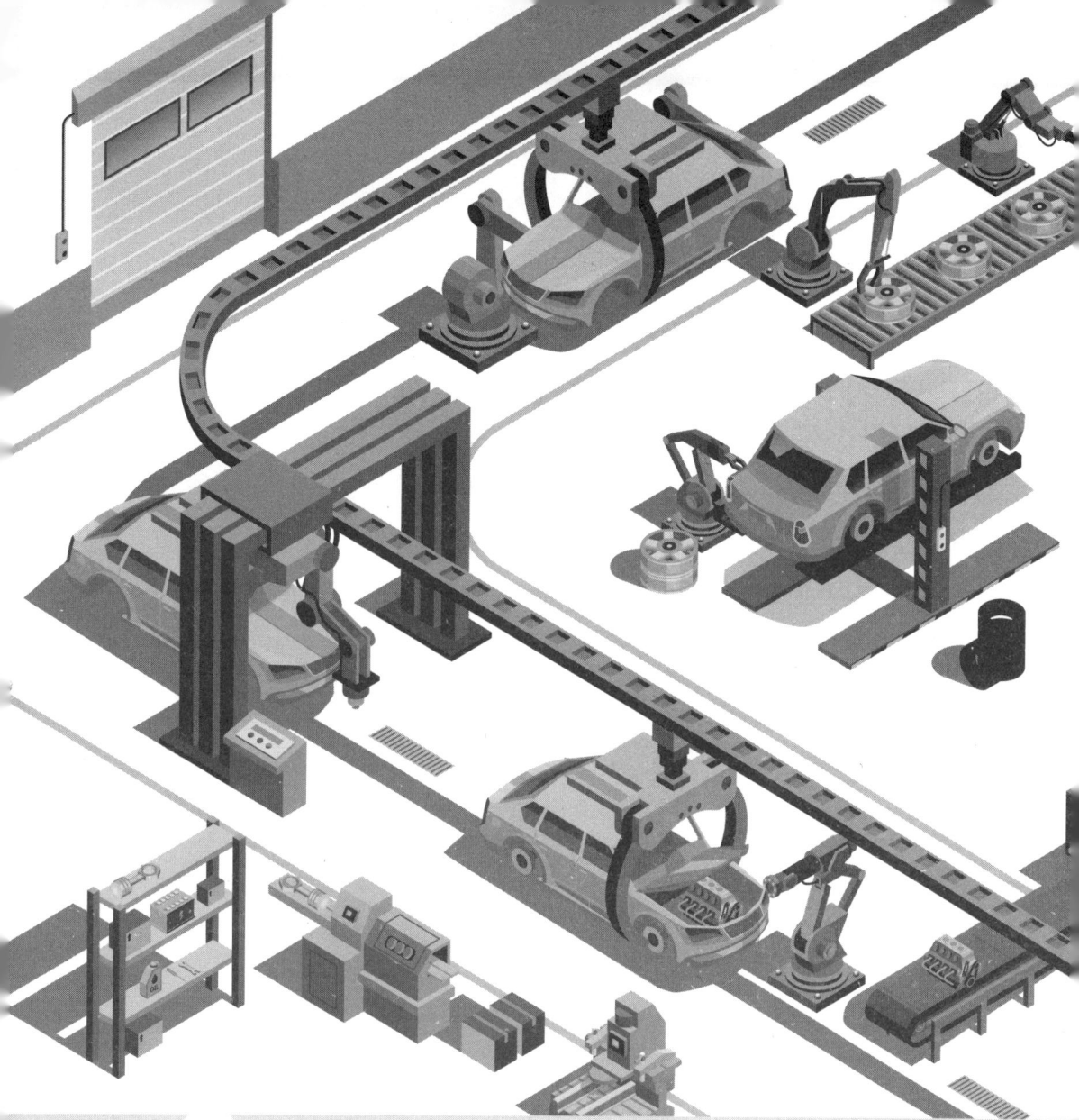

第二章

单元生产线设计基本要求

2.1 基本要求：创建连续流

因为设备功能布局方式不是连续流，所以给生产带来了不少的弊端：看似局部效率很高，但是整体效率低下；存在大量搬运、分开断点和大量的在制品库存，引发人员浪费、等待浪费、过量生产浪费、动作浪费等常见的浪费。非连续流对生产来说有百害而无一利，创建连续流成为精益改善的一个突破点。在工业工程中，很少提及需要创建连续流，但在精益生产中创建连续流却是五大原则之一。

连续流也是单元生产线的基本要求；连续流能够避免孤岛作业和因盲目生产出过量的产品；连续流能减少安排生产计划的难度和控制生产进度的情况；原来的生产计划要下达到每个前置加工工序，但创建连续流后只要下达到生产线的某一个工位即可。此外，连续流还有其他的作用，具体如下所述。

- 减少制造周期。原来加工工件需要在不同的工序间等待搬运、等待加工、等待检验；创建连续流后可以减少工序间的等待时间，产品可以一件一件地被加工出来。制造周期时间对比如图 2-1 所示。

- 减少搬运和库存。有搬运就有库存，一个产品在不同工序间加工需要搬运；创建连续流后，前后工序的移动距离变小，从而减少搬运作业，也减少了在制品库存。

- 提升品质。产品品质一旦出现问题就能立刻反映到产品的生产上，从而有效减少不良品的产生。

- 减少生产批量。改善之前，为了最大效率地实现搬运，往往会将产品累积到很大的数量后才会开始搬运，现在则不需要执行这个步骤。

- 减少空间面积。减少库存，生产线更紧凑。

- 生产更有效率。

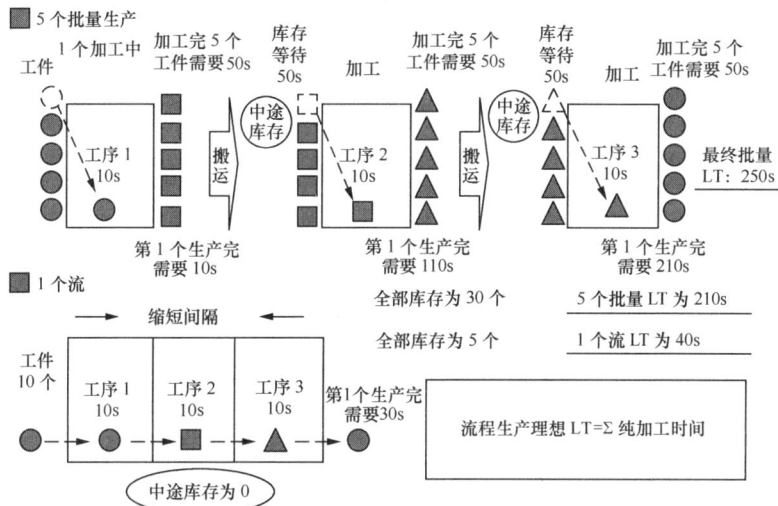

图 2-1 制造周期时间对比

创建连续流生产线或者单件流生产线可以产生巨大的价值，但是在实践中会遇到各种阻力，例如，生产线需要大量的多能工来应对一人操作多个工序；一人操作多个工序也造成所需的物料、工具、测试设备变多，从而导致工作台面不足。不管出于什么理由，改善的方向是不断创建连续流，通过连续流改善现场的管理情况，提高整体的生产效率，提升作业人员及时解决问题的能力。

现在我们提供 4 种常见的创建连续流的办法。

1. 合并上下游工序创建连续流

这是最常见的创建连续流的办法，上游工序为冲压工序，下游工序为包装工序，将上游冲压工序和下游包装工序连接到一条线上实现连续流。上下游工序创建连续流经常遇到的问题是，设备使用率不高，设备数量不够，可以通过采购小型化设备解决这个问题。

2. 支线并入主线工序创建连续流

主线的旁边会有很多离线作业的前加工工序，例如，首先安装面板，然后将其拿到主线上并装配到成品中。这时要考虑怎样将支线并入主线，一般是用小型流水线来解决的。

3. 设备类型布局创建连续流

设备类型布局创建连续流是一种设计量较大的工作，因为需要将那些产品放到一个单元线来生产，需要考虑用什么设备来排列，使其成为连续流。这就需要完善设备，例如，设置设备的高度、操作界面、开关位置、检验区域等。

4. "大部屋化"创建连续流

它指的是将多条单元生产线合并在一起形成整体的连续流。合并的好处是减少生产线之间的搬运和断点问题。如果整条生产线过长，那么只要一个工位没有产出就会影响后面的工序。

2.1.1 合并上下游工序创建连续流

上下游工序必须分开的理由通常是设备太大或者设备生产速度太快，需要单独放置；其余工序需要特殊处理，例如，电镀、老化、喷漆等。在设计生产线时应尽量考虑将上下游工序合并成一个连续流，也应当考虑如果将两个工序合并在一起会发生什么？会产生什么样的不良影响？如何消除不良影响？合并后会带来什么样的好处？能否对大型设备进行改造？连续流指标对比如图 2-2 所示。

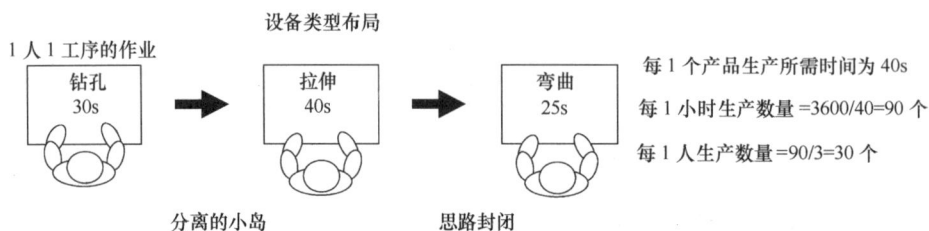

图 2-2　连续流指标对比

连续流

1人负责多工序

钻孔 30s	拉伸 40s	弯曲 25s

生产时间 = 30+40+25=95s

每1小时生产数量为 76 个

每1人生产数量为 38 个

生产效率提高 27%

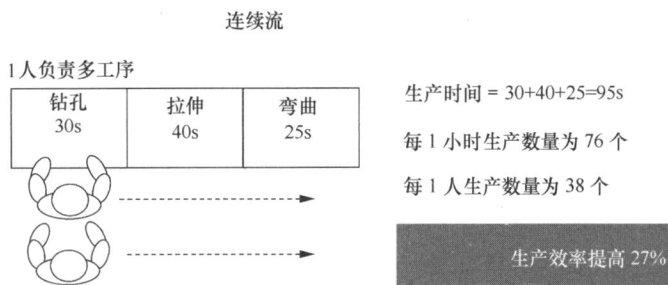

图 2-2 连续流指标对比（续）

在合并上下游工序时我们经常会遇到以下问题。

- 很多企业喜欢购买大型设备，认为大型设备操作速度快、效率高，但是大型设备也会带来一系列问题，例如，大型设备价格比普通设备高，一般需要技能很高的作业人员等，如果生产订单不够饱和会使设备闲置，设备需要固定位置，很难随时根据生产的需要灵活移动。解决的办法是以大型设备为中心，排布上下游的加工工序。

- 高速设备并入生产线会对其速度产生影响。例如，高速设备原来一天可以加工 1000 台，但并入生产线后就只能加工 800 台，浪费了 200 台的产能，所以我们并不建议高速设备并入生产线。解决的办法是在采购时，不采购高速设备，而是购买柔性化更强的小型通用设备，这样就可以使设备灵活地并入生产线。

- 一台公用设备需要同时满足几条生产线的加工需求，如果并入一条生产线会出现其他生产线难以生产的情况。

- 合并后，作业人员的操作内容将发生变化，需要学习新的操作技能。

- 合并后，前后生产工序速度产生差异，解决的办法是合并生产线后重新平衡生产线，根据客户的节拍时间重新编排每个作业人员的工作内容。

2.1.2 支线并入主线工序创建连续流

生产线上总会有前加工的处理工序。例如，塑胶外壳进行加胶作业和安装零件后才能被主线使用，加胶和安装零件为前加工工序，也称为支线作业。前加工通常是在主线外进行加工，形成离岛作业，有的企业有时会将所有的前加工放置在一条生产线上统一生产。离岛作业与前后工序分离一样，增加了各种各样的浪费。离岛作业经常会出现信息断裂的情况，例如，主线生产线已经换了型号，但是支线还是继续做原来的产品，或者支线生产数量不受控制，生产了很多不需要的产品，更不要说在安排人员将支线物料送到主线上，不断通知支线需要生产什么产品、需要生产多少中也会存在信息沟通问题。

将支线并入主线的方法是，在简单的两三个支线工位使用小传送带或者工作台上的滑轨传递物料。支线并入主线方法 1 如图 2-3 所示。跨工位的传递方式有"窗帘式"上下滑道、自动吊挂输送链、简单夹具制作的滑道等，支线并入主线的物品如图 2-4 所示。

如果支线由多个工位组成，就可以考虑使用双 U 形生产线布局方式，或者把更多的 U 形生产线组合在一起。下面的案例是将两个支线组合成一个 U 形生产线，然后通过工位 9 和工位 10 将物料进行汇总以实现连续流。支线并入主线方法 2 如图 2-5 所示。

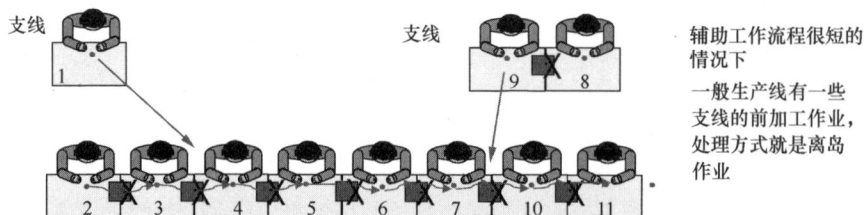

图 2-3 支线并入主线方法 1

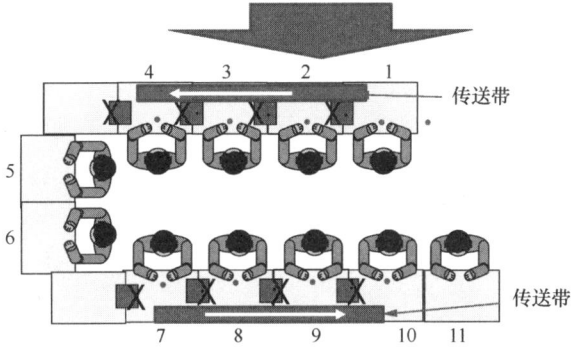

支线并入主线后，就能减少离岛作业，从而使整体生产实现流线化。一般可以通过传送带或者自动化设备来实现

图 2-3　支线并入主线方法 1（续）

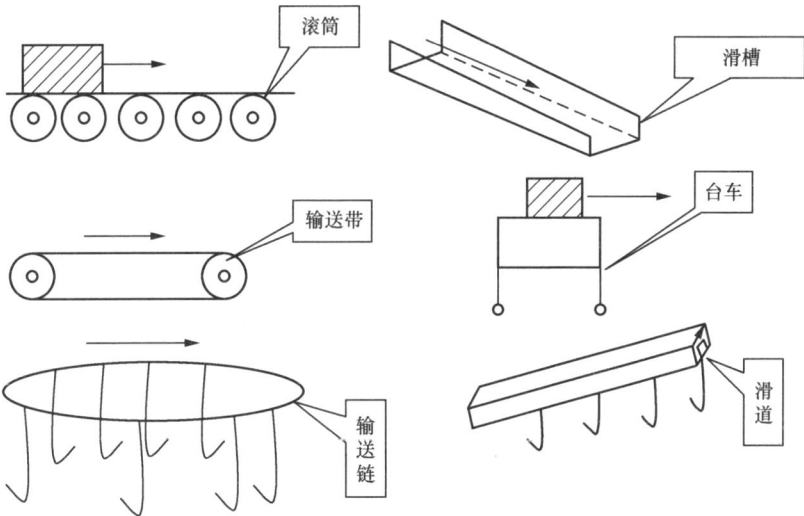

图 2-4　支线并入主线的物品

支线　　　　　　　　支线

辅助工作流程很长的情况下，同时有好几个加工工位

主线

支线并入主线后，考虑用两个 U 形生产线或者更多的 U 形生产线，也可以考虑 S 形生产线或者其他形态

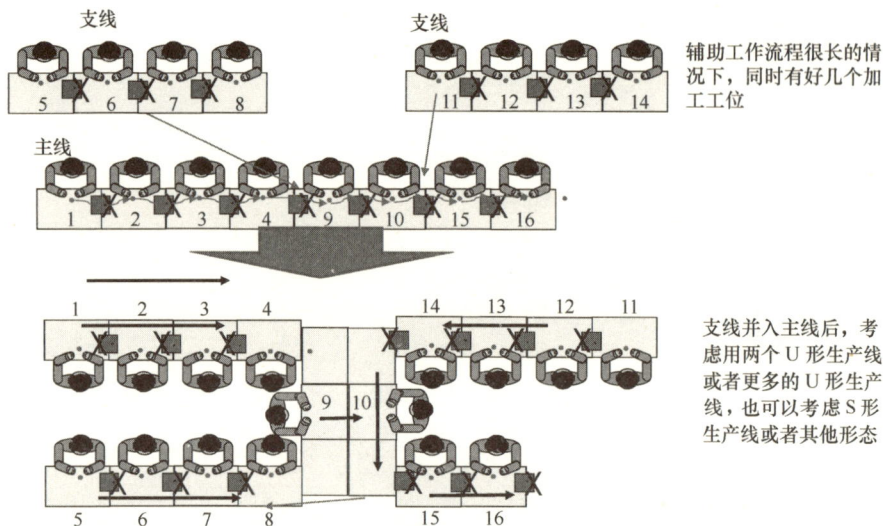

图 2-5　支线并入主线方法 2

更为复杂的情况是支线上还有支线，这就需要组合各种连线方式进行连续流作业。支线并入主线方法 3 如图 2-6 所示。

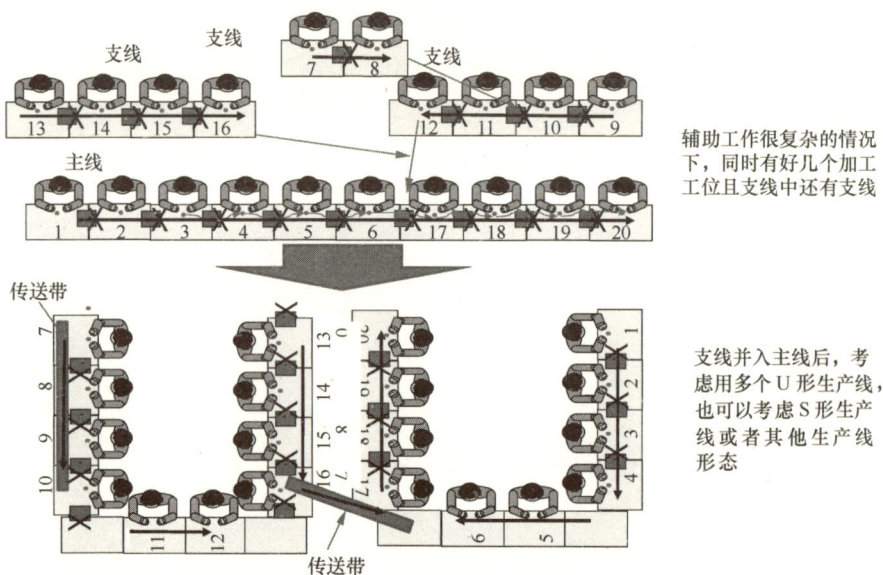

支线　　支线　　　　支线

辅助工作很复杂的情况下，同时有好几个加工工位且支线中还有支线

主线

传送带

支线并入主线后，考虑用多个 U 形生产线，也可以考虑 S 形生产线或者其他生产线形态

传送带

图 2-6　支线并入主线方法 3

2.1.3　设备类型布局创建连续流

在以设备加工为主的企业很容易看到用设备类型布局生产线的方式，但是这种布局方式会带来各种各样的浪费。优化的布局是设备按照工艺流程的顺序来布置，也就是产品流线化生产布局。若一个产品需要几种不同的设备来完成，就要将设备按照工艺顺序依次排列成连续流生产。在设计生产线时，一定要考虑产品族（也就是什么型号的产品可以被看成相同的产品，可以在同一条生产线上生产）。

划分产品族有几个原因。设计完生产线后产能可能不够饱和，需要把类似的加工工艺的产品也列入本条生产线，以保证充分利用生产线。另外，企业加工的产品可能在工艺流程上有差异，但企业不可能按照每个产品的工艺流程单独安排独立的连续流生产线，而是需要将产品分类，将工艺流程类似的产品分成一个产品族统一进行生产，以减少生产线的数量，同时也可以减少设计生产线的难度。

生产线布置整理过程如图 2-7 所示。

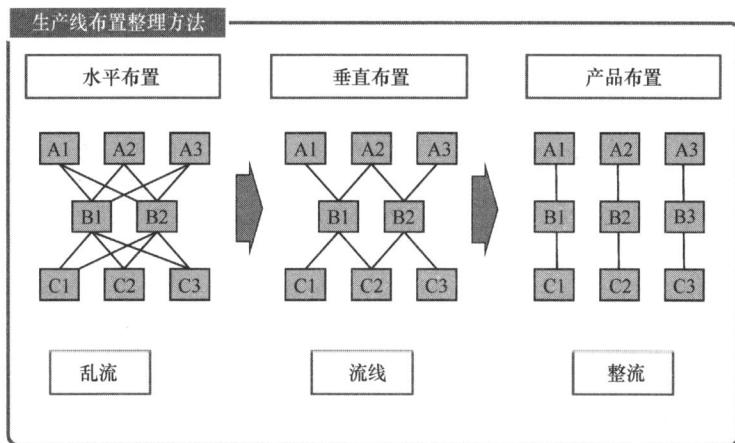

图 2-7　生产线布置整理过程

针对客户需求量大的产品，设备类型布局的生产线应变成连续流生产线。如果将需求量小的产品布局成连续流生产，可能导致设备闲置时间增多，生产线改造的成本也可能大于连续流带来的收益。在产品和数量（Products Quantity，PQ）分析时，C 类产品（生产量很少的产品，详见 96 页）最好采用通用生产线，设备类型的布局是通用性最好的生产方式，远远高于连续流生产线，任何产品都可以在这个布局内生产，只是移动搬运较多，所以在机加工生产车间会看到两种布局方式同时存在，连续流生产线适用于量大的产品，而量小的产品则适用于设备类型的布局方式。

改善步骤 1：乱流变成虚拟流线化

在乱流的工作环境中，设备生产什么产品是不被指定和限定的，只要设备空闲就随机安排生产。设备越多，乱流的情况就越明显。乱流改善的第一步就是将乱流变成虚拟流线化，做出相应规定，例如，当 A1 设备和 A2 设备完成生产产品后，就只能流到 B1 设备进行后续生产，定向流动能让生产从乱流变为有序流动，形成虚拟流线化。

为什么是虚拟流线化？因为设备还在原有位置，不构成实际的连续流布局，只是通过简单的规定来定向生产，从而解决乱流问题。同时，虚拟流线化还能暴露问题，例如，设备故障多、设备空闲、设备产能不够、产品族内产品是否适合在同一条生产线生产等，为下一步整流化做铺垫，将乱流变成有序流动，例如，马路上会规定不同的车道，小客车、客车和货车通道，目的就是防止车速慢的货车驶到小客车通道，影响小客车快速通行。虚拟流线化如图 2-8 所示。

改善步骤1：乱流变成虚拟流线化

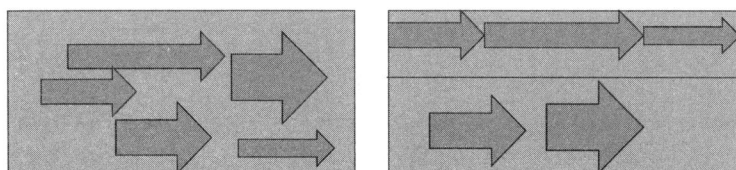

图 2-8　虚拟流线化

图 2-8　虚拟流线化（续）

改善步骤 2：划分产品族

划分产品族的好处是可以知道哪些产品可以放在一起生产，共用一组生产线。如果产品种类特别多，划分产品族就成为重要的流线化步骤。产品系列是按照客户要求或者产品开发功能定义的，不一定适合生产制造，应当按照生产工艺顺序划分产品族，划分相同加工工序的产品。在划分产品族时，采用矩阵图将产品型号列在竖排，然后将工艺或者设备放在横列，只要产品经过，就在工艺下面打勾。为了便于划分产品族，可将一个工艺定义成一个数值，数值为 1、2、5、10、20、50、100、200、500 等，最后总得分相近的就是同一个产品族。划分产品族如图 2-9 所示。

产品名称	工序 4	工序 2	工序 6	工序 7	工序 1	工序 5	工序 3	
产品 1	✓		✓	✓	✓		✓	
产品 14	✓		✓	✓	✓		✓	A 类
产品 17			✓	✓	✓		✓	
产品 4	✓			✓			✓	
产品 5	✓	✓			✓	✓		
产品 10	✓	✓			✓	✓		B 类
产品 19	✓				✓	✓		
产品 15	✓	✓				✓		
产品 7		✓			✓	✓		C 类
产品 13		✓			✓	✓		
产品 18	✓	✓	✓		✓			
产品 3	✓	✓			✓			D 类
产品 12	✓	✓			✓			
产品 6	✓	✓						
产品 2	✓	✓	✓					
产品 8	✓	✓	✓					
产品 9	✓	✓	✓					
产品 11	✓	✓	✓					E 类
产品 16	✓	✓	✓					

> 划分产品族时需要注意：工艺路线必须相似，且易于弹性调配设备、作业人员和作业时间

图 2-9　划分产品族

改善步骤 3：分配相应的设备

确认产品族后，就可以确定工艺顺序和设备。这时需要结合生产的数量和设备的产能以挑选合适的设备。如果设备数量不够，可以考虑购买新设备。设备编排成连续流后，需要考虑物料的传递方式，是用传送带、滑轨传递，还是用手工传递。工作面的高度也要尽量统一，设备的高度不统一会增加加工的难度，所以产品最好能在同一条水平线上作业。增加各种便利装置对设备进行改造也尤为重要，例如，加工完成后设备自动停止装置，加工后物料自动退出装置，或是为了让操作更加方便更改开关位置等。分配设备如图 2-10 所示。

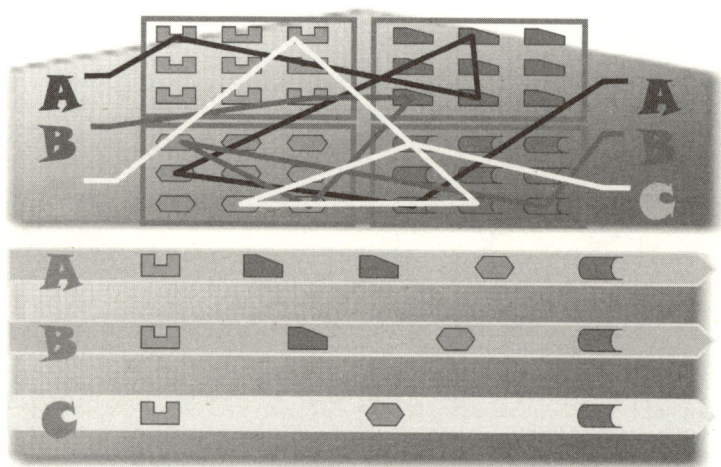

图 2-10　分配设备

改善步骤 4：设备布局和 U 形布局

如果作业人员是站立作业且一个人需要操作几台设备，建议用 U 形布局方式，以减少工人的走动距离。采用由上到下的方式配置设备电路、水路或者气路，这样便于作业人员操作和日后快速变更生产线。另外，需要考虑在制品的放置位置、成品原材料的放置位置及相应可视化道具的放置位置等。可以使用 3D（英文为 Three Dimensional，中文意思为三维）立体图模拟整个布局，3D 设备布局如

图2-11所示。3D绘制可以使用Pro Engineer或Solid Works等专业工具,将所有设备、仪器和相关物料用3D软件绘制出来,然后放置在一个平面上布局,从各个角度审查布局是否存在不合理的地方,进一步增加布局的可行性。

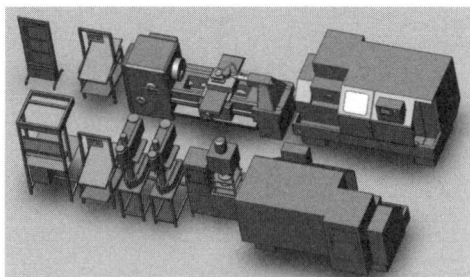

图 2-11　3D 设备布局

2.1.4 "大部屋化"创建连续流

在计算生产线作业人员数量时经常会出现余数,例如,遇到 3.5 人或 6.3 人这种情况,处理方式都是直接将所算的数据向上取整,但这会造成一定的浪费。如果将两条带有余数的生产线合并在一起后就可以节省一个作业人员,这就是"大部屋化"的思想,合并生产线以减少人员数量。"大部屋化"改善如图 2-12 所示。

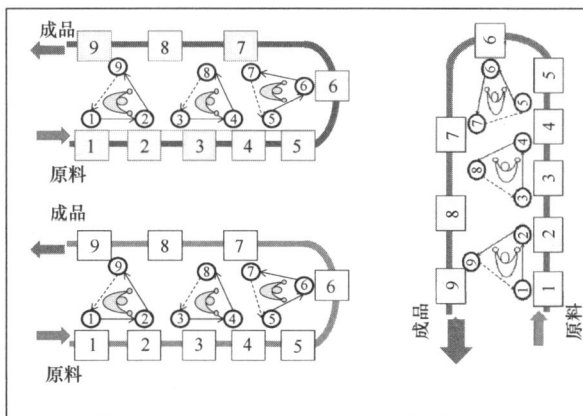

图 2-12　"大部屋化"改善

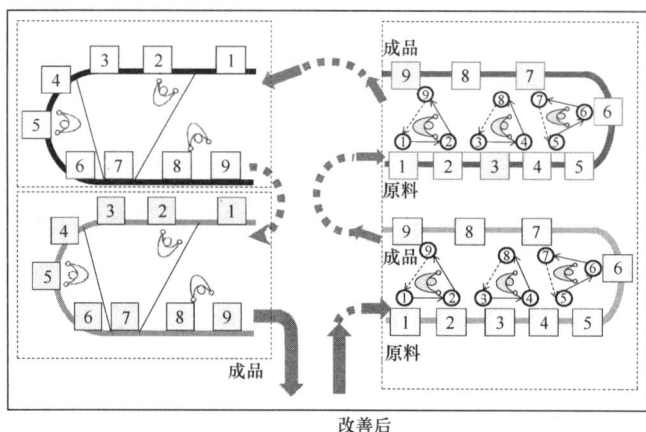

图 2-12 "大部屋化"改善（续）

合并的方式可以把两条 I 形生产线变成一条 U 形生产线。"大部屋化"可以减少生产线之间的停滞、搬运与等待。将多个 U 形生产线合并在一起，变成一个大 U 形生产线等。"大部屋化"连接的生产线可以是直接连接线，也可以是虚拟连接线。在现场我们经常会看到不同的加工点分布在不同的区域，产品需要在不同的区域流动，这很容易产生极大的浪费。例如，表面贴装技术（Surface Mounted Technology，SMT）在一楼生产，板子通孔制程（Plate Through Hole，PTH）在二楼生产，最终在三楼完成装配生产，成品仓库在一楼，产品的流动需要在不同楼层搬运，如果采用"大部屋化"就可以将 SMT、PTH 和装配线放在一楼，然后使成品直接进入一楼的成品仓库。

究竟是虚拟连接还是直接连接需要再次分析，虚拟连接可以在每个生产环节设置在制品以应对各种异常，保证正常产出。直接连接的优势是减少制造周期、库存、搬运和防止过量生产，劣势是所有生产线都连接在一起变成长线，如果有一个工位异常就会影响整条生产线。

创建连续流是精益改善最为核心的内容之一，任何非连续的工位、工序或者生产线都是首先需要改善的方面。追求连续流就像追求零库存一样，虽然暂时还达不到，但是它是我们努力奋斗的方向。

22 基本要求：物料定时配送

生产线建成后，物料就成为单元线能否正常运行的重要条件。传统的物料配给方式是按照生产工单在一天之内分成 1～2 次向单元线配送物料。这种配送方式存在一定的弊端。例如，配送次数少会造成生产线上堆放了大量待加工的原材料，需要设置额外的原材料暂存区；在配送次数较少的情况下，生产线的柔性就会降低，需要切换到另一个临时品种，这个品种没有相应物料会导致生产无法继续进行。对仓库人员来说，由于配送次数少，会出现某个时间段的工作量超饱和，但是有些时间段会变得空闲。例如，早上有很多物料需要配送，特别繁忙，但是之后就会有大量的空闲时间。

为了提高物料的配送效率，常用水蜘蛛多频次进行配送，水蜘蛛按照固定的路线、固定的频次、固定的时间向生产线补充消耗的原材料，保证生产线的原材料库存小且准时进行补充，物料通过水蜘蛛高频次的搬运可以满足生产线的实时需要。水蜘蛛配送如图 2-13 所示。

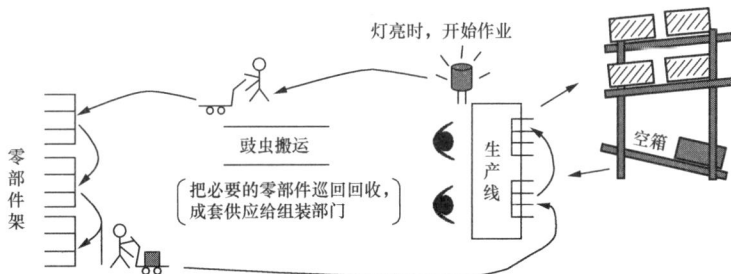

图 2-13 水蜘蛛配送

为了保证作业人员专心致志地工作，不为补充物料或者物料拆包等工作所打扰，作业人员只负责做最有价值的装配工作，剩下的不定期的工作或者不增值的工作就交给水蜘蛛完成。水蜘蛛的配送频率为 15 分钟、半小时或 1 小时配送 1 次。规定水蜘蛛的路线和工作内容并成为循环周期性工作，这样可以改变原来物料人员只在物料配料和配送时间忙但其余时间空闲的情形。

水蜘蛛的工作需要具备以下 5 个要素。

- **配送信号**：什么时候进行配送和配送多少。

- **配送路径**：沿着什么路径工作。

- **超市和使用点**：超市是物料放置区域，将超市的物料配送到使用点上。

- **配送工具**：配送小车、配送周转箱等。

- **配送标准作业**：用标准作业保证工作质量。

2.2.1　配送模式选择

不同的配送模式会影响配送。不同的配送模式如图 2-14 所示。

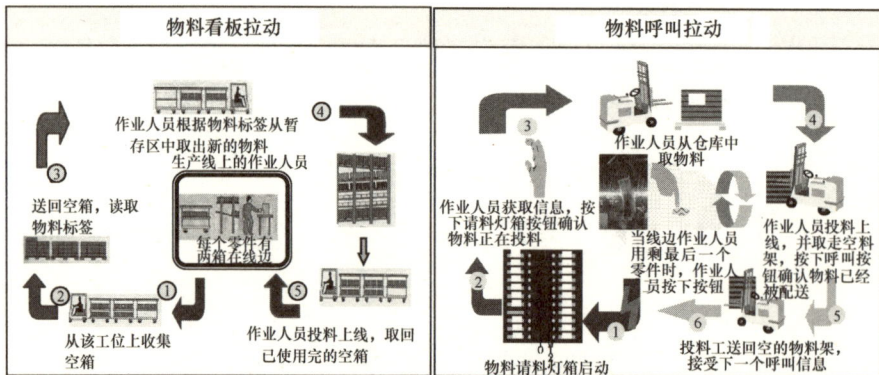

图 2-14　不同的配送模式

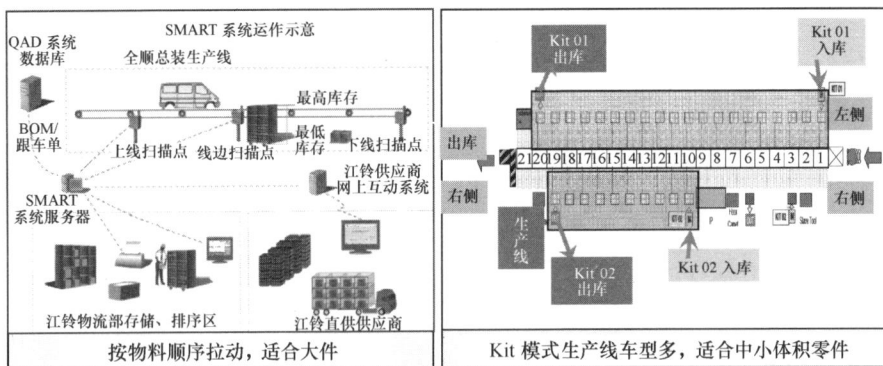

图 2-14 不同的配送模式（续）

用物料看板拉动方式，通过看板补充被消耗的材料，让看板成为搬运和配送的信号。也可以使用物料呼叫灯拉动，若相应型号物料灯亮起，就补充这个型号的物料。顺序排序拉动是针对大件产品，先固定生产顺序，按照这个生产顺序依次将物料配送到生产线上。Kit（齐套配送）模式是汽车厂需要的配送方式，将一个工位上需要的物料配送到生产线上。Kit 配送的优势是可以节省作业人员后期挑选物料的时间。另外，Kit 可以防止作业人员多用物料还是少用物料，起到纠错的效果。除了可以选择配送模式，配送工具也有多种，可以选择用自动导引运输车（Automated Guided Vehicle，AGV）自动搬运小车，或牵引车来拉一长串的"小火车"，或用小推车搬运物料，甚至可以考虑用输送链进行物料搬运。

2.2.2 路线规划

物料配送是循环周期性工作，需要考虑路线搬运、分选物料、交换看板卡、物料上周期车、步行、物料上线等环节的操作，总时间不能超过配送周期，如果超过配送周期意味着无法按时完成相应的工作。配送路线如图 2-15 所示。

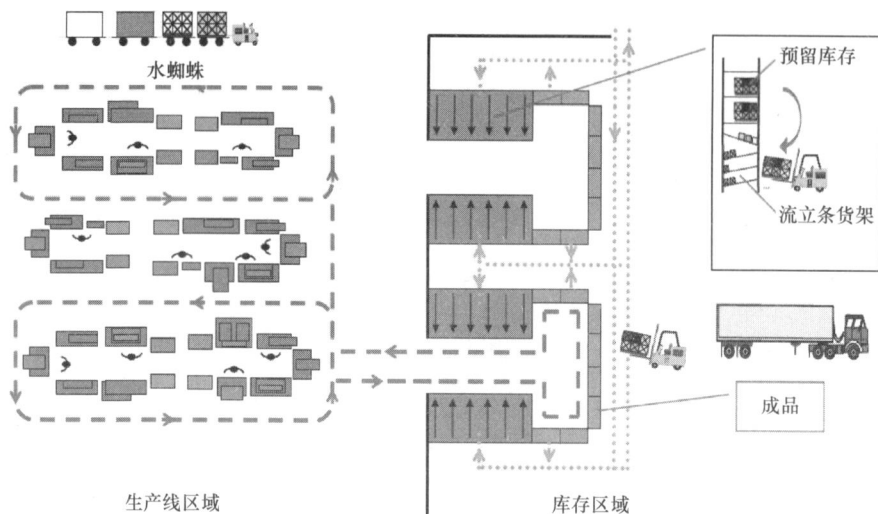

图 2-15 配送路线

配送路线和配送时间有对应的关系，配送路线长则工作量大，配送时间长。在配送过程中，所有的动作时间需要用秒表测量，然后将配送周期定义为节拍时间，画出山积图来划分不同的路线，实现工作负荷平衡。另外，考虑路线时，不要出现交叉、迂回等不需要的步行动作，以免造成浪费。

2.2.3 设置超市物料和使用点

为了便于物料及时、准确配送，要对物料超市和使用点进行规划。物料使用点实景如图 2-16 所示。

图 2-16 物料使用点实景

图 2-16 物料使用点实景（续）

物料超市区一般是具有先进先出功能的流利条货架，每当物料用完一盒后，新的物料就会自动滚动下来。另外，为了便于水蜘蛛分拣物料，也要保证物料超市中物料的高度和物料的出现频率。物料如果还要进行拆包作业，就需要规划一个拆包作业区，尽量通过改善来消灭拆包作业。物料超市区域的物料可能是用卡板直接放置的，或带有移动小车塑胶箱，这样做是为了方便作业。物料超市一般用看板作为补充数量的信号，需要准备相应的辅助工具。例如，看板回收箱、看板分拣箱、供应商看板箱等。物料使用点也需要进行标识和定位，让水蜘蛛快速配送物料到生产线上。此外，还需要考虑物料的放置区域是否足够大、是否方便作业人员操作、空箱是否能顺利回传、使用点的物料能否保证先进先出等。

2.2.4　标准化作业

物料配送包括各种各样的标准化作业。作业过程标准、配送时间标准、容器标准化、搬运小车标准等。标准化作业保证每个水蜘蛛工作的时间都是一致的，保证在循环的补充周期内完成相应的工作。容器标准化能够避免物料在不同的容器之间切换，例如，纸包装拆包放到塑胶箱内，操作时又需要将物料从塑胶箱放到生产线小容器里，实现标准化后就可以直接使用塑胶箱。标准执行能够保证作业高效完成，并驱使进一步改善生产线。配送标准化流水线如图

2-17 所示。

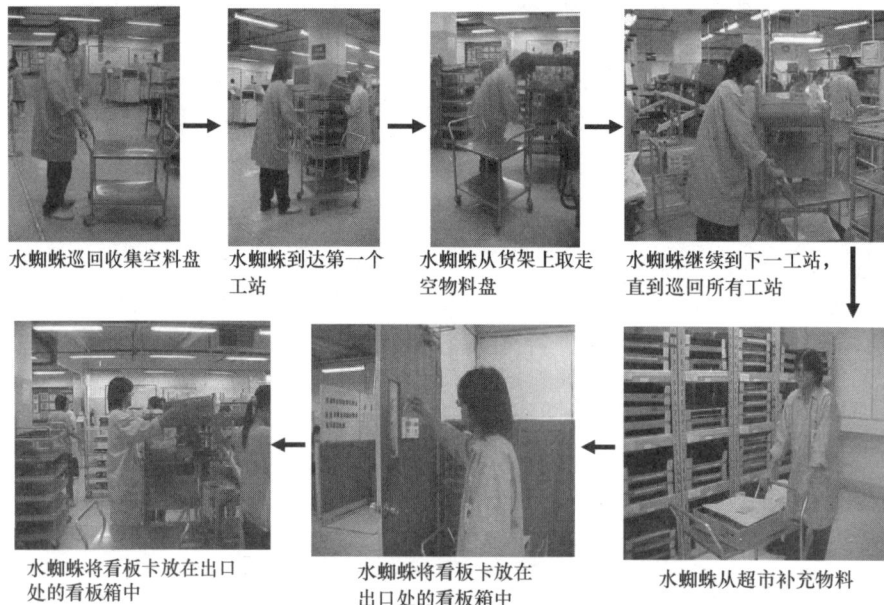

水蜘蛛巡回收集空料盘　　水蜘蛛到达第一个　　水蜘蛛从货架上取走　　水蜘蛛继续到下一工站，
　　　　　　　　　　　　工站　　　　　　　　空物料盘　　　　　　直到巡回所有工站

水蜘蛛将看板卡放在出口　　水蜘蛛将看板卡放在　　水蜘蛛从超市补充物料
处的看板箱中　　　　　　出口处的看板箱中

图 2-17　配送标准化流水线

物流配送能够保证准确供应物料，同时减少生产线物料库存量。水蜘蛛的定期循环配送能达到目的，水蜘蛛运作也需要人、机、料、法、环等环节配合，不少企业使用 AGV 来替代水蜘蛛，从而减少人力。

2.3　基本要求：设备柔性化

在小批量、多品种的时代，单元生产设备应该具备哪些特性呢？概括来说：小型半自动、流动化和方便操作。我在指导企业时遇到过以下问题：

企业经常会购买大型、高速、昂贵的设备，但是没有考虑设备使用、客户的需求数量和生产线的柔性化，从而造成后续的很多问题，例如，设备的使用率不高、通用性差、设备离岛作业以及需要重新购买新的合适的设备。小型、可移动、便于操作、能实现嵌入式生产线作业的设备是单元生产时需要具备的前提条件，是为了能够灵活应对各种各样的变化。大小设备的对比实物如图 2-18 所示。

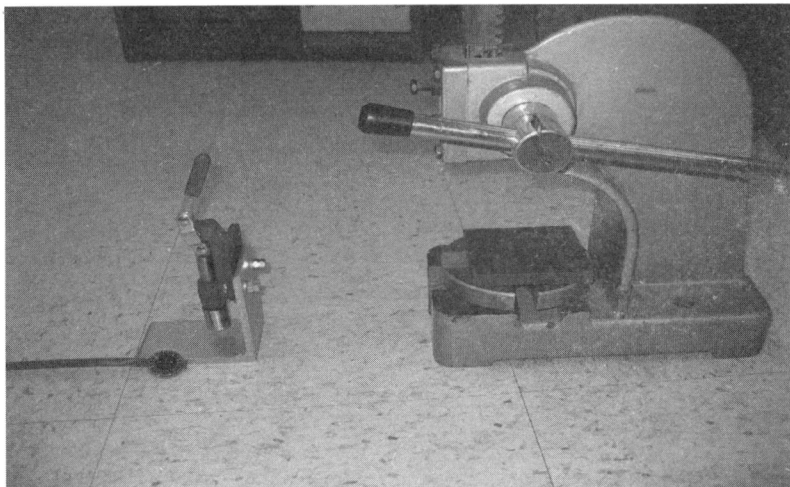

图 2-18　大小设备的对比实物

2.3.1　设备小型化

在传统的大批量生产中，企业往往会追求速度快的大设备，从而减少单位成本，却忽略了过量生产的问题。速度太快，超过了市场要求的生产速度就会产生很多库存。在大批量生产时期，一些生产企业被各种问题拖累的原因之一是使用大型设备，例如，设备投资大，就会导致盈亏线上升（盈亏线是一个数值，是指企业销售多少数量的产品才能盈利的一条数值线），企业需要销售更多的产品才能保证成本不亏；生产批量大，不愿意接收小批量订单，造成客户流失，大设备维修保养难、费用高，需要外部支援。当昂贵的大型设备摆在眼前，人们就会不由自主地考虑怎样提高它的开动率，并且尽可能大量生产。如此这样，我们就会忽视一个事实：设备是因为作业而存在的，作业是因为订单而存在的，订单是因为有客户需求而存在的。大批量生产表面上看起来生产效率很高，但那是"只见树木不见森林"，导致的后果是产品整体流动发生混乱，必然使成本上升。

另外，大型设备一般体型和重量都大，为了保证足够的承重力地面需要特别处理，一旦处理后就只能永远固定在这个位置难以移动，因为移动的成本太高了。与此同时，移动设备还需要支出费用请专业的搬运公司完成，设备移动好还需要付费请原厂维修工程师进行调校。

小型设备具有以下特点：可以节省空间；设备之间的距离比较近，可以减少作业人员走动的距离，减少设备摆放的空间。小型设备提高了设备的可移动性，当流程发生变化或试验新产品时，把它们移动到另外的地方会变得容易。设备小型化，价格也就更便宜，这样可以方便增加新的生产线，同时由于小型设备结构简单，可以减少等待维修的时间。

如今，经常使用的产品生命周期较短，并且客户需要的品种较多，市场变为小批量、多品种的需求模式。大型设备只能通过不断换线应对不同品种的生产，但是不断换线会浪费正常的生产时间，反而不如多台小型化设备同时生产更有效率。另外，在产品更新换代的情况下，大型设备可能要投入不少资金进行设备改造，但是小型设备的改造费用较低，因为它们的结构更加简单。

2.3.2　设备移动化

单元生产线最为显著的优点之一就是柔性化，根据客户的订单数量调整单元线的产出数量，然后将多余的作业人员安排到其他的生产岗位。当然，这种柔性化不可能时刻变化，最好能够根据订单数量每星期调整生产线的编制。除了数量的柔性化，生产工作台也是柔性的，工作台采用精益管理，根据工艺的要求排成一字形、U 字形或 M 字形，工作台内部的高度、物料架高度或增加新的结构能够快速改变以实现柔性化。为了配合生产的柔性化，设备也具有很强的柔性。

设备柔性化的对策是地脚作战，将不能灵活应变的设备安装轮子，根据订单开展灵活设计、调整现场工艺布局。设备移动化如图 2-19 所示。

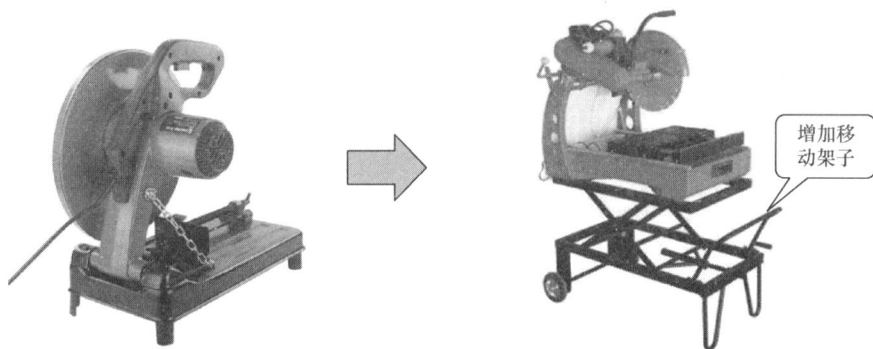

图 2-19　设备移动化

地脚作战的原则与理念有以下 3 条。

- 无论何种设备都要安装脚轮。

- 地脚螺栓是柔性化生产的"敌人"，需要全部拆除。

- 设备加装脚轮时要保证设备的高度与作业高度处于合理位置。

2.3.3　设备应有利于作业操作

要想设备有利于作业操作，具体来说有 3 种方法。

1. 设备入口与出口一致

传统设备物料的出入口通常设计为横长纵短，原材料从设备一端进入，成品从另一端流出，设备容易造成人员和使用空间浪费。例如，作业人员需要从开始位置投入产品，然后步行一段距离到另一端将产品取出，这会产生移动时间的浪费，同时很难达到一人操作几台设备的目的，对不合格品的来源反应迟钝，不易追查。设备的入口与出口应当设计在同一个位置或尽量靠近。为了便于物料在各个工序之间流动，上道工序的出口应和下道工序的入口连接起来，避免因搬运和走动造成的时间浪费。出入口一致如图 2-20 所示。

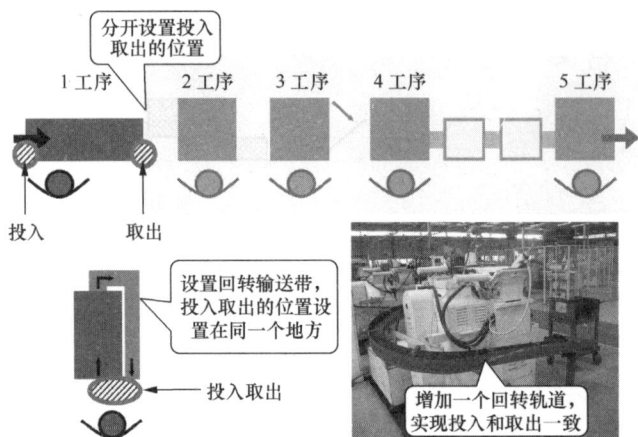

图 2-20　出入口一致

为了实现投入取出一致的目的，通常把设备设计成横短纵长形，设备操作面很窄，其他部分依次向后排列成窄长型设备。设备有时也设计成 U 形布置，用传送带或滑道将加工好的产品滑进入口附近的区域，使投入取出保持一致。

2. 设备附属装置在侧面或者后面

尽量不在侧面放置设备附属装置，而是把设备附属装置放置在侧面或者后面。例如，开关、参数调整装置、屏幕等放置在设备前面，备用电源、处理装置、控制器等放置在设备的后面，这样可以减少设备的宽度，减少人员的走动距离。设备附属装置的位置如图 2-21 所示。

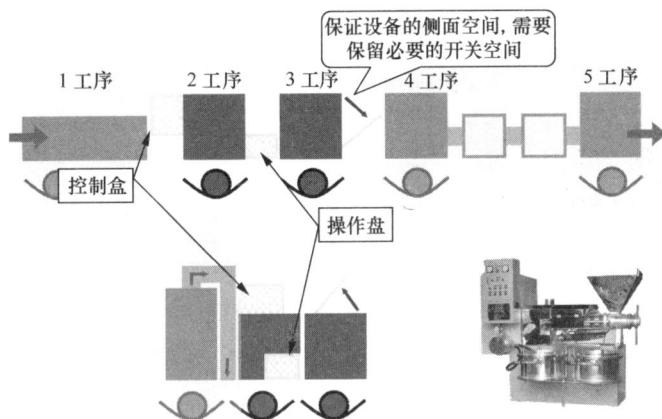

图 2-21　设备附属装置的位置

3. 自动设备摆在设备后面

带有传送装置的自动设备可以把物料从开始位置传递到后面，设备分为两排放置：一排放置设备，另一排放置自动化设备。

让设备有利于作业人员操作，除了从减少作业人员移动的距离考虑，还要从操作方面考虑，例如，设备高度和作业人员高度保持一致，以进一步通过自动化减少作业人员的操作动作，增加更多的自动弹出结构或者自动检验防错结构，思考如何消除作业人员的等待时间或者如何让作业人员一人操作多台设备。最好在设计阶段就将这些问题直接告诉设计人员，避免后期再进行大改。自动化设备的位置如图 2-22 所示。

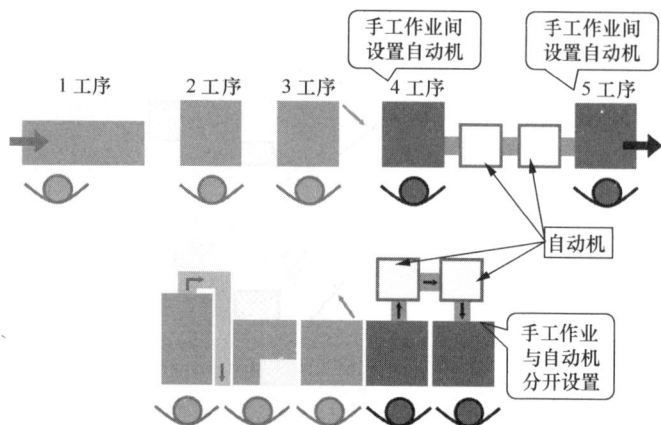

图 2-22　自动化设备的位置

　　单元生产线对设备的要求为小型化、移动化、操作便利化和自动化。不太强调设备的全自动化，在小批量、多品种的市场需求下，人与半自动设备配合的生产线才是更加合适的方式。

2.4　基本要求: 品质内建

　　质量控制（Quality Control，QC）是指以经济的方式生产满足客户品质要求的商品及服务的管理技法。质量控制的目标是确保商品及服务在一定的水准之上再提供给客户，为此进行的活动被称为品质保证。品质保证成为广泛品质管理活动中的核心活动。

2.4.1　自检

作业人员有责任执行自检。例如，不让本工序产生的缺陷传到下一道工序，如果下一道工序发现缺陷，生产线能立即停止以便作业人员看到有缺陷的零件。为了保证组装产品的品质，生产线应该一开始就严格遵守品质"三不"原则（不接受不良品、不制造不良品以及不流出不良品）。首先，作业人员应该确认前面的作业有没有异常；其次，作业人员确认自己的作业有没有异常和出现不良品，坚决不给后面的生产线提供不良品，所有的产品要用全数检查的方法来检验。自检流程如图 2-23 所示。

运行流程　　　　　　　　　　　　　　　　　　　运行规则

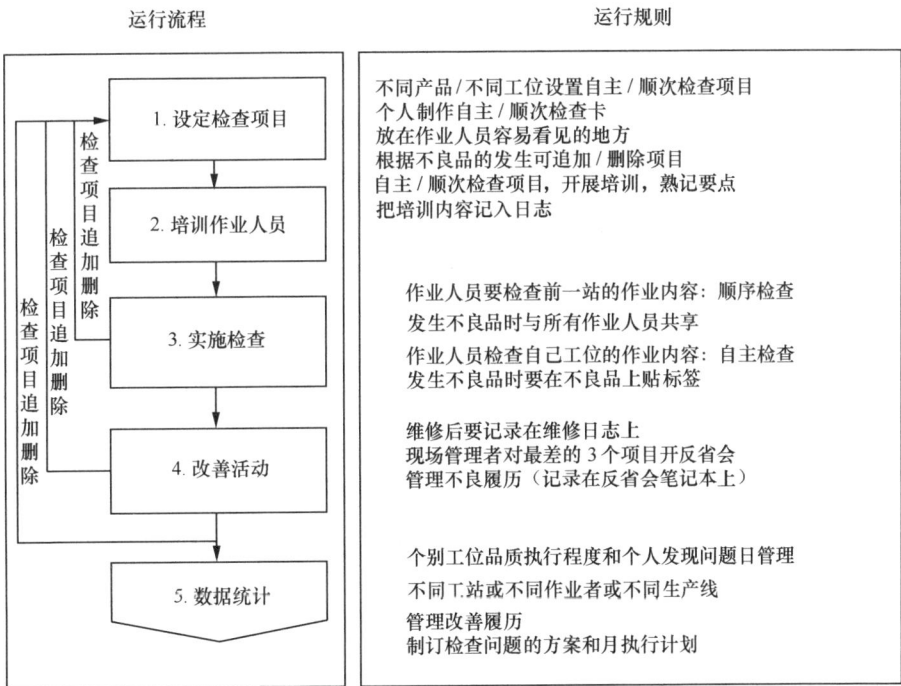

图 2-23　自检流程

1. 设定检查项目

检查项目要有明确的规定，不能什么都检查，这将占用大量的操作时间。

2. 培训作业人员

作业人员需要先培训，再进行相应的资格考试，考试合格的作业人员才能上岗。

3. 实施检查

控制计划虽然规定了检查内容，但也需要更加关注怎样把工作做好。需要时，工作指导将描述怎样判定操作是否正确、出现缺陷零件（报废和返修）时怎么办，针对外观缺陷可以使用图片、极限样件或缺陷样件的方法。极限样件对比可以避免因个人主观判断而引起的误差。极限样件对比如图 2-24 所示。另外，一个基本的质量原则是出现问题时立即停止生产。

极限样件和处置		文件编号	JYZ-JXYJ-HJ-H05
		版本 1 发布日期	
类别： 焊接 名称： 飞溅 适用零件： 所有产品	不合格 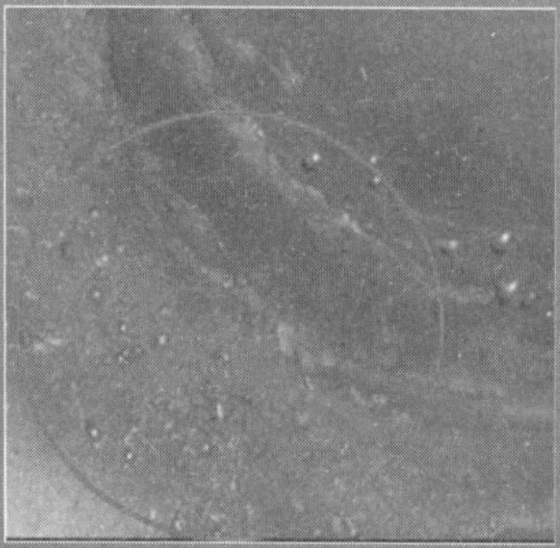	合格 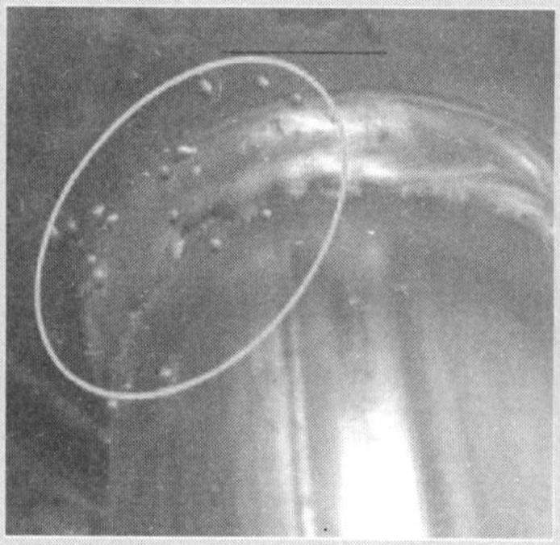	
编制			
审核			
批准			
WUH-PSS-3010	处置 ☑返工 ☐报废	返工说明 清除飞溅	

图 2-24　极限样件对比

一旦发现任何可疑现象，作业人员可以通知组长请求快速支援。如果作业人员不能在节拍时间内完成工作，应立即停止生产，然后小组人员集中起来对问题进行观察分析并快速行动。

组长的另一个任务是对照工作指导的步骤观察作业人员的工作，以保证作业人员遵守标准化的工作流程。若出现任何偏离，组长要对作业人员进行再培训。

4.改善活动

作业人员有责任执行自检。例如，不让本工位产生的缺陷流到下一道工序。如果在生产线的下游发现缺陷，就要立即停止生产线以制止缺陷零件流出。

组长需要执行下面两个基本的检查步骤。

第一，工作指导是否要求检查该缺陷？标准化工作是否足够清晰，以便检查缺陷？

第二，是否对作业人员进行充分的标准化工作培训，是否开展记录检查培训？

如果这些检查被证实，则作业人员必须对未检出事件负责并且接受再培训。主管跟踪每个人的相应绩效指标：流出缺陷数量（个人漏检追踪见表2-1），重复发生的缺陷流出将会导致作业人员的技能降级，在年度个人绩效回顾中，流出缺陷数量超过设定的周期是评估作业人员绩效的一个关键组成部分。

表2-1 个人漏检追踪

年：_____ 月：_____

作业人员姓名：_____ 班次：_____ GAP：_____

工位：_____ 开始日期：_____ GAP LEADER：_____

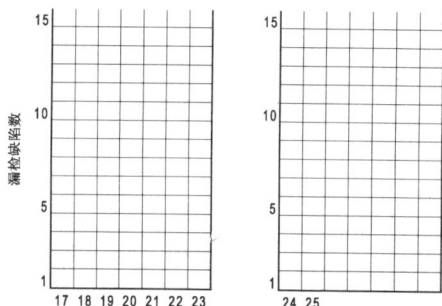

反馈规则：1. 针对个人流出的缺陷，班长立即通知作业人员进行整改，并记录在此表格，并及时跟踪。

2. 每月月底，主管对个人的缺陷情况进行汇总，并张贴在改善看板上，针对问题最多的前5个问题，对其进行整改。

备注：

_____

_____

5. 数据统计

数据统计见表 2-2。

表 2-2　数据统计

	月份	1月	2月	3月	4月	5月	6月	7月	8月	9月	10月	11月	12月
一课不良	总生产数	2221025	1552402	2736658	2577408	2513160	2759906	3031363	2508476	2548704	2697856	2999155	2915393
	实绩ppm	52.2	61.8	36.2	38.4	36.6	53.3	48.2	30.3	36.5	23.4	124.0	119.7
	目标ppm	10.0	10.0	10.0	10.0	10.0	10.0	10.0	10.0	10.0	10.0	.10	10
	工程内不良个数	116	96	99	99	92	147	146	76	93	63	372	349
	每班不良数	2.64	2.18	2.25	2.25	2.09	3.34	3.32	1.73	2.11	1.43	8.45	7.93
	工程内不良返修数	337	292	554	547	659	905	1367	1247	1187	1656	1824	2595
	每班返修数	7.66	6.64	12.59	12.43	14.98	20.57	31.07	28.34	26.98	37.64	41.45	58.98
	工程内不良返修率	0.02%	0.02%	0.02%	0.02%	0.03%	0.03%	0.05%	0.05%	0.05%	0.06%	0.06%	0.09%
	返修目标	113	113	113	113	11	113	113	113	113	113	1113	113

	月份	1月	2月	3月	4月	5月	6月	7月	8月	9月	10月	11月	12月
二课不良	总生产数	433060	298701	451474	480799	425081	496980	548683	442976	446825	478350	485656	497413
	实绩ppm	36.9	73.7	35.4	43.7	49.4	36.2	34.6	27.1	22.4	39.7	119.4	124.6
	目标ppm	11.0	11.0	11.0	11.0	11.0	11.0	11.0	11.0	11.0	11.0	11.0	11.0
	工程内良个数	16	22	16	21	21	18	19	12	10	19	58	62
	每班不良数	0.36	0.50	0.36	0.48	0.48	0.41	0.43	0.27	0.23	0.43	1.32	1.41
	工程内不良返修数	3635	2858	3323	2595	3096	3492	3455	3105	2988	3099	2601	3152
	每班返修数	82.61	64.95	75.52	58.98	70.36	79.36	78.52	70.57	67.91	70.43	59.11	71.64
	工程内不良返修率	0.84%	0.96%	0.74%	0.54%	0.73%	0.70%	0.63%	0.70%	0.67%	0.65%	0.54%	0.63%
	返修目标	1286	1286	1286	1286	1286	1286	1286	1286	1286	1286	1286	1286

注：ppm 是 Parts Per Million 的缩写，定义为百万分之一。一般用作每 100 万个产品中的不良率的统计标准。例如，10ppm 的意思为百万分之十的不良率。

2.4.2　不合格数量管理

处理不合格产品的流程如图 2-25 所示。

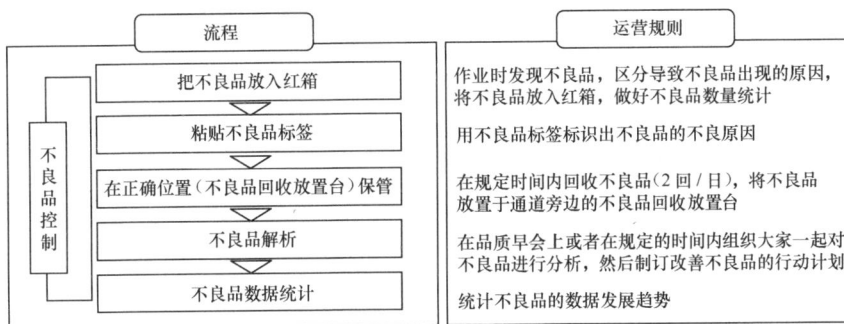

图 2-25　处理不合格产品的流程

红箱只是一个概念（例如，箱子、挂钩、手推车、架子等都可以被称作红箱），用红箱放置不合格零件（例如，外构件、半成品或成品）的目的有以下两个。

- 第一，从生产流中分开并隔离不合格品或可疑品。

- 第二，为缺陷分析提供样件，以便清除这些缺陷。

红箱的位置必须在试生产阶段确认，相应的空间必须被保留。区域标识用红色，并易于作业人员接近。如果不能确认零件是否返修，作业人员就应该用红色贴纸、箭头、胶带、布等在缺陷处进行标识，以便事后分析。在返修箱内，可返修品和可疑品必须用不同的标识进行区分。在线可返修品不需要标被，可立即提供给下道工序。报废品必须隔离并且不能再回到生产流中，而可返修品需要在受控下回到生产流中。这就是必须将报废品和可返修品分开放置的原因。可疑品作为可返修品处理，利用报废品也就是将不合格品的可用部分重复使用，以可视化管理的方法区分报废品箱和可返修品箱（例如，用红色标识报废品，用黄色标识可返修品，可使用不同颜色的喷漆或胶带等）。任何禁止返修的零件（例如，关键点焊接、气囊摔落等）必须报废。外构件不应被返修，应该放在专门的报废品箱里，然后退还给供应商，为他们调查和采取纠正措施提供帮助。报废品箱和可返修品箱的尺寸及形状应与零件相适应。对于体积大的零件（例如，仪表面板、排气管、座椅等），可将手推车作为红箱，以便在生产线和返修台之间运输产品。红箱里的零件最好能够清楚可见。

报废品箱是一个强大的可视化管理工具，最好根据每班的典型报废品数量确定报废品箱的尺寸，以便快速发现问题。一种缺陷最多只能有一次疑问，一旦由客户确认后，应把它作为极限样件来培训作业人员。缺陷零件是非常宝贵的，任何不合格品都能潜在地启动一个快速反应质量控制（Quick Response Quality Control, QRQC）活动，分析缺陷可以使生产工艺每天都获得进步。

下面提供一些改善不合格产品的思路与方法。不合格菜园改善如图 2-26 所示，不合格团队分析现场实景如图 2-27 所示，不良品分析见表 2-3。

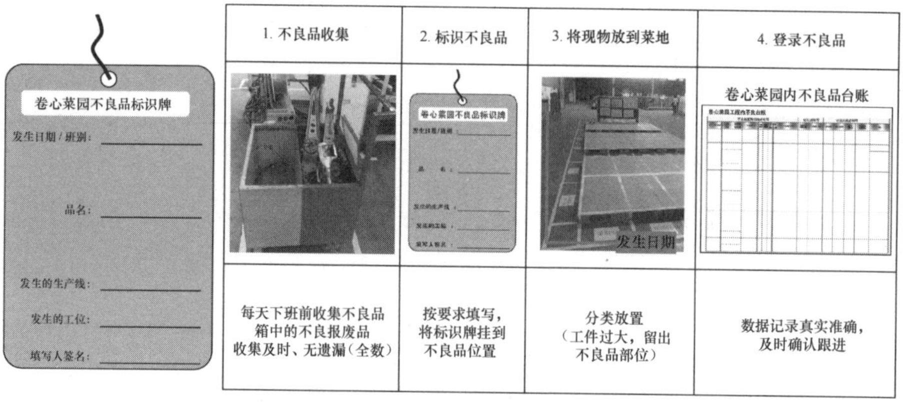

图 2-26　不合格菜园改善

图 2-27　不合格团队分析现场实景

表 2-3 不良品分析

作成日：_____

	课长	班长	组长

不良内容
发生年月日：_____
品名：_____
发生的生产线：_____
发生的工位：_____

缩略图

临时对策

【分析成员】

【班长·作业人员确认】

		为什么1	为什么2	为什么3	为什么4	为什么5
为什么产生不良品	人					
	设备					
	材料					
	方法					
为什么流出不良品	人					
	设备					
	材料					
	方法					

为什么产生不良品	对策	为什么流出不良品	对策	标准化

※不良品流入后
需填写此栏

类似项目

2.4.3 首件合格

更改和停止生产都存在质量上的潜在风险，因此企业必须预先对适合安全生产合格件的所有条件进行检查。如果任何一项检查不合格，生产就不能开始。只有问题被解决且所有条件再次被检查后，或者适时地应用专门的备份模式后，生产才能开始。首件合格是指首件经巡检检验合格。

1. 首件合格指导书

除了启动正常的班次外，控制计划要清楚地描述其他需要应用首件合格程序的情况。重新启动的典型情况：因工装或原材料更换，或设备损坏，抑或出现质量问题，检查项目需要根据启动情况设置。变化指导书应规定每项检查的备用模式。例如，如果检查不合格该做什么，谁来负责实施备用模式，怎样判断和管理追溯最后一次检查合格后的可疑产品等。

2. 首件合格检验记录

首件合格检查清单上要求记录所有的检查项目，包括检查的日期、班次、时间、相关零件，以及首件的可追溯性。一旦下一步中出现质量问题（例如，客户提出的缺陷、内部缺陷、下一次启动时不合格等），这个记录就可以切实有效地确定可疑产品的范围。所有的计量型产品或过程的关键特性都要被记录（例如，尺寸、温度等）。如果控制计划要求做统计过程控制（Statistical Process Control，SPC），这些要记录在控制图上。根据制订的文件保存期要求保存对首件的记录。

3. 首件合格件展示

在车间要有一个专门的地方展示合格的首件，如果使用相同的工装或检具实施同样的操作，那么每个工装制造的零件都要单独确认并展示。首件合格件展示如图 2-28 所示。

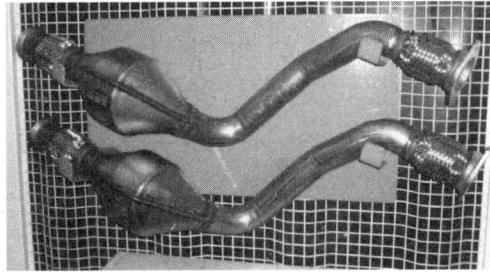

图 2-28　首件合格件展示

2.4.4　防呆

从保证质量的角度单独开展过程能力调查和过程管理活动，即使做得再好，因人为失误造成的不良情况（例如，偶发的不良、统计分布的异常值等）也不能完全被制止。实际上，为了真正满足客户要求的质量保证，防止不良品流入客户手中，管理人为失误造成的异常值是很有必要的，企业需要实施全自动装置进行检查与挑选。另外，对后续工序也应该进行管理，防止不良品流入。因此使用 POKA YOKE 就起到了非常重要的作用。POKA YOKE 是一个能够防止不良品再次产生的有效工具，日文名称为"ポカヨケ"，意为"防误防错"，英语名称为"Error & Mistake Proofing"，又称防错法、防呆法，即在失误发生前加以防止的方法。这就要求作业人员对产生不良品的原因进行分析，针对人为原因产生的失误采取防止手段和措施。

有关不良品再发生的防错对策如图 2-29 所示。

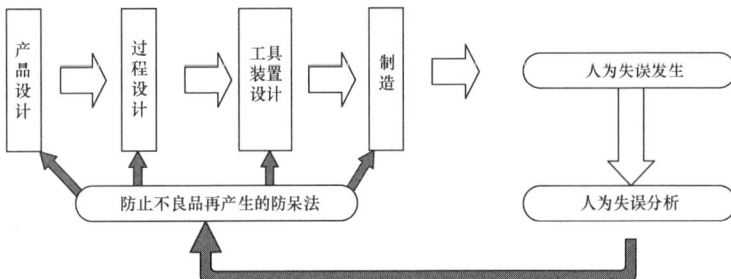

图 2-29　有关不良品再发生的防错对策

防错案例改善 1 如图 2-30 所示，请将图 2-30 所列的东西放入盒内（痕迹标识法）。

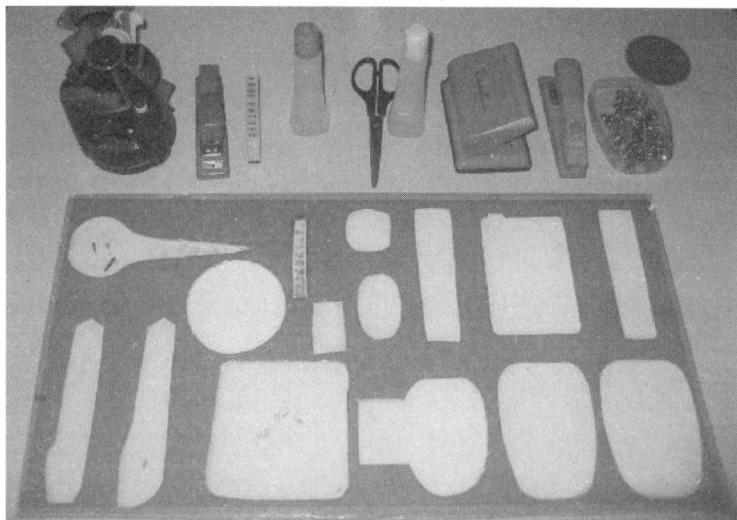

图 2-30　防错案例改善 1

很多人都能做对上面这道题。防错案例改善 2 如图 2-31 所示，这道题也会有很多人能做对，因为不同形状的东西几乎没有办法放进其他的位置。

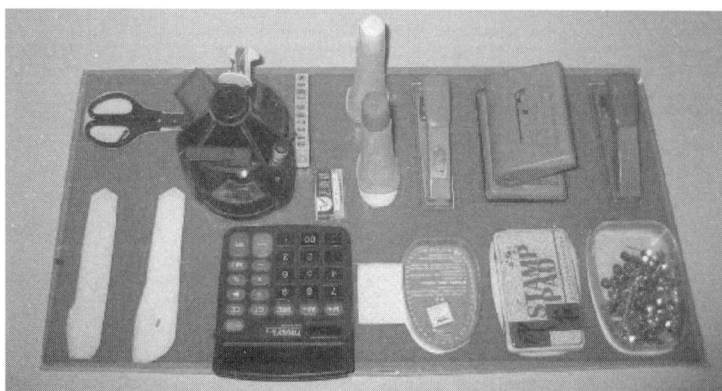

图 2-31　防错案例改善 2

我们在日常生活中，有时匆忙起床去上学或上班，在路上发现忘记带车票、钥匙、钱包等，为了防止此类事情再次发生，有些人养成了一个良好的生活习惯，即在睡觉前将东西集中放在床边或第二天要穿的衣服口袋、公文袋内。早上起来，只要穿上衣服或顺手一拿，需要用的东西就不会被落下，这个做法也是"防错法"观念的延伸应用。防错确认表示例见表2-4。

表2-4 防错确认表示例

防错确认表			文件编号		
			文件版次		
PYK n⁰	PY-082	防错检查的步骤			
防错检查的频次	每班次启动过程	n⁰	步骤	谁	良好	失效

防错应用的零件和过程	J48 1.6L F管分总成焊接	1	检查工装的防错销是否存在	作业人员	存在	不存在
防错所在的设备、工装、夹具等及其编号	J48 1.6L F管分总成焊接工装 ABC001	2	取一个法兰，将法兰的2个法兰孔和1个缺口分别对应工装上的2个法兰孔定位销和1个防错销安装法兰	作业人员	法兰表面能与工装面贴合	防错销过大，与法兰缺陷孔发生干涉
防错功能描述(草图)		3	将法兰翻倒另一面，将2个法兰孔对应工装上的2个法兰定位孔安装法兰	作业人员	防错销与法兰干涉，法兰面不能和工装定位面贴合	防错销出现如过小或松动等，法兰仍然能和工装定位面贴合
	工装防错销	4	如果以上3步中的结果都是OK，将防错牌翻倒绿色的一面，防错确认OK；如果任何一步的结果失效，将防错牌翻倒红色的一面，执行如下的反应规则	作业人员		

在安装法兰时，只允许将法兰的装配面和工装表面贴合。为防止装反，在工装上对应法兰防错孔的地方装一个防错销。如果法兰装反，则会与防错销发生干涉	如果以上步骤的任何一个结果失效，请遵守如下规则 1.停止工作，通知组长 2.组长通知维修人员修复（8小时内完成） 3.如有必要，组长授权作业人员按右边的备份模式启动生产，并在启动检查记录上注明	备份模式 1.在安装法兰前，100%检查装配面是否朝向工装定位 2.在安装法兰方向正确后，在每个法兰上用油漆笔做标识 3.生产结束后，在防错修复前，组长对该批次产品100%再确认 4.作业人员使用备份模式生产的数量及相关信息记录在过程检验记录上 * 若过程中防错被修复，则需要重新按上述步骤确认
防错类别和工作原理		

	接触	计数	动作
控制系统	×		
报警系统			

签名/日期	签名/日期	签名/日期	签名/日期
编制	制造工程师/工段长	检查	项目质量/现场质量	批准	项目经理	熟练作业人员

品质内检的建立及维护"三不"文化（不接受质量缺陷、不制造质量缺陷、不放过质量缺陷）。"三不"文化深入人心并体现在每个人每项工作的每个步骤，把消除每次的不良品变成一次学习的机会、改善的机会和提升能力的机会。

2.5 基本要求：可视化管理

可视化管理是指通过视觉采集信息后，利用大脑对其进行简单判定（并非逻辑思考）而直接产生"对"或"错"的结论的管理方法，这个方法最大的优点就是直接、快捷，因而被现代制造业企业采用。简单地讲，可视化管理是一种用眼睛看得懂而非大脑想得到的管理方法。

1. 需要管理的地方一目了然

现场管理要输入相应的信息后才能基于信息做出决策。但是很多作业现场没有任何信息，导致组长不能及时了解现场的生产情况，不能清楚地了解生产线上的员工数量、组长数量、辅助人员数量以及有多少新员工，不知道现在的品质情况。如果没有基础信息就没有办法开展后续工作，但可视化管理可以让现场情况一目了然。

大部分从现场产生的信息经过层层传递，最后才送达最高层管理人员，往往在上报的过程中，信息越来越抽象且远离了事实。然而，在实施可视化管理的场所，管理人员只要进入现场，就能马上看出问题，而且可以在当时、当场下达指示，从而避免信息在传递的过程中出现问题。

人员方面（作业人员）。评判作业人员的士气可以由提案建议的数量、质量及缺勤次数来衡量，例如，了解生产线上今天谁缺席、由谁替代其工作等。这些事项要在现场可视化。要想知道作业人员的技能如何，可以在现场公布栏里张贴其已经接受过何种培训、还需要进行何种培训等。要想知道作业人员的工作方法是否正确，可采用标准化方法，例如，陈列作业要领书等。

机器方面。要想知道机器是否正在生产质量良好的产品，是否附有自动化装置、防错装置等。只要观察一旦发生错误，机器能否立即自动停止即可。当管理人员看到机器停下来时，必须知道是什么原因导致其停机的。是否属于计划性停机，或因切换生产作业造成的停机，或因质量问题造成的停机，或因机器故障造成的停机，或因预防保养造成的停机……润滑油的液位、更换的频率和润滑油的类别也必须被标识出来。金属外部的盖子只有改为透明式外盖，机器内部发生故障时才能够让作业人员一眼看见。

材料方面。如何判定材料的流动是否顺畅，材料是否超出客户需求数量以及是否生产过多等，可以通过拉动看板的方式进行评定，证明最少库存数量的看板附在产品上作为前后流程之间生产指令的沟通工具。要想标识出物料储存的位置，并且标明库存数量的水准及料号，可以用不同的颜色做区分；也可以利用信号灯或蜂鸣器凸显异常现象，例如，提示供料短缺等。

督导人员要想知道作业人员的操作是否正确，可以将标准作业表张贴在每个工位上。这些标准作业表要注明工作的顺序、周期时间、安全注意事项、质量核查点以及发生变异时如何处置。

2. 容易了解生产现场是否正常，并且任何作业人员都能指出异常并及时改善

要想在现场解决问题，首先要让问题暴露出来。无法检测出异常，也就无法管理好整个流程。最理想的制造业现场是一旦检测到异常，生产线就立刻停止生产，并且在现场支持团队快速解决问题。大野耐一曾经说过，一条绝不会停止的生产线，不是太完美了（当然，这是不可能的），就是极端差劲的。一旦生产线停止，每个人就能意识到发生了问题，然后会尽力确保此生产线不会再因相同的原因停止。"能停止的生产线"是现场可视化管理最好的例子之一。

3. 任何人都容易知道应该如何遵守，且失误了容易更改

将标准作业表张贴在工位的正前方也算可视化管理。这些标准作业表不仅可以用来提醒作业人员正确的操作方法，而且可以让管理人员判断工作是否在依据标准进行。在作业人员离开他们的工作岗位后，管理人员就知道出现了异常现象，因为挂在工位正前方的标准作业表明确规定了在工作时间内作业人员应该在哪里工作。如果作业人员无法在规定的时间内完成他们的工作，就无法达成今天的生产目标。

虽然标准作业表记录了作业人员该如何做好自己的工作，但往往没有明确记录一旦异常情况发生时该如何处理。标准作业表首先应当记录如何确认异常情况，再列出处理的步骤。

每日的生产目标也应当可视化，可以将每小时及每天的作业目标陈列在公告栏上，在其旁边记录实际产量。此项信息能预警督导人员采取必要的对策达成目标，例如，调动人员支援进度落后的生产线等。

2.5.1 管理看板的制作

管理看板是管理可视化的一种表现形式，那就是使数据、情报等状况一目了然和透明化的管理活动。它通过各种形式（例如，标语、现状板、图表、电子屏等）揭示文件上或现场隐藏的情况，以便任何人都能及时掌握与管理现状和了解必要的情况，从而快速制订并实施应对措施。

将各种管理资料张贴在管理看板上，可以让管理者随时掌握运行的相关状况。生产管理看板主要有工时推移、品质推移、标准作业表、每小时产量、计划、实绩情况、现场改善等。生产管理看板、检验台、教育台的可视化如图 2-32 所示。看板种类见表 2-5。

表 2-5 看板种类

部门	功能	看板说明
生产部	生产现场方面	（1）产能看板 （2）生产计划看板 （3）生产异常指示看板 （4）安全看板 （5）责任位置看板 （6）员工绩效考核看板 （7）停机状况看板 （8）员工出勤看板
	生产排程方面	（1）出货达成看板 （2）出货排程看板
品质部	品质方面	（1）客户投诉看板 （2）异常看板 （3）员工绩效考核看板
资材部	采购方面	（1）交货进度跟踪看板 （2）催料看板 （3）供应商管理看板
	仓库方面	（1）仓库储区看板 （2）物料储位看板 （3）呆滞用料统计看板
工程部	样品试作方面	（1）样品交期进度看板 （2）客户投诉看板
管理部	人力资源方面	（1）员工出勤看板 （2）教育训练看板
业务部	营业及出货方面	（1）出货达成率看板 （2）营业额看板 （3）货款跟催看板
企划室	改善方面	（1）专案改善跟踪看板 （2）工作进度看板

① 生产管理看板　② 检验台（残置台）　③ 教育台

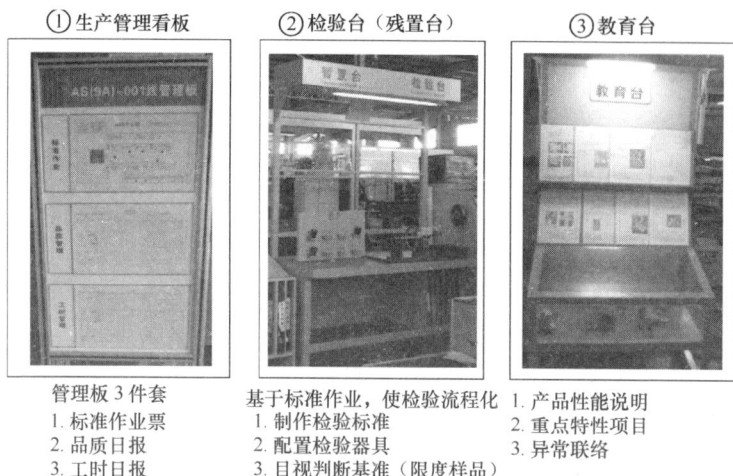

管理板 3 件套
1. 标准作业票
2. 品质日报
3. 工时日报

基于标准作业，使检验流程化
1. 制作检验标准
2. 配置检验器具
3. 目视判断基准（限度样品）

1. 产品性能说明
2. 重点特性项目
3. 异常联络

图 2-32　生产管理看板、检验后、教育台的可视化

2.5.2　安灯应用

1. 安灯系统定义

安灯系统（Andon）是一种现代企业的信息管理工具。Andon 原为日语的音译，日语的意思为"灯""灯笼"，在这里表示一个系统。安灯系统能够收集生产线上设备、品质和生产过程中各种异常的信息，将异常信息通过分布在车间的各种灯和声音报警系统，告诉相应责任人快速解决问题。

安灯系统是为了使生产中发生的问题得到及时处理而安装的系统。设备能够发现问题并自动地把异常信息传递给生产技术支持人员和相关负责人。同时，它能按照预先规定的信息传递点（设备、操作工、组长、相关管理人员）逐级传递异常信息。它需要有预先设定的异常点做嵌入式检测，例如，质量、循环时间、检测到的平均修复时间或超出时间。安灯系统让同一系统里的员工互通信息，让员工和相关管理人员尽快找出问题的根源。在企业精益生产体系里，安灯系统来自"停止及问题解决"的自动化处理机制，属于"智能警示"模块。

2. 安灯系统在丰田生产方式中的由来

安灯系统源于丰田的生产方式，基于其"建立立即暂停制度以解决问题，从一开始就重视品质管理的文化"的生产原则。具体来说，为客户提供的产品品质决定产品的定价；使用所有确保品质的现代方法；使生产设备具有发现问题及一旦发现问题就停止生产的能力，设置一种视觉系统以警示团队、计划制订者或提示某个流程需要协助；在企业中设立快速解决问题的制度和对策；融入"一旦发生问题就立即暂停或减缓速度"的企业文化，以及打造"就地改进质量以提升生产力"的理念。

3. 安灯标准

（1）安灯系统需要预先设定联系

第一步：作业人员发出一个可视和可听的请求。

第二步：组长或支持团队通过关闭声频信号响应请求（这是通过嵌入式测试做出响应）。

第三步：问题解决后，警示灯关闭。安灯示例1如图2-33所示。

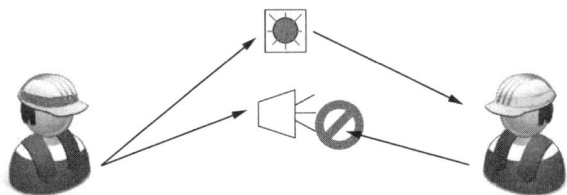

图 2-33　安灯示例1

（2）预先设定嵌入式测试

组长或支持人员是否在预先设定的时间对来自作业人员的请求做出回应，预先是否提出设定的修复时间都需要被检测。安灯示例2如图2-34所示。

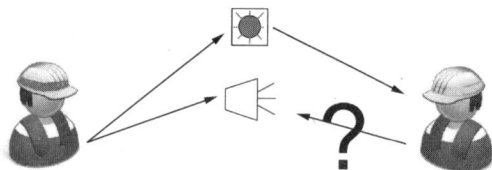

图 2-34 安灯示例 2

（3）预先设定逐级传递

工厂需要确定逐级传递的时间，逐级传递必须自动进行，无须人工干涉。

4. 安灯系统的主要功能

- 工位作业管理：工位呼叫、集中事件呼叫。

- 设备运行管理：故障、运行状态、维护信息。

- 信息可视管理：通过安灯看板显示呼叫信息、故障信息、停线信息。

- 物料呼叫：通过物料显示屏显示物料呼叫信息。

- 质量呼叫：通过广播呼叫质量信息。

- 设备呼叫：当设备出现故障时，通过广播进行呼叫。

- 维修呼叫管理：通过维修安灯看板显示维修信息。

- 公共信息管理：通过信息显示屏显示各种公共信息。

5. 安灯系统的作用及其使用

在传统的大规模生产方式下，管理者不允许发生中断生产的情况。在发现不合格产品时，往往只做标记，将不合格产品搁在一边另行处理，其目的是尽一切努力实现最大产量，之后再解决问题。需要说明的是，生产线不停并不表示没有问题。采用安灯系统就是要把问题尽可能地显现出来，尽管这种方式会造成生产线停止，但能继续解决问题，以便更高效地制造更好的产品。当生产线出现问题时，要在本工位内进行品质管理，避免问题进入下一个流程，这种品质管理比在事后检验问题与设法纠正问题更有效且成本更低。

当生产线上某个工位发生问题时，作业人员会按下"求助"按钮，这时安灯系统上的相应工位号便会亮起黄灯，但整个生产线仍在作业，此时管理者必须马上做出反应，派出援助人员，帮助其在规定的生产节拍内完成任务，否则安灯会变为红色，生产线将停下来。在必须停线的时候，管理者经判断后必须停止以解决问题。在自动化程度非常高的生产线上，生产工具与自动化控制装置都进行了重新设计，内置的传感器可以发现不同于标准的差异，并通过使用无线电传输装置给戴耳机的管理者发送信号。无论管理者身处何地都可以知晓问题，并可将此信息传输到工厂的电子信息板上，从而让所有的员工看到。安灯应用如图 2-35 所示。

呼叫系统

无线发射器

图 2-35　安灯应用

改善的第一步是将问题暴露出来，而可视化就是暴露问题的工具之一。将问题和异常情况暴露出来，然后执行"计划、执行、检查、处理"（Plan、Do、Check、Act，PDCA）的问题解决方案。

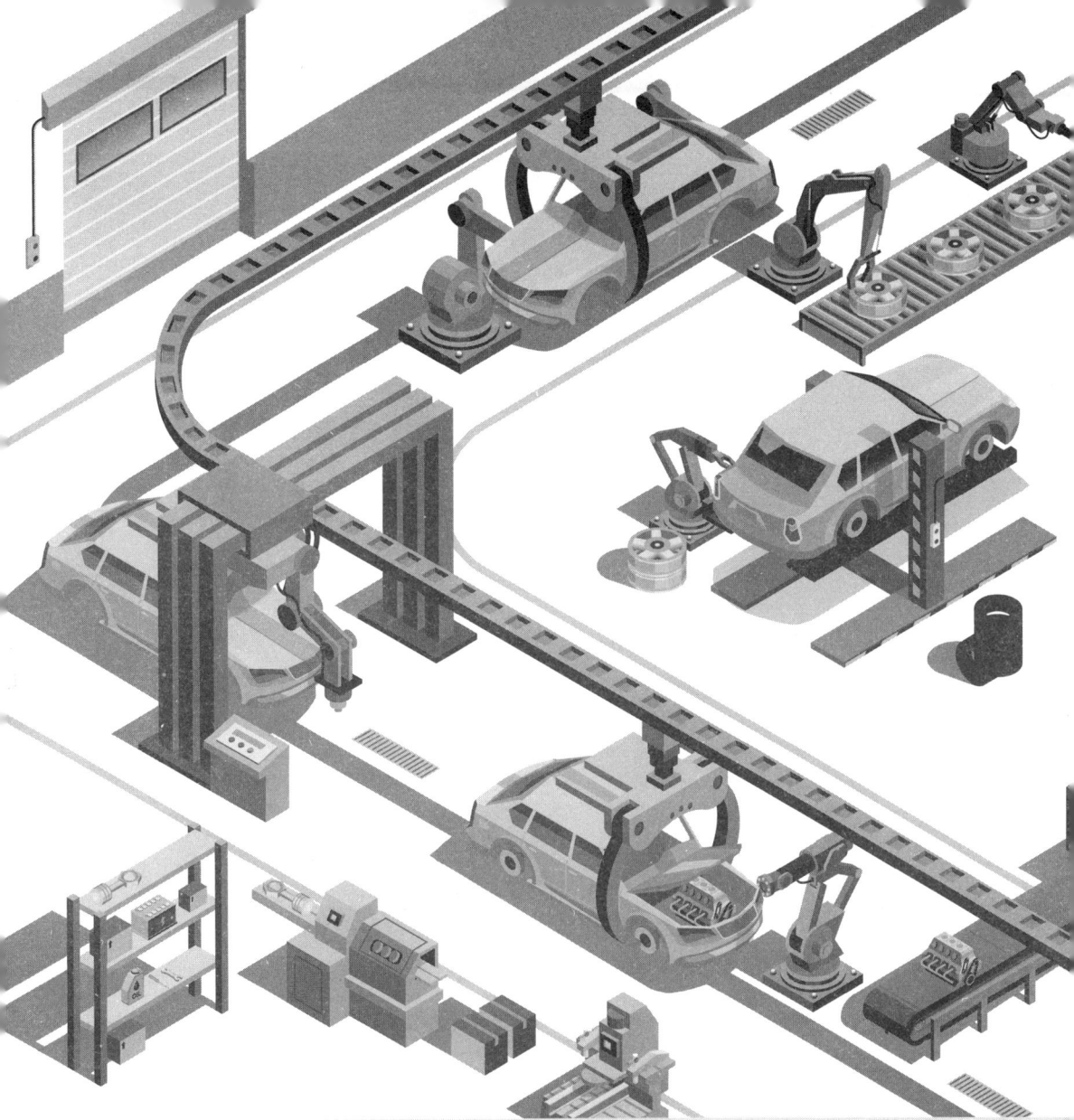

第三章

单元生产线设计操作步骤

3.1 简述单元生产线设计步骤

精益领域提倡用一整套成熟的系统方法得到想要的结果。其优势是步骤性强，可以被大量复制，还能保证输出最好的结果。这也是精益工具中梦寐以求的步骤化操作方法和过程的操作指引，适用于大量的生产企业。无论是在汽车行业还是在电子行业，都能保证企业内部的改善人员可以轻松地使用精益的相关工具。

单元生产线的设计、实施过程步骤化的好处就像使用一台"傻瓜相机"，不仅操作简单，而且产出效果佳。在"守、破、离"3个阶段，如果你在"守"的阶段用参照步骤搭建单元生产线，就可以减少每个步骤中因为摸索而消耗的时间，可以不用思考建立单元生产线，而把大量的精力直接用于每个操作步骤。如果是在"破"的阶段，你可以独立建立自己单元化设计的标准步骤。如果是在"离"的阶段，你可以天马行空地用"无招"的方式完成单元生产线设计。单元生产线设计步骤如图3-1所示。

第一步：改善对象选取

通常人们一听到要进行改善，就会立刻考虑各种改善方案，然后直接进行改善，并没有对改善对象进行选择。这种方式虽然对立即执行改善帮助很大，但有时会造成改善盲目且毫无头绪的状况。改善后，人们往往会发现如果改善另外一个对象，整体效果也许更加明显。在寻找改善对象时，需要问以下问题。

- 改善对象是否合适？

- 改善能够带来巨大的收益吗？

- 改善是紧急且迫切的吗？

- 改善对象是领导关注的对象吗？

- 改善对象的选择有问题吗？

单元生产线设计步骤

第一步：
改善对象选取

主要工作：
－ VSM分析
－ 整体和部分分析
－ PR/PQ分析
－ 方案批准

第二步：
现状分析和
浪费消除

主要工作：
－ 现状掌握（数据、工艺）
－ 标准三要素
－ 山积图分析
－ 浪费发现
－ 动作改善

第三步：
"纸上谈兵"

主要工作：
－ 节拍计算
－ 人员数量重新分配
－ 工作线体设计
－ 工作台选择设置
－ 物料排放
－ 自动化考虑
－ Cell布局

第四步：
3P模拟设计

主要工作：
－ 纸片法
－ 生产线模拟
－ 设备模拟运行
－ 问题点解决

第五步：
生产线试运行

主要工作：
－ 多能工培训
－ 生产线建立准备
－ 生产线运行
－ 问题发现

第六步：
标准化

主要工作：
－ 标准作业
－ 产能提升
－ 技能培训

第七步：
其他配套
服务

主要工作：
－ 5S和目视化管理
－ 生产料管理
－ 品质体系管理
－ 设备管理

第八步：
设定下一个课题

主要工作：
－ 项目报告
－ 反省
－ 奖励
－ 下一个课题

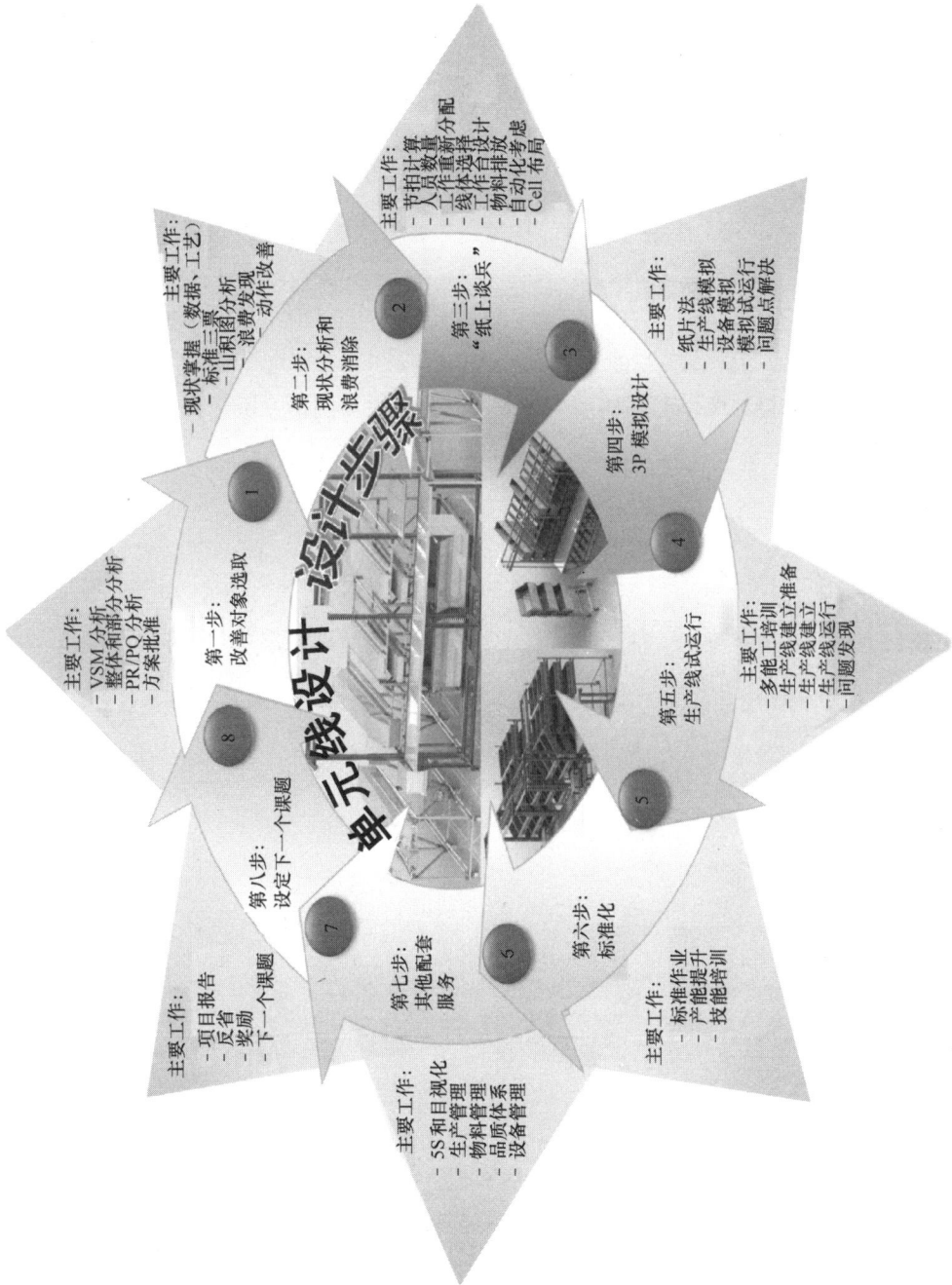

图 3-1　单元生产线设计步骤

87

第二步：现状分析和浪费消除

现状分析是对改善对象的现状把握，例如，客户需求（未来一年的需求 / 去年的需求、产品寿命周期、客户需求）、产品工艺流程（工艺流程、工艺特点、产品与零件）、产品组装（作业人员数量、工作台划分、生产平衡率、生产绩效表现、技能情况）、硬件条件（厂房、区域、设备、水电气供应、照明）。这些都是在单元生产线设计前需要了解的信息。

除了掌握上面的信息，还需要进一步分析存在多少浪费，有多少改善点可以先改善，避免把浪费编制到新的生产线中。收集更多的信息不是目的，通过现状分析更多的问题，再设计出更加优秀的生产线才是目的。

第三步："纸上谈兵"

"纸上谈兵"是单元生产线的真正设计阶段，需要设计生产线的整体线体、工作台、物料摆放及配送、现场生产线的布局。所有的设计都是在大脑或纸上完成的，所以企业将其称为"纸上谈兵"。在"纸上谈兵"阶段，企业需要对人、物、设备、方法和环境5个方面进行综合考虑，即人员在什么样的环境中使用某种方法操作设备，完成物料的相应组装测试包装工作。

为了设计出更好的生产线，需要考虑3～5种备选方案，更多的备选方案可以提供更多的选择和不同的设计角度，最后可择优选择一种方案或者综合各种方案的优点形成最终方案。如果企业只有能力完成一种单元生产线的设计，则可以邀请多家单元生产线设计方一起交流，得出更多不同的设计思路。

第四步：3P 模拟设计

设计时需要考虑众多的因素，总有一些疏忽造成设计上的缺陷，如果在没有发现设计缺陷的情况下就让新生产线直接制造和试生产，则容易导致很多问题，以至于需要二次设计。如果想发现更多的设计缺陷，则需要增加一个设计验证的步骤——生产准备流程（Production Preparation Process，3P）模拟设计。首先，用简单的材料将设计好的单元线以实物展现出来；然后，围绕模拟简单生产线进行试生产；最后，全体成员一起讨论该过程中存在的设计缺陷。这样就可以用最小的代价消除设计缺陷，并且融入多人的考量设计出最合适的单元生产线。当然，如果你对设计很有信心，也可以省略这个步骤。

第五步：生产线试运行

新单元生产线设计好后就可以正式组织试运行了，在运行过程中一定会出现一些问题，需要一个改善支撑团队使用 PDCA 方法不断解决问题。如果没有改善团队的支持，作业人员就会认为新的单元生产线问题太多，不太适合公司的产品，从而倒退回原来的操作方式，使前面的工作白白浪费。

第六步：标准化

标准化是为了维持改善的现状，不让改善走回头路，同时将改善过程中的隐性知识用文件固化下来。标准化也是一个 PDCA 不断循环的过程，即先制订相应的标准，作业人员按照标准作业，当作业人员发现更好的做法后修订新的标准，以便作业人员按照新的标准作业执行，从而形成"标准 — 改善 — 标准"。生产领域有很多标准文件，例如，操作手册、作业要领书、作业分解表、检查指导书、终检指导书、物料配送时间表、配送路径图等。

第七步：其他配套服务

单元线专指单元生产线，但单元生产不仅包括单元生产线，还包括需要更多运作职能模块加入共同工作，才能形成完整的生产运营体系，将单元线转变为单元生产运作体系。这些配套内容或模块包括品质体系保证产品品质、效率系统控制产品的产出效率、物料配送保证物料的及时供应、人员培训体系保证作业人员的操作品质。

第八步：设定下一个课题

当课题结束后，改善团队会设立新的课题，确保改善的持续性。

在一些情况下，可以用更简单的方法设计单元生产线。例如，上级或者客户拥有明确的改善对象，并且公司内部人员已经非常熟悉工艺流程和产品零件。通过这样的设计，在测量每个工位的标准工时后，设计人员就可以开始设计生产线了。设计单元生产线工作台和物料摆放可以参考现有的模式，然后针对现有的问题进行相应的优化，这样可以减少整体设计的工作量。当然，这种设计方式虽然取得了一定的效果，但很难有突破性的改善。

不是所有的单元生产线设计都要完全按照上面的步骤。上述步骤只是为了帮助我们更好地识别单元生产线设计的限制因素，以确保我们考虑到每个限制因素。如果按照上面的步骤完成设计，我们就能使单元生产线整体设计的逻辑性更强。

虽然单元生产线设计用了"设计"这个词，但其绝不是只有工程师才能做到的事情，一般人只要掌握了单元生产线的基础知识、基本原理以及设计步骤，也可以设计自己的单元生产线。

> 单元生产线设计不仅是设计工作台或设计新生产线，还需要综合其他的精益工具，例如，通过价值流程图（Value Stream Mapping，VSM）发现改善机会，用八大浪费、动作改善和标准三票发现操作过程中的浪费，利用人体工程学设计更合理的工作台等。

3.2 第一步：改善对象的选取

改善对象的选取看似简单，但往往有人跳过这个问题直接进入下一步。从不同的出发点或者不同的角度看待同一个事物会得出不同的结论，即拥有不同的改善对象。生产部门可能认为测试设备不够稳定，需要解决这个问题；设备部门可能认为采购流程太长，需要解决这个问题；采购部门可能认为订单不准确，需要解决这个问题。但问题是，企业迫切需要对其进行改善吗？改善的先后顺序是什么？什么才是全体成员都认定的需要改善的对象？这就需要我们采用一些分析方法来正确选取改善对象。

3.2.1　价值流分析

价值流分析就是让所有人一看到"图纸"就能明白公司的运营情况并基于现状进行分析，整理出公司总体的改善计划。价值流如图3-2所示。从接到订单的那一刻起，价值流就开始工作了，它贯穿于生产制造的所有流程、步骤，直到终端产品离开仓储。对生产制造过程中的周期、宕机时间、在制品库存、原材料流动、信息流动等情况进行描摹和记录，有助于了解当前流程的活动状态，对生产流程进行指导，使之向理想的方向发展。

从价值流分析中可以得出以下3个结论。

第一，聚焦所有的改善，将原来"点"的改善转变为整体改善，从而提升公司的运营指标。

第二，便于发现运营过程中的所有问题点，然后指定问题的优先顺序，从而得出年度精益改善计划。当单元生产改善不是优先等级高的改善项目时，不能为了追求改善而进行单元生产线设计。

第三，从价值流的角度考虑问题点并定义改善对象。

从以下几个角度容易得出单元生产线改善项目：如果生产线的平衡率低，就需要使用单元线以提高平衡率；如果生产工序是非连续作业，存在很多断点、大量在

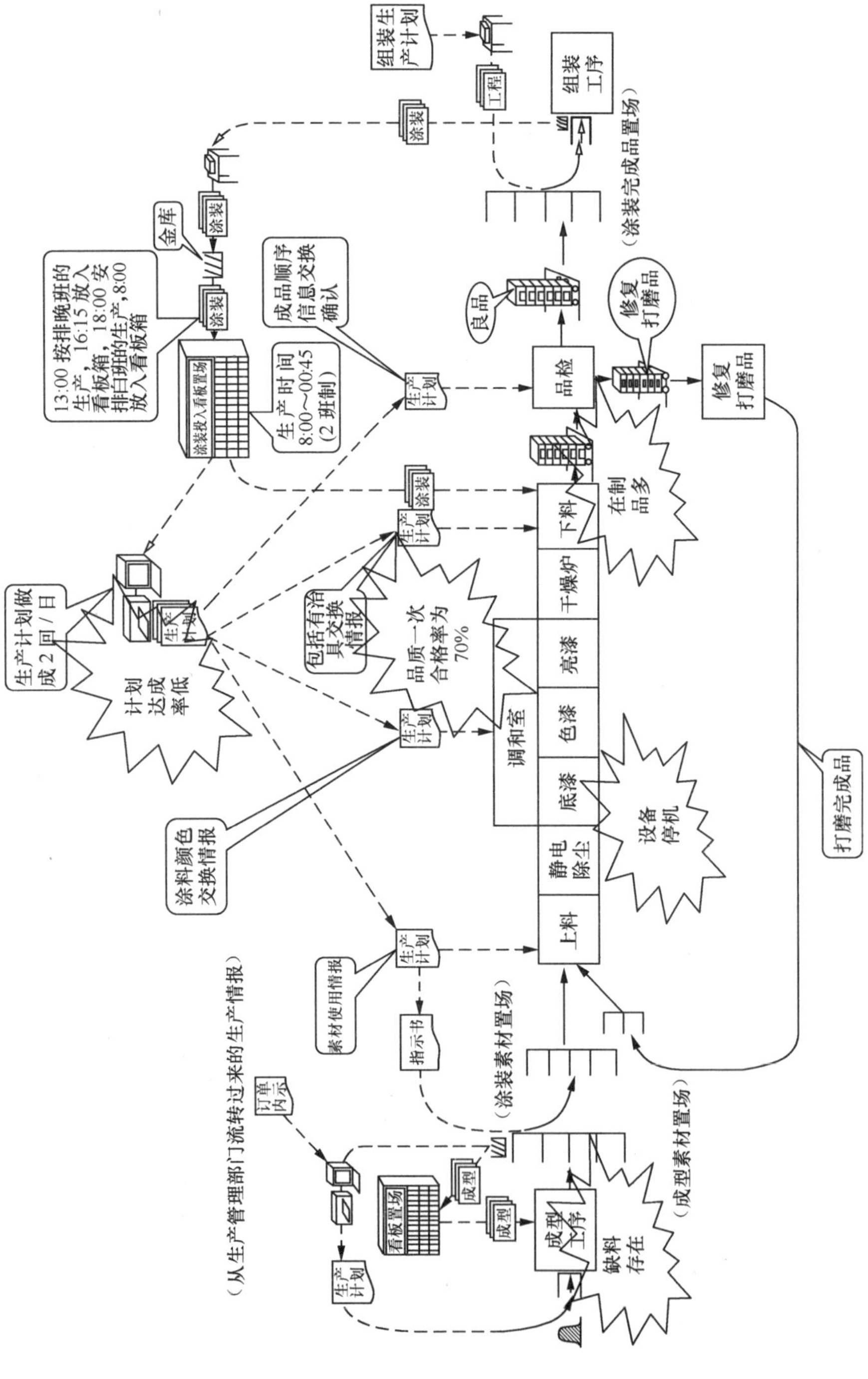
组装生产计划
工程
组装工序
（涂装完成品置场）
涂装
金库
13:00 按排晚班的生产，16:15 放入看板箱，18:00 安排白班的生产，8:00 放入看板箱
成品顺序信息交换确认
涂装投入看板置场
生产时间 8:00～00:45（2 班制）
良品
修复打磨品
品检
修复打磨品
在制品多
生产计划
生产计划做成 2 回 / 日
计划达成率低
包括有治具交换情报
品质一次合格率为 70%
调和室
下料
干燥炉
亮漆
色漆
底漆
静电除尘
上料
设备停机
涂料颜色交换情报
打磨完成品
素材使用情报
指示书
（涂装素材置场）
订单内示
看板置场
成型
成型工序
缺料存在
（成型素材置场）
（从生产管理部门流转过来的生产情报）

图 3-2　价值流

制品和很多搬运环节，就需要使用单元线设计使生产变成一种连续流生产方式。另外，生产传统流水线或设备类型布局方式也可以使用单元线，以提高生产效率。

3.2.2 整体与部分分析

单元生产线设计也是工厂布局的一种方式，布局要求从大布局到小布局的操作顺序，从供应链布局到工厂布局，再到部门车间布局，最后到单元生产线布局。从顺序来看，单元生产线布局是最后的规划设计，在选取改善对象时需要优先考虑部门或工厂的布局。只有当部门或工厂布局没有任何问题时，才能进行单元生产线设计。通过这样的方式，改善才能取得最优效果。如果部门布局是有问题的，仅改善单元设计，效果就不会太明显。

单元设计的主体对象是生产线，但是在设计时要兼顾上下工序，从全局设计单元线，这样才能使整体流程更加顺畅。例如，上下工序是否需要合并？上道工序物品的排放方向（包装方式）有利于后道工序加工吗？整体工艺流程是否顺畅？能否减少工序间的在制品数量？精益强调从整体看待问题，而不是局限于某个单独的工序。例如，专注于整体效率，清晰地认识到局部效率的提高不一定能带来整理效率的提高；局部成本最低不一定意味着整体成本最低。

3.2.3 PQ 分析

生产在很大程度上受车间生产的产品品种及产量高低的影响，因此设计人员有必要知道哪些产品对工厂是至关重要的、值得投入专用生产线和相应的自动设备；哪些产品可以设置通用生产线的工装和设备，使设计的通用性更强，或者哪些产品用最简单的工装和最简单的生产线就可以了，等等。PQ 分析可以先对生产的产品按照生产数量进行分类，然后根据分类结果优化生产线。不同级别的布局如图 3-3 所示。

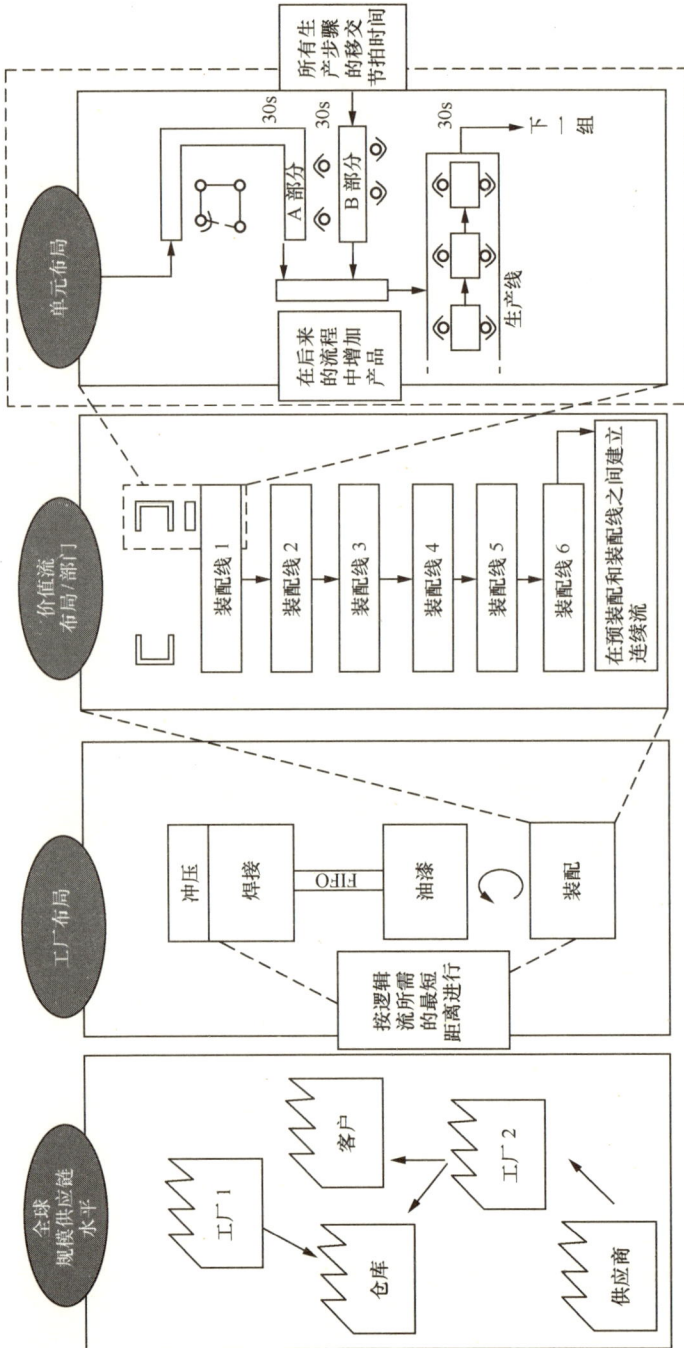

图 3-3 不同级别的布局

PQ 分析按照产品的品种和产量把企业产品大致分为 3 种类型（A 类、B 类、C 类）。PQ 分析如图 3-4 所示。

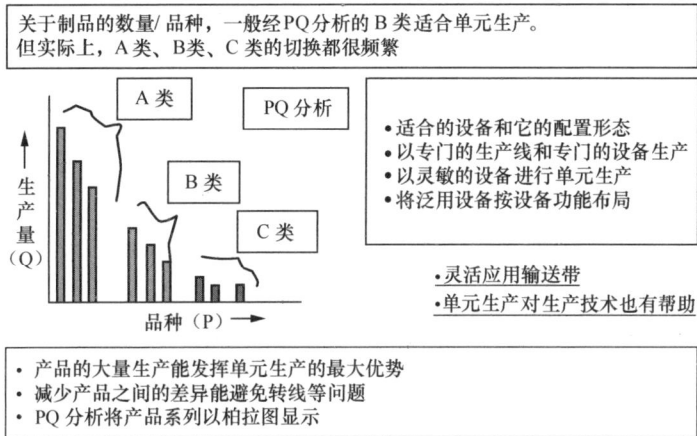

图 3-4　PQ 分析

A 类（20% 的产品型号占生产总量的 80%）：A 类为生产量大的产品，可以用专门的生产线和专门的设备生产，甚至可以考虑用自动化设备生产。为了获得最大产出，要尽量减少少量产品混入生产线所造成的换线时间损失。

B 类（30% 的产品型号占生产总量的 15%）：B 类为生产量中等的产品，要尽量考虑生产线的通用化及产品的成组化生产。用通用线将几种产品都安排在一条生产线上生产以提高生产线的利用率，但前提是工艺流程基本相似。若工艺流程的差别较大，则不太容易将几种产品安排到一条生产线上生产。通用线需要考虑设备夹具或测试设备的通用性，以减少换线的时间。单元生产线最擅长生产这个类型的产品。

C 类（50% 的产品型号占生产总量的 5%）：C 类为生产量很少的产品，可以采用样品线生产。这种生产线专门针对小批量、多品种的生产，作业人员都是多能手。

PQ 分析操作步骤

PQ 分析表格示例见表 3-1。将成品的客户需求量（通常 6 ～ 12 个月）按照表 3-1 进行统计，主要数据有客户、种类、批量数、汇总数、平均数、累计数及累计百分比。需要强调的是，只有按照客户的需求量降序排列，才能计算出累计数量和累计百分比。

表 3-1   PQ 分析表格示例

PQ分析资料

客户类别、品种类别数量序表

No.	客户	种类	批量数（个）	汇总数（个）	平均数（个）	累计数（个）	累计百分比
1	A1	A2	45	7462	166	7462	17.2%
2	B1	B2	25	4332	173	11794	27.3%
3	C1	C2	15	4270	284	16064	37.2%
4	D1	D2	7	2966	423	19030	44.0%
5	E1	E2	21	2424	115	21454	49.6%
6	F1	F2	22	2261	103	23715	54.8%
7	G1	G2	15	1831	122	25546	59.1%
8	H1	H2	13	1241	95	26787	62.0%
9	I1	I2	5	1234	247	28021	64.8%
10	J1	J2	20	1138	57	29159	67.4%
39	P1	P2	1	92	0.2	43195	99.9%
40	Q1	Q2	1	44	0.1	43239	100%

将表 3-1 转换为柏拉图（产品柏拉图如图 3-5 所示），以便对 A 类、B 类、C 类 3 种类型的产品进行划分。通常，产品与产量的分散程度没有一个绝对值。

3.2.4 PR 分析

产品和路径（Product Route，PR）分析是对产品加工路径的分析方法，主要目的是将加工路径相同的产品分成一个组或一个产品族进行生产。通常，产品种类依照产品系列或不同的客户划分，同一种类的产品可以在同一个生产线上生产。在不考虑加工路径或加工流程的前提下，好的划分产品族的方式就是PR分析。

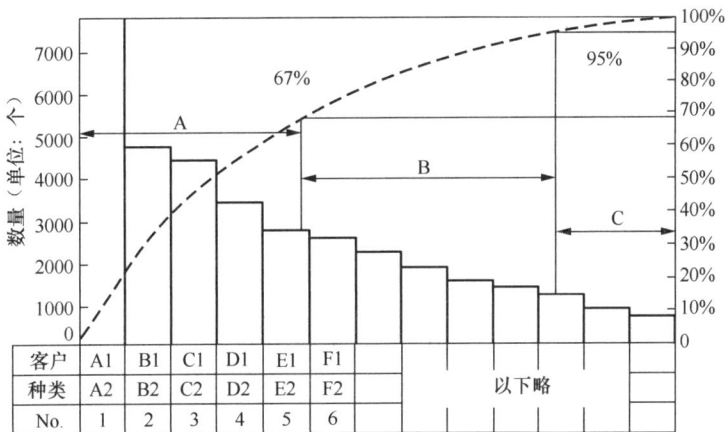

图 3-5 产品柏拉图

PR分析与PQ分析不一样，PQ分析主要是针对产品和数量的关系，而PR分析主要是针对产品和路线的关系。PQ分析一般用于划分不同的产量，用不同的生产线生产；而PR分析是为了解决什么样的产品可以放到同一条生产线上生产的问题，即在众多的产品中找出具有"类似设备流程"的一组产品或找出能共用一组设备并在同一个生产单元生产的产品族。

PR分析的操作步骤：首先，将产品的工艺过程置于表头的横列，有多少加工工序就有多少单元格。然后，在每个单元格上都标明一个分值，依次为1、2、5、10、20、50、100、200、500等；将产品置于竖列，经过哪道加工工序就用圆圈表示，再用横线连接起来。其中，不干涉数就是经过加工工序的数值的汇总。最后，根据不干涉数进行降序排列或升序排列，查看哪类产品是加工流程基本相同的产品。PR 分析 1 见表 3-2，PR 分析 2 见表 3-3，产品族见表 3-4。

表 3-2　PR 分析 1

编号	产品名	Index	1 L	2 VM	5 M	10 A	20 Bo	50 S	100 B	200 C	500 G	1000	2000	不干涉数/个	总计操作时间/s
20	Washer		1											1	1
17	盖B					6	1.5	1.5						80	9
16	盖A		4.5			3	3	1.5						81	12
24	Block1		9			1.5		1.5	1.5					161	13.5
23	Frame1		3			1.5		1.5		1.5				261	7.5
26	Frame2		3		1.5	1.5		6		1.5				266	13.5
22	Block1					7.5	20		20	10				330	57.5
25	Block3			10.5		3	6		3	1.5				332	24
21	Lever Jig		10.5								4.5			501	15
18	套管		22.5			3			7.5		1.5			611	34.5
19	Spacer		7.5			1.5			1.5		1.5			611	12
	小计		61	10.5	1.5	28.5	30.5	12	33.5	14.5	7.5				199.5

表 3-3　PR 分析 2

编号	部品名	数量/个	材料符号	1 L	2 VM	5 M	10 GR	20 Bo	50 S	100 B	200 K	500 G	1000	2000	不干涉数/个	合计作业时间/s	作业基准No.	备注
16	盖A	1	B	4.5			3	3	1.5						81	12	—	集团化
17	盖B	1	B				6	1.5	1.5						80	9		新号码81
18	套管	1	A	22.5			3		7.5			1.5			611	34.5		集团化
19	Spacer	1	A	7.5			1.5		1.5			1.5			611	12		新号码611
20	Washer	1	A	○											1	1	07001	
21	Lever Jig	2	A	10.5								4.5			501	15		
22	Block1	1	A				7.5	20		20	10				330	57.5		集团化
23	Frame1	1	A	3			1.5		1.5	1.5					261	7.5		新号码332
24	Block1	1	A	9			1.5	1.5	1.5						161	13.5		
25	Block3	1	A		10.5		3	6		1.5					332	24		
26	Frame2	1	A	3		1.5	1.5		6	1.5					266	13.5		
	小计			61	10.5	1.5	28.5	30.5	12	33.5	14.5	7.5				199.5		

表 3-4　产品族

Family No.	L	VM	M	GR	B₀	S	B	K	G	零部件号
F1	○			○			○		○	18, 19, 20, 21（先用 18）
F2	○		○	○		○		○		23, 26
F3	○	○		○	○	○		○	○	16, 17, 22, 24, 25

划分产品族的 4 个原则。

- 产品经过类似的生产流程和设备。

- 总工作量变动小于 30%。

- 节拍时间在 20 ～ 120s 时为宜，否则要考虑在产品族中增加或减少一个型号；

  当节拍时间小于 20s 时，可以考虑增加一个生产单元。

- 某些市场要求是否使一些产品变得非常特殊。

将得分相同的产品划分为同一个产品族，在得分接近的情况下，我们发现：有的产品既可以划分到上面的产品族，也可以划分到下面的产品族。如果遇到这种情况，执行人员可以请流程专家来做判定。

　　通过 PQ 分析，我们可以知道哪些产品的产量最大。通过 PR 分析，我们可以知道哪些产品具有相同的工艺路径。在一般情况下，我们先用 PQ 分析找出量大的产品作为改善对象，然后用 PR 分析找出与改善对象流程一致的产品，将其归为一个产品族一起改善。

3.3 第二步：现状分析和浪费消除

几乎所有的改善都是从掌握现状开始的，任何问题的分析都离不开现状分析，任何改善措施的制订都要经过现状分析。因此掌握现状成为改善的重中之重。现状分析不仅能掌握现实的状况信息，而且能发现问题、发现浪费，达到消除浪费的目的。在单元线设计前期，需要调查和了解现状，在前期调查的基础上发现问题的改善点，从而减少作业人员的操作时间。

现状分析需要掌握哪些信息？这些信息包括能对单元线设计产生影响的所有情况，例如，生产量、生产型号等。如果生产量太小，一条生产线有大量的闲置时间，就需要考虑利用上面提及的 PR 分析，将其他类似的生产型号加入这条生产线。

在现状分析中，一些内容是以数据的形式显示的，通过查阅原来的历史记录就可以得到相关信息。掌握信息示意如图 3-6 所示。

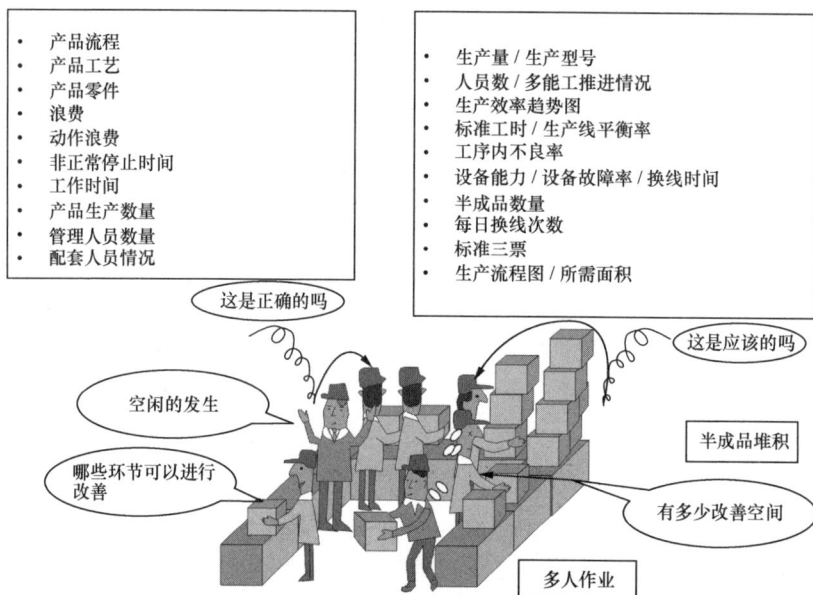

- 产品流程
- 产品工艺
- 产品零件
- 浪费
- 动作浪费
- 非正常停止时间
- 工作时间
- 产品生产数量
- 管理人员数量
- 配套人员情况

- 生产量 / 生产型号
- 人员数 / 多能工推进情况
- 生产效率趋势图
- 标准工时 / 生产线平衡率
- 工序内不良率
- 设备能力 / 设备故障率 / 换线时间
- 半成品数量
- 每日换线次数
- 标准三票
- 生产流程图 / 所需面积

这是正确的吗

这是应该的吗

空闲的发生

半成品堆积

哪些环节可以进行改善

有多少改善空间

多人作业

图 3-6　掌握信息示意

- **产品零件**：了解一个产品由多少个零件组成，有时可以使用零件组成 3D 立体图。

- **产品型号**：了解一条生产线上有多少种型号的产品一起生产。

- **产品生产量**：了解产品过去一年和未来一年的生产量，有时产品生产量有季节性变动，在单元线设计时要考虑周期性变化。

- **作业人员数量**：了解作业人员数量，结合生产线的计算安排作业人员。

- **管理配套人员情况**：在做管理人员递减项目时，提供基准数值，根据此数值考虑如何减少管理人员的数量。

- **工作时间**：掌握一天中有多少时间用于工作，为计算节拍时间做准备。

- **生产线运行绩效**：统计生产效率数据、品质不良率数据、非正常停机时间数据、换线时间等。

- **设备运行**：例如，设备产能、设备综合效率（Overall Equipment Effectiveness，OEE）、设备自主保全执行率、设备改善等。

- **库存**：原材料库存和周转率、半成品库存和周转率、成品库存和周转率。

除了一些可以直接获取的信息之外，有些信息需要通过表单或图表整理出来，从而为单元设计提供相关支持。

3.3.1　产品工艺流程图

产品工艺流程分析的目的是在保证产品满足用户及规定技术要求的前提下，对产品整体的制造过程进行优化，从而生产符合质量要求的产品，确保企业能最大限度地获得收益。

企业中产品的生产工艺一旦被制订后，就很难更改。原因是根据生产工艺制造出的产品是比较稳定的，如果更换新的生产工艺，产品性能就需要重新测试和验证。还有一种情况是，工艺工程师对生产工艺理解得不够深刻，没有足够的信心做工艺方面的变更。其实在整个工艺流程中，有很多可优化之处。例如，采用更加先进的生产工艺，具体而言，可以尽可能多地将波峰焊插件工艺转换为表面贴装技术（Surface Mounted Technology，SMT）贴片工艺、将人工测试改为自动化设备测试、合并两个工艺以减少一个工艺流程的操作时间等。冲孔和攻丝为两种不同的工艺，能否将两种工艺合并，让设备在冲孔后直接攻丝？工艺流程如图 3-7 所示。

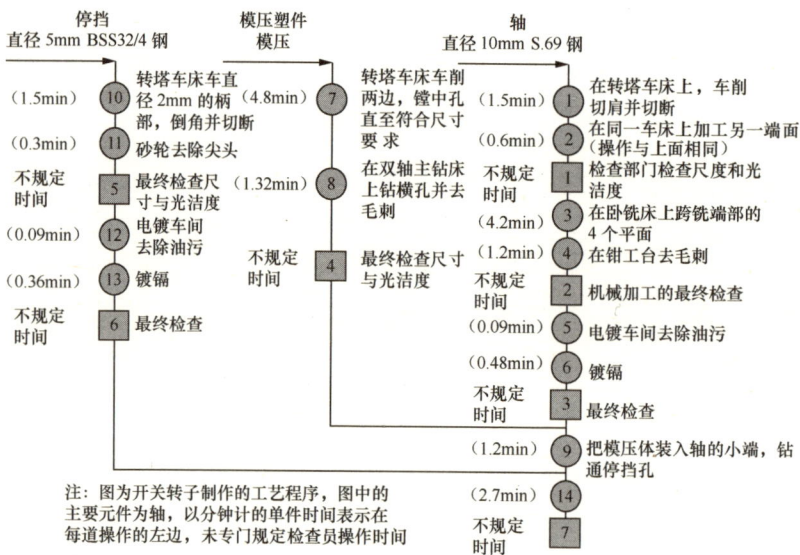

图 3-7　工艺流程

除了运用"取消、合并、重组、简化"（Eliminate Combine Rearrange Simplify，ECRS）原则简化工序流程外，ECRS 还包括了工序的省略、重组、简化、标准化以及平均化。工艺分析检查表示例见表 3-5。为了帮助读者更深入地分析和思考，可以采用表 3-5 中所示的内容进行对照检查。

表 3-5 工艺分析检查表示例

工艺名称			姓名			部门		
项目	内容				检查			说明
					是	否		
有无可省略的工序	（1）是否存在不必要、不起作用的工作内容 （2）通过改变作业场地带来的省略 （3）通过有效地利用工装设备带来的省略 （4）通过调整工艺顺序带来的省略 （5）通过设计变更（包括零件、材料规格变更）带来的省略							
有无可以与其他工序重新组合的工序	（1）改变作业分工的状态 （2）通过改变作业场地重组 （3）通过利用工装设备重组 （4）通过调整工艺顺序重组 （5）通过设计变更（包括零件、材料的规格变更）重组							
有无可以简化的工序	（1）重新分配工序内容 （2）通过使用设备工装夹具简化工序 （3）通过设计变更来达到工序的简化							
各工序是否可以标准化	（1）利用工装设备 （2）修正标准作业表 （3）重新制订标准时间 （4）进行标准化的培训							
各工序是否平均化	（1）工序内容分割或合并 （2）工装机械化，设备自动化 （3）使用专门人员进行作业准备 （4）作业方法的培训 （5）在动作经济原则下的作业简化							

检查人员按产品工艺分析检查表的内容，较为详细地叙述了自主检查的 5 个部分的主要内容。

1. 有无可省略的工序

应该全部去掉工序中存在的不必要或不起作用的工作内容。作业场地的变化、先进生产设备的引进、工艺顺序的调整，以及工艺设计的改变，都可能使工序中可省略的工作内容发生变化。如果可以省略的内容重复出现，就应该坚决且及时地再次予以省略，使整套工序的流程达到简单、经济的效果。

2. 有无可重组的工序

周围生产环境的变化会促使多道工序进行重组。一旦作业的分工状态发生改变，就应该将两条生产线连接起来进行重组，整个工艺流程也应该及时予以调整；工艺顺序重新调整，工艺设计变更，也可能使工艺流程重新组合，例如，工装夹具的改变更能有效地使两个原本需要分开进行的工序一次性完成，在这种情况下，设计人员应立马将分开的工序重组为一道工序。

3. 有无可简化的工序

在工序中进一步寻找可以简化的工序部分，使整个工序处于简单的状态。可以通过重新分配工序的内容，从中寻找可以简化的工序部分；也可以通过使用设备工装夹具的方法简化工序；还可以通过改变设计简化工序。实际上，90%的品质和效率源于产品最初的设计。

4. 各道工序是否标准化

当各道工序未实现标准化时，意味着可能潜藏着容易出现差错的地方。如果当初规划时，没有标准化规范或存在出现差错的隐患，通常会在具体的实施中出现差错。通过制订标准时间、修正标准作业表、对作业人员进行标准化的培训，可以极大地降低工序流程中出现人为差错的概率。

5. 各道工序是否平均化

在工序检查中，要注意检查各道工序是否平均化，可以通过 ECRS 促使工序平均化；可以利用工装机械化和设备自动化对作业人员进行专门的作业培训，并使作业动作符合动作经济性的原则，有助于实现工序的平均化。

3.3.2 标准三票分析

标准三票是丰田生产方式的重要组成部分，在丰田生产方式中谈到的标准作业就是围绕标准三票开展的作业。标准三票是现场情况"表准化"的工具和改善方式。在单元生产线设计的过程中，很多其他表单也能提供分析帮助，例如，双手分析表单、人机分析表单、搬运路线图等，但是标准三票是单元设计必要的表单，能帮助大家发现很多浪费点和改善点。标准三票包含时间观测表、工序能力表、标准作业组合表、标准作业表、山积表等。标准三票从字面上理解就是三张表单，但是在实际应用中不只有三张表单。标准三票如图 3-8 所示。

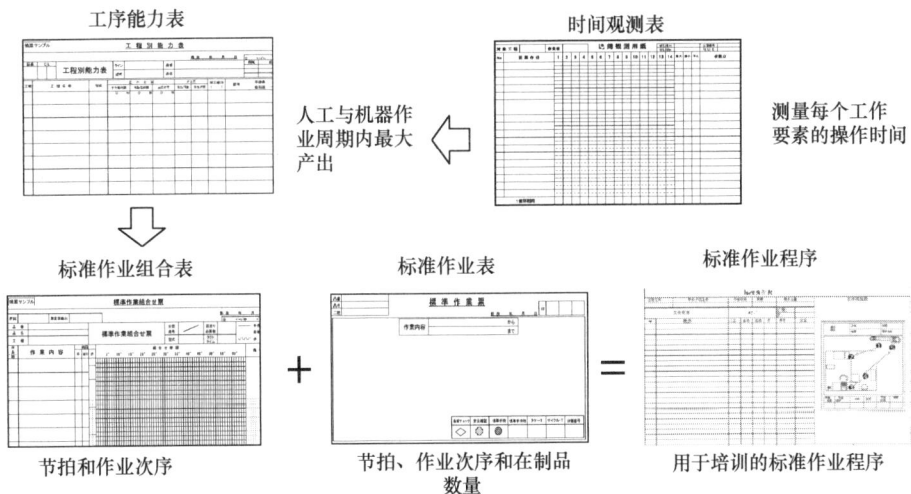

图 3-8　标准三票

1. 时间观测表

时间观测表类似于工业工程（Industrial Engineering，IE）中的标准工时测量表，它的主要任务是测量每个动作单元所需的时间，为后续的表单提供时间依据。例如，工程能力表只有填写设备时间和手工作业时间，才能计算出设备的产能，标准作业组合表上每个动作的时间也要用到时间观测表内的数值。

2. 工序能力表

工序能力表记录设备的最大产能能否满足客户的需求量，如果不能满足，就需要改善。具体而言，工序能力表记录各个工序加工零部件的生产能力情况，例如，手工工作时间、机械的自动加工时间、工具的交换时间等。这里的改善包括缩短设备操作时间或手工操作时间、并行设备操作和手工作业、减少设备的空运行时间等。

3. 标准作业组合表

标准作业组合表是为了确定生产节拍内的作业分配及作业顺序而使用的工具，能够直观看到人的工作和机械工作的时间过程。另外，利用标准作业组合表对明确每个作业人员的作业负荷是否均衡或指出未熟练作业人员的问题点也很有帮助。例如，作业人员的步行时间是否太长？通过比较手工作业的时间和设备操作的时间，可以得知是人在等设备还是设备在等人；通过人机动作组合图查看动作安排是否合理；通过比较节拍时间（Take Time，T.T）与周期时间（Cycle Time，C.T），看是否有等待动作等。

4. 标准作业表

标准作业表记录每个人的作业范围，一般用A3纸记录有关设备配置、生产节拍、标准在制品及安全方面的注意事项，张贴在现场的规定工位和生产线的最初工序处。

标准作业表作为管理者观察生产线作业状态的一种管理工具，对于发现该生产线潜藏的问题点具有很大的帮助。另外，该车间的管理者通过张贴标准作业表，也表明了"严格要求作业人员这样作业"的管理态度，标准三票问题点和改善方向如图3-9所示。

	从"三件套"可看出的问题	找出改善点的方法
工序能力表	▶ 必需量和加工能力的差距 ……瓶颈工序是哪里	▶ 增强生产能力 • 手工作业时间和设备自动加工时间的组合类型 • 改善设备的动作 ……设备的动作组合表
标准作业组合表	▶ 瓶颈是人还是设备 ……以T.T为基准 ▶ 空手等待的MUDA（MUDA 为日文，中文意思为浪费） • T.T和C.T的差 • C.T和M.C.T（机动时间）的差 • 各个作业者的作业分配 ▶ 1个C.T的偏差 ……与观测时间的结果进行比较 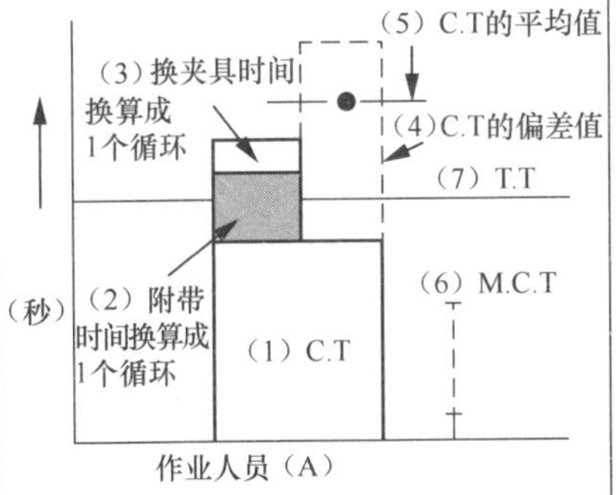	▶ 辨别是缩短C.T，还是降低偏差，或者消除作业分配的不平衡 ▶ 缩短C.T和降低偏差 （使作业变得轻松的着眼点）
标准作业表	▶ 步行的MUDA • 有无空步行 • 有无中途折回的作业 ▶ 区别标准手持和在库	▶ 零部件的放置方法、机械设备的配置 • 人的流动 • 物的流动 ▶ 单件流生产保持最小手持和在库

标准作业组合表 左侧图示说明：

（5）C.T的平均值
（3）换夹具时间 换算成 1个循环
（4）C.T的偏差值
（7）T.T
（6）M.C.T
（2）附带时间换算成 1个循环
（1）C.T
（秒）
作业人员（A）

掌握MM（人和设备）比

$$MM比 = \frac{线内总作业时间（\Sigma C.T）}{线内瓶颈机动时间（M.C.T）}$$

标准作业组合表 右侧"着眼点"表：

	着　　眼　　点		
	▶ 将右手与左手的动作分开分析		
手		左手	右手
	动作的大小	问题……	问题……
	空手等待及单手持部品	……	……
	动作结束之际	……	……
足	▶ 只看脚的动作 • 迈进半步，折回步行 • 绕路步行或是有障碍影响直线步行		
物	▶ 只看部品的移动 • 前后、上下移动 • 翻转正反面、倒手		
目	▶ 查看视线的方向		

图 3-9　标准三票问题点和改善方向

5. 工序能力表发现问题

从工序能力表找出的问题点是客户需求量和加工能力的差距，即客户要求的设备加工能力与设备实际生产能力的差异。如果设备加工能力达不到客户的要求，就需要做出改善，改善的方向如下所述。

- 优化手工作业时间和设备自动加工时间的动作组合方式，最好是手工作业和设备作业并行。

- 改善设备的动作时间（减少设备运动行程、设备空转时间、设备程序优化、设备加工速度提升、设备参数优化、一出二改善、设备自动化改善、快速换模、设备 OEE 改善）。

- 减少手工作业时间（减少由于手工作业而造成的设备停运用时间，手工作业和设备作业并行）。

- 进行设备改造，使设备增加各种新的功能，例如，自动退出工件、防错装置、自动检测装置等。

我们经常会进入一个误区：一看工序能力表，感觉设备能力不够，就想购买新的设备，于是向领导汇报："我们必须购买设备了，如果不购买就不能满足客户的需要，订单也就没有办法及时交付。"领导立马就会在新设备采购单上签字，结果设备买来后使用率极低，如此这样，花费了高额的设备采购费不说，还占用了生产空间。其实，当设备产能不足时，正好是进行设备改善的最佳时机，应给予设备部门或工程部门足够的改善空间。

6. 标准作业组合表发现问题

从标准作业组合表看出的问题如下所述。

- **瓶颈是设备还是人。**以 T.T 为基准来看，导致瓶颈的原因是什么？是设备还是人的作业？有时可能一个人需要操作几台设备，这就需要知道这个人

照看 n 台设备是否合适，有超过 T.T 的时间吗？产能提高改善如图 3-10 所示。

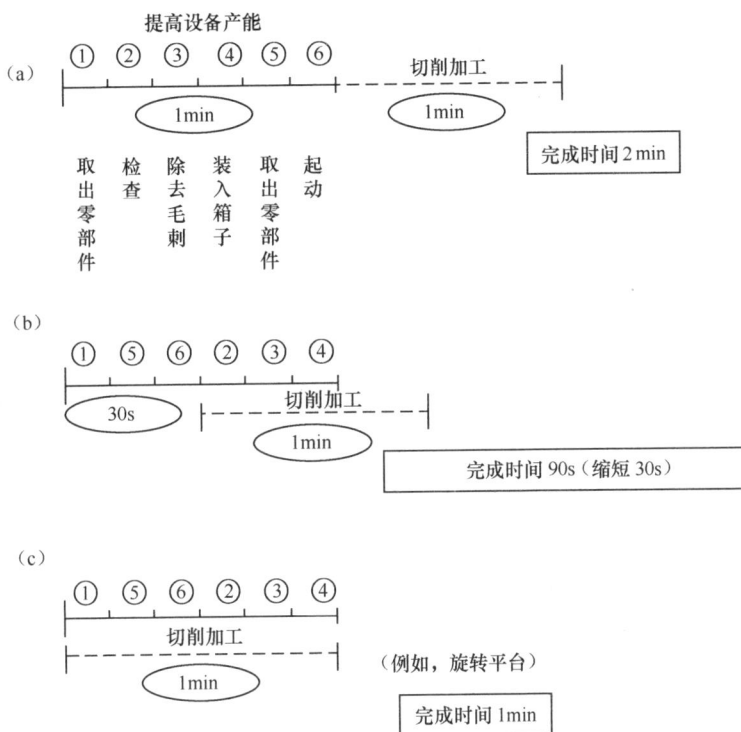

图 3-10　产能提高改善

- **空手等待的浪费**。在一个操作循环中，可以看出，人在每个节拍操作中，都存在空手等待的浪费，其原因是 C.T 值远远小于 T.T 值。

- **一个 C.T 时间内的偏差**。在一个 C.T 的操作循环中存在各种动作，例如，增值动作、非增值动作、浪费动作、附属动作、异常动作，这就造成了操作时间的偏差，这个偏差有可能是由作业人员的差异造成的，也有可能是因为出现异常情况（零件尺寸异常、设备异常）造成的，还有可能是由于动作本身没有标准化而造成的。

主要的改善方向如下所述。

- 当操作中出现等待时间时，增加新的操作或操作更多的设备。

- 消除动作过程中的偏差，了解产生偏差的原因并改善。

- 优化设备和人的作业的组合，将人和设备的操作进行人机分析，达到最后的组合效果。

- 观察动作本身。例如，手的动作、脚的动作、物品的移动动作和眼部动作，以便发现存在的动作浪费。

7.标准作业表发现问题

从标准作业表可以发现以下问题。

- **是否存在步行上的浪费**。在标准组合作业表上有很多步行的数据，例如，步行的时间、步行发生的位置，但是没有办法判定步行是否浪费。如果在标准作业表中有了布局图，就有能力判定是否存在步行浪费。

- **是否存在动作操作顺序的浪费**。标准作业表一般描述较大范围内的操作，也可以细化到一个工序的操作，这样就可以很好地看出动作浪费和动作顺序的浪费。

- **标准手持数量是否合适**。最佳的情况是每个操作岗位的作业人员都保证手持一个在制品。

3.3.3　山积图分析

　　将标准工时测量的数据按照每个工位操作内容和作业时间形成一个个柱状图，即山积图。山积图示例如图3-11所示。山积图形象地呈现了一条生产线上各个作业人员的作业时间、作业内容等信息。通过编制山积图，相关管理人员可以清楚地了解该生产线的生产能力、生产平衡率等信息，并针对瓶颈工序实施作业改善，以达到消除浪费、提升生产效率的目的。山积图经常被用于生产线平衡：经过作业优化和作业再分配，山积图均衡了各个作业人员的作业时间并减少了不必要的作业人员。

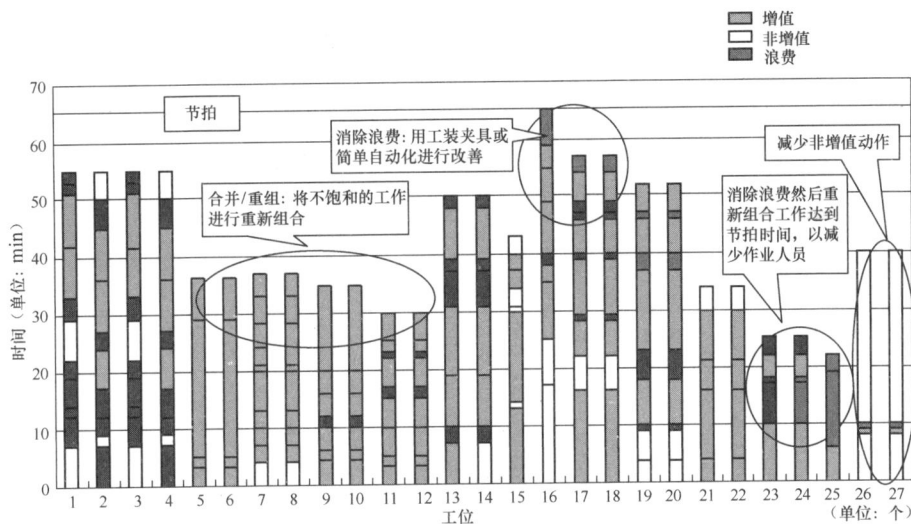

图 3-11　山积图示例

绘制山积图有以下目的。

- 结合现场情况发现作业人员的作业量的均衡性及工作负荷的饱满度。

- 把握现状并进行定量评价，明确作业人员的日作业量。

- 选装件安装时，安装作业量的变动。

- 体现节拍时间与循环时间的差别，例如，作业时间不均衡，缺少的操作工位是什么，多出来的操作工位是什么。

- 确认要素作业是否有向前、后转移的可能。

- T.T 变更及新产品导入时的基础资料。

3.3.4　意大利面条图（Spaghetti Chart）

意大利面条图（Spaghetti Chart）用于描绘在一个实际的操作或流程里产品移动的空间和距离，它可以应用在生产领域，也可以应用在非生产领域。某公司投递业务的意大利面条图中的操作或流程示意如图 3-12 所示。在生产领域，它可以描述出人、物料在生产领域里移动的距离、次数、频率和路径，从而识别空间布局的浪费或移动距离上的浪费。

在这个过程中，需要思考以下问题。

- 人、物料移动的主要路径是什么？

- 路径上是否有交叉、重复往返、空手移动？

- 使用的工具或材料能否就近放置在合适的区域？

- 空间布局是否合理？布局变动是否会减少移动距离？

- 哪些移动是必需的？哪些移动属于浪费时间？

- 如何减少移动的距离？

3.3.5　浪费消除

八大浪费见表 3-6，它是根据工厂生产方式定义的，其浪费的含义与社会上通常所说的浪费有所区别。对 JIT 来说，凡是超出增加产品价值必需的最少量的物料、设备、人力、场地和时间的部分都是浪费。因此，JIT 所说的工厂的浪费可归为 8 种，包括修改的浪费、过剩生产的浪费、加工的浪费、搬运的浪费、库存的浪费、动作的浪费、等待时间的浪费和管理的浪费。

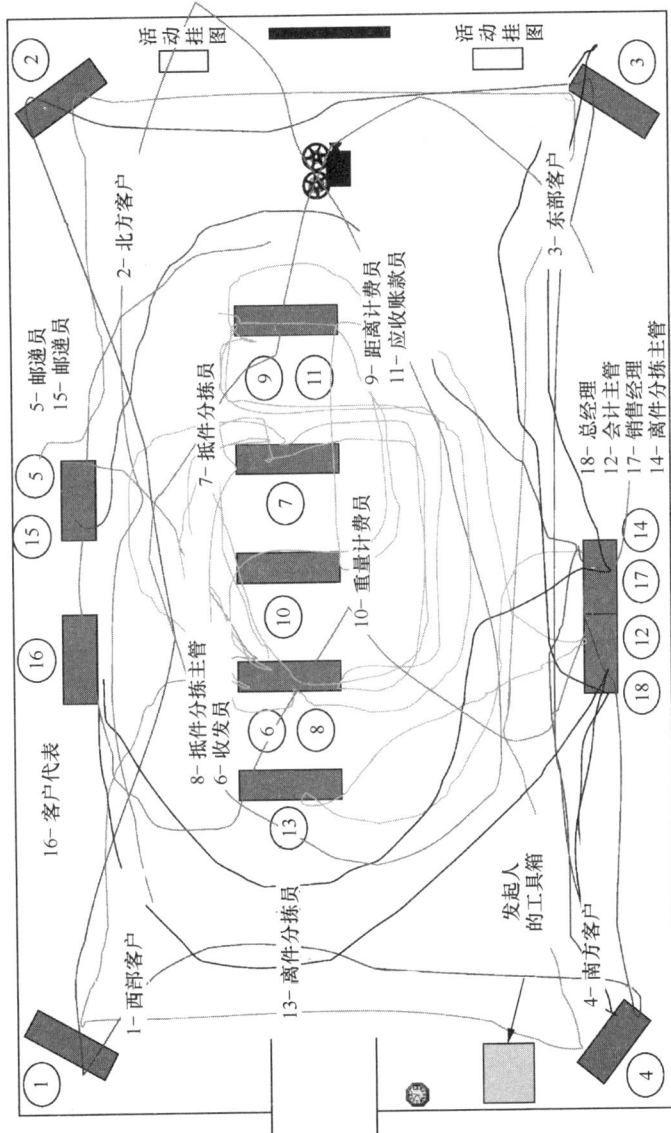

图 3-12　某公司投递业务的意大利面条图中的操作或流程示意

活动挂图

活动挂图

2- 北方客户

3- 东部客户

5- 邮递员
15- 邮递员

7- 抵件分拣员

9- 距离计费员
11- 应收账款员

10- 重量计费员

18- 总经理
12- 会计主管
17- 销售经理
14- 离件分拣主管

8- 抵件分拣主管
6- 收发员

16- 客户代表

1- 西部客户

13- 离件分拣员

发起人的工具箱

4- 南方客户

113

表 3-6　八大浪费

浪费	说明	内容	原因	改善
不良或修改	材料不良、加工不良，检查、修改等	• 材料费增加 • 生产效率降低 • 检查人员增多 • 不良增加	• 不是全部检查，采用抽样检查 • 品质过剩 • 标准作业表的缺失	• 自动化 • 防呆化 • 标准作业表 • 全数检查 • 在工程中注入品质 • 无停滞的流程作业
过剩生产	在不必要的时候生产了不必要的东西	• 流程阻碍 • 库存、半成品的增加 • 材料、零件的滥用 • 资金周转率下降 • 计划柔软性的阻碍	• 人员过剩、设备过剩 • 大批量生产 • 可不断生产的架构	• 单件流 • 单品流程 • 步骤单一化 • 看板的彻底实行 • 单纯化生产
加工	把不必要的工程或作业当成是必要的	• 不必要的工程、不必要的作业 • 人员、工时数增加 • 操作效率降低 • 不良品增加	• 工程顺序的检讨不足 • 作业内容的检讨不足 • 标准化不够彻底 • 材料未检讨	• 工程设计的适当化 • 作业内容的重新评估 • 夹具的改善与自动化 • 标准作业的彻底遵守 • VE/VA 的推动，即价值工程法（Value Engineering，VE）/价值分析法（Value Analysis，VA）
搬运	不必要的搬运、东西的移动、拿放、转载、长距离的搬运流程、活性指数的问题	• 空间的使用浪费 • 生产效率降低 • 搬运工的数量增加 • 搬运设备的增加 • 瑕疵或撞伤	• 规划不够完善 • 大批量生产 • 单能工 • 活性指数低 • 坐姿作业	• U 形设备的配置 • 流程作业 • 站姿作业 • 多能工活性指数提升
库存	材料、零件、加工品的停滞	• 交期的长期化 • 空间的浪费 • 搬运、检查的产生 • 周转资金的增加	• 认为库存是理所当然的 • 设备规划不良 • 大批量生产 • 先行生产 • 乱流的发生	• 变革库存意识 • U 形设备的配置 • 平准化生产 • 单一化 • 生产整流化 • 看板的彻底实行

（续表）

浪费	说明	内容	原因	改善
动作	不必要的动作、无附加价值的动作、缓慢的动作等	• 人员、工时数的增加 • 作业不安定 • 不必要的动作	• 孤岛作业 • 规划不良 • 没有教育、培训	• 流程生产的组成 • 标准作业 • 动作改善原则的彻底实行
等待时间	材料、作业、搬运、检查等的所有等待，空闲或监视作业等	• 人、作业、时间、机器等的浪费 • 半成品的库存增加	• 设备配置不良 • 在前工程发生的问题 • 作业人员能力不一 • 大批量生产	• 在制品生产（U 形） • 防呆化 • 自动化 • 平准化生产 • 什么都不做 • 对浪费的认知
管理浪费	工作不饱和，流程处理时间长，没有充分利用人的才能	• 可用率不高 • 处理费用的支出 • 成本提高 • 作业时间增加	• 部门主义 • 流程没有优化 • 培训工作没有做好	• 部门轮岗 • 流程优化 • 教育和培训 • 方针管理

1. 不良或修改的浪费

所谓不良或修改的浪费是指，由于工厂内出现不良品，需要进行处置的时间、人力、物力上的浪费，以及由此造成的相关损失。这类浪费具体包括材料的损失、不良品变成报废品，设备、人员和工时的损失，额外的修复、鉴别、追加检查的损失，有时需要降价处理产品，或者由于耽误出货而导致工厂信誉下降。

2. 过剩生产的浪费

过剩生产提前用掉了生产费用，不但没有好处，还隐藏了等待带来的浪费，使企业失去了持续改善的机会。有些企业生产能力比较强，为了不浪费生产能力而不中断生产，增加了在制品，使在制品生产周期变短、空间变大，因此增加了搬运、堆积的浪费。此外，过多或过早制造，会带来庞大的库存量，使利息负担增加，不可避免地增加了产品贬值的风险。

3. 加工的浪费

加工的浪费即过分加工的浪费，主要包含两层含义：一是多余的加工和过分精确的加工，例如，实际加工的精度过高造成资源浪费；二是需要多余的作业时间和辅助设备，还要增加生产用电、气、油等能源的浪费；另外，还增加了管理的工时。

4. 搬运的浪费

在 JIT 看来，搬运是一种不产生附加价值的动作，而其中不产生价值的工作就属于浪费。搬运的浪费具体表现为放置、堆积、移动、整列等动作浪费，由此带来物品移动所需空间的浪费、时间的浪费、人力工具的占用等不良后果。

目前，不少企业管理者认为搬运是必要的，不是浪费。因此很多人对搬运浪费视而不见，更谈不上摒弃它。也有一些企业利用传送带或机器搬运的方式减少人工搬运，这种做法是花大钱减少作业人员体力的消耗，实际上并没有消除搬运本身的浪费。

5. 库存的浪费

按照过去的管理理念，库存虽然不好，但却很有必要。在 JIT 看来，库存是没有必要的，甚至是"万恶之源"。由于库存很多，所以故障、不良品、缺勤、计划有误、调整时间过长、品质不一致、能力不平衡等问题全部被掩盖了。例如，有些企业的生产线出现故障，造成了停机、停线，但由于有库存而不至于断货，这样就将故障造成停机、停线的问题掩盖了，耽误了故障的排除。如果减少库存，就能将上述问题彻底暴露，进而解决库存浪费的问题。

6. 动作的浪费

动作的浪费现象在很多企业的生产线中都存在，常见的动作浪费主要有 13

种：两手空闲、单手空闲、作业动作突然停止、作业动作过大、左右手交换、步行过多、转身的角度太大、移动中变换"状态"、不明技巧、伸背动作、弯腰动作、重复动作和不必要的动作。这些动作的浪费造成了作业人员时间和体力上不必要的消耗。

7. 等待时间的浪费

由于生产原料供应中断、作业不平衡、生产计划安排不当等造成的无事可做的等待，被称为等待时间的浪费。对于生产线上不同品种之间的切换，如果准备工作做得不够充分，势必造成等待的浪费；每天的工作量变动幅度过大，有时很忙，有时造成人员、设备闲置不用；上游的工序出现问题，导致下游工序停滞。另外，生产线劳逸不均等现象也是造成等待浪费的重要原因。

8. 管理的浪费

管理的浪费是指，当问题发生以后，管理人员才采取相应的对策进行补救而产生的额外浪费。管理浪费是由于事先管理不到位而造成的，科学的管理应该具有相当强的预见性，有合理的规划，并在事情的推进过程中加强管理、控制和反馈，这样就可以在很大程度上减少管理浪费现象的发生。

消除八大浪费要做好以下工作。

- 做好自动化、防呆化地生产，着重建立工厂的生产标准，对生产的产品全数检查，以达到无停滞地流程作业。

- 工厂应该根据销售经验，合理安排生产计划，及时根据市场的变化调整生产计划，以达到合理的库存。

- 在加工的过程中，应该适当进行工程设计，对作业内容要进行重新评估，对生产中的夹具进行改善，减少加工的浪费，同时 VE 和 VA 的推动也同样重要。

- 减少搬运的浪费最重要的是减少搬运次数，企业生产要符合后拉式看板生产要求，在接到订单后就生产所需产品，生产完成后直接将产品运送给客户，以减少库存和搬运的次数。

- 减少库存浪费最主要的是变革库存意识。在生产的过程中，尽量符合平准化生产要求，使生产整流化，而且要彻底实施看板生产，以减少库存。

- 改良生产现场布置：多数生产现场以 U 形生产线布置，以达到首尾接应的效果，减少路线的浪费。改良作业人员动作的浪费：减少一切与生产无关的动作并改良动作，使作业人员在最省力的情况下完成工作，减少不必要的动作浪费。

- 生产管理者要合理地安排工厂的生产计划，在生产前一天将所需的原材料储备好，在接单后立即查询所需原材料的上游厂家的生产情况，并对工厂的生产统一规划。

- 减少管理的浪费最主要的是对工厂各部门进行协调管理，使各部门紧密地结合在一起，注重工厂各部门的合作，以达到对工厂资源的合理利用。

消除八大浪费可以借助浪费检查。浪费检查见表 3-7。

表 3-7 浪费检查

调查人： 工位：

调查日期：

项目	浪费类型	评估	描述浪费
工作中的浪费	（1）取放物品过程中的浪费（用尽量小的动作完成取料） （2）寻找物品的浪费 （3）等待的浪费（两手空闲） （4）只用单手生产的浪费 （5）伸背勤、弯腰勤、转身幅度大的浪费 （6）返工、次品和操作错误的浪费 （7）多余动作的浪费 （8）困难工序的浪费 （9）动作之间配合不好的浪费 （10）左右手交换的浪费		
布局浪费	（1）每天的工作量变动很大的浪费 （2）生产线出现人员过度的浪费 （3）半成品及库存的浪费 （4）生产过剩的浪费 （5）生产线未能取得平衡的浪费 （6）上游工序产生延迟，导致下游工序停滞的浪费		
搬运流程浪费	（1）搬运距离较远的浪费 （2）遗失或者寻找零部件的浪费 （3）物流的停留超过一定时间的浪费 （4）转运过多的浪费		
设备和其他类型的浪费	（1）设备没有检测防呆功能的浪费 （2）设备闲置的浪费 （3）设备故障的浪费 （4）流水线中断的浪费 （5）"切削空气"的浪费 （6）临时作业的浪费 （7）大型机械的浪费 （8）没有合理安排及整理所导致的浪费 （9）非必要会议的浪费 （10）回答非必要问题的浪费（包括电话咨询）		

（续表）

项目	浪费类型	评估	描述浪费
总计	评估分数： （1）能立即改善 （2）通过努力能够改善 （3）需进一步研究		

3.3.6 动作分析

为了消除瓶颈工位，主要的办法是缩短瓶颈工位的操作时间，可以用设备代替人工操作来缩短时间，也可以将部分工作分配给相邻的操作工位，但最好采用动作分析，分析瓶颈工位的操作，找出可以减少的动作，缩短瓶颈工位的操作时间。另外，在做单元生产设计前，有必要采取动作分析的方法分析所有作业人员的操作动作，目的是让作业人员的作业更有价值，同时也为平衡后续生产线留出更多的空间，减少作业人员，提高生产线的效率。对动作进行改善，减少动作的浪费，不但可以节省操作时间，而且可以降低作业人员的操作强度，让作业人员的动作更有价值。动作分析的方法很多，例如，动作要素法、双手分析法、影像动作分析法、人机联合操作法等。

从不同的角度对生产线现状进行分析，例如，通过工艺流程分析、标准三票、山积图、意大利面条图、八大浪费和动作分析可以找出生产线现存的问题。需要注意的是，一定要先消除原来隐藏在正常操作过程中的浪费后，再进行单元生产设计。在消除浪费阶段，可以将发现的所有问题整理成一个改善清单，改善清单中的每项内容要标明改善策略、责任人、完成日期，这样就能进一步落实改善。如果不经过这个步骤，直接进入单元生产线的设计，就会发现其效果并不明显，例如，效率提升幅度小、人员没有任何减少等。

发现当前生产线浪费除了以上所述的方法之外，还有其他的方法。发现浪费的目的是发现改善机会，因此在设计生产线前，要先消除浪费，以设计更为合理的生产线。强烈建议在生产线设计前，首先进行一轮浪费消除，然后再进行生产线设计。

3.4 第三步："纸上谈兵"

单元生产线设计包括生产线线体选择、生产线整体布局、工位设计和物料摆放设计。由于一切都是在大脑或纸上规划设计而没有实物出现，所以称这一步为"纸上谈兵"。但即便是"纸上谈兵"，也并不容易。例如，生产线体是选择"I"形生产线还是"S"形生产线？用流水线还是单元生产线？工作台的桌面设置为多大比较合适？桌面的高度是多少？工作台是考虑与旧的工作台保持一致还是重新设计？工作台需要放置什么物料、什么仪器、什么工具、悬挂何种可视化物品？这些都需要在设计时进行考虑，最后得出一个整体的设计方案。

单元生产线的设计需要思考以下几个问题。

问题1：节拍时间？为了使制造的产品能够满足客户的需求，不造成太大的库存，我们需要考虑生产的节拍时间，让生产完全按照节拍时间进行。

问题2：需要多少个作业人员？一条生产线需要多少作业人员是根据公式计算得出，而不是通过"拍脑袋"得出的。

问题3：什么样的生产流程和布局最有效？生产线包括设备类型布局、流水线布局、单元线布局、固定式布局和组合式布局，哪种布局方式才是最佳的布局呢？

问题4：如何给作业人员分派工作？首先，计算出需要多少作业人员，然后，思考只有给他们分配多少工作量或操作任务，才不会出现生产线极不平衡的问题。

问题5：工作台如何设计？最简单的设计就是沿用原来使用的工作台，但是为了实现效率最高，要针对产品、作业人员操作和各种配套工具、夹具仪器，专门设计适合作业人员操作的工作台。

问题6：物料摆放如何设计？如果你没有很好地进行物料摆放设计，就直接将物料交给作业人员随意摆放，最后浪费的是作业人员取放过程中多余的操作时间。

问题7：需要多少设备实现自动化？自动化成为节省人力的重要工具。哪些工位或哪些操作可以用自动化设备替代呢？通常，重复性高的单调动作可以交给自动化设备，而灵巧、变化多的动作或需要大脑判定的动作可以交给作业人员，以达到最好的经济效果。

单元生产线的要求如图3-13所示。

3.4.1　节拍时间计算

Takt是德语"指挥"的意思，用以调节演奏的节奏，Takt Time是节拍时间的意思，又称客户需求周期、产距时间，是指生产一个或一件产品的目标时间值，简写为T.T。按照生产线的生产速度进行生产是通用的做法，但是在节拍时间的控制下进行生产需要设计生产线。作业人员的操作范围是根据节拍时间划分的，而不是根据工位数量划分的。应用节拍时间的目的是消除过量生产的浪费。T.T和日需要量的计算公式如下。

为方便车间可视化和沟通：建议料架高度不超过1.6m

线体设计：工作区间距大于1.2m

线体设计：工作台高度为0.7m～1.2m（人机工序）

工具伸手可得

线体设计：可视化和在制品

线体设计：预留30%的工位空间

线体管理：过道里不许放料箱

拉动信号：可视化控制

防错：一旦发现缺陷，立即停止生产

线体设计：产品作业时间的最大偏差为20%

线体设计：空料箱从料架下方回收

线体设计：物流从右至左

线体管理：本独立工作单元中作业人员的数量（1～8人）

线体设计：模块化和可连接的工位设计

线体设计：每条槽里放两个料箱

目视化及5S管理：画线并确定相关货架的占地面积

线体设计：所有料箱都放置于工位前方

线体管理：禁止订单在缺少零配件的情况下进行生产

图 3-13 单元生产线的要求

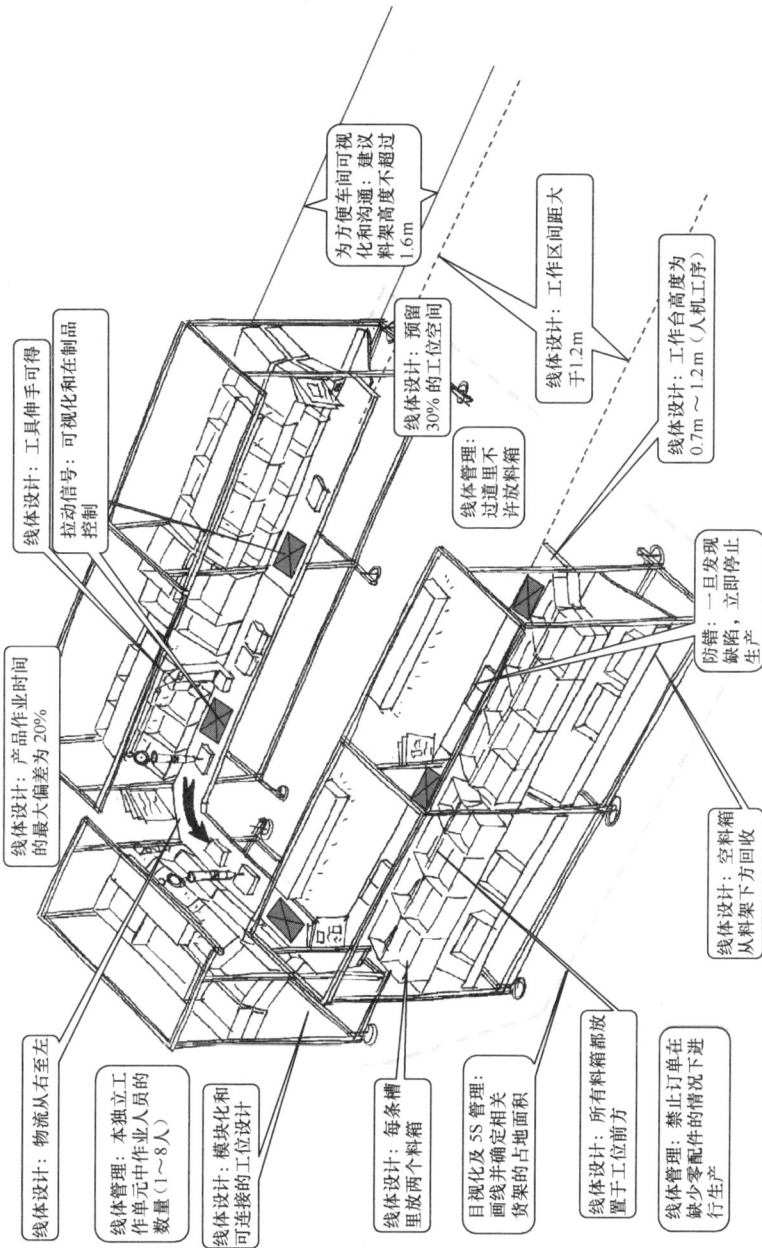

123

$$T.T = \frac{1\text{日的生产时间（定时）}}{1\text{ 日的需要量}}$$

$$\text{日需要量} = \frac{1\text{ 个月的销售数量（台/件）}}{1\text{ 个月的工作天数}}$$

T.T 是由客户的需要决定的，与产品加工速度没有任何关系，产品的加工速度称为周期时间，作业人员完成一个本岗位的操作时间就是 C.T 时间，在 IE 中称为"标准工时"。

T.T 是客户所需的生产一个产品的时间，与设备及作业人员的能力无关。T.T 中的生产时间是扣除每天班前会、休息、吃饭及 5S 时间后的实际工作时间，其他任何异常停机时间都不计算在内，其他异常时间的扣除就成为实际节拍时间（Actual Takt Time，ATT），这是另外一个节拍计算的办法。

3.4.2 人员数量计算

一条生产线需要的人数是通过科学计算后得出来的，而不是生产线有多少人就算多少人，或者安排几个人生产，这些人的数量就是作业人员数量。如果我们发现生产线的人数比计算得出的需要人数多，就说明生产中多用了作业人员。作业人员数的计算公式如下。

$$\text{作业人员数} = \frac{\text{总生产周期时间}}{\text{节拍时间}}$$

总生产周期为生产一件产品所需的工时，是一条生产线所有 C.T 时间的总和，其中不包括设备操作时间，仅仅是所有作业人员手工操作时间的总和。在计算作业人员数时经常出现除不尽的情况，我们可以根据余数分值的大小安排人数。余数分值和人员安排见表 3-8。

表 3-8　余数分值和人员安排

余数分值	人员安排
<0.3	不增加作业人员数量，通过进一步改善，可以减少浪费和附带作业
0.3～0.5	不增加作业人员，经过两周的练习和改善，仔细分析可消除的浪费和附带作业
>0.5	可先增加一名作业人员，持续改善，通过消除浪费和改善附带作业，最终通过现场改善减少作业人员

有的产品是季节性或周期性的，一段时间内的生产量很大，一段时间内的生产量很小，因此用不同的生产量计算节拍时间会出现不同的情况，从而导致生产线的人员数量也会发生相应的变化。在这种情况下，就需要生产线根据产量的不同执行不同节拍时间的作业人员数量。在一般情况下，可以同时设计大批量生产、中批量生产和小批量生产 3 种情况的生产线作业人员数：在生产批量较大时，安排生产线上的全部作业人员参与生产；当生产批量很少时，安排少量或个别作业人员进行生产；在生产批量适中时，安排一半的作业人员进行生产。

根据客户的需求计算出不同的节拍时间，然后根据不同的节拍时间安排不同的作业人员数量，就能完全按照客户的需求进行生产。节拍时间一般一个月调整一次，从月底的数据分析出下个月客户的需求计划，然后根据计划计算节拍时间，调整生产线上的作业人员数量。

由于不同的 T.T 会设置不同的人数，所以在设计单元生产线时，需要设计至少 3 种不同 T.T 情况的人数配置，而 3 种不同情况分别为大批量生产、中批量生产和小批量生产。

3.4.3 考虑合适的线体和布局

当节拍时间和作业人员数量确定后，接下来就需要考虑生产线的线体和布局方式。所谓线体，就是生产线的主体结构，例如，房子是西式风格还是中式风格，是苏州庭院结构还是北京四合院结构。因为生产线可选的线体样式多，所以可能造成了选择困难，但是选择的标准就是能够实现效率的最大化。

1. 线体类型选择

在生产线线体类型的选择上，可以考虑用设备类型布局和工艺流程布局的方式。在精益生产中，首选的是工艺流程布局的方式，用连续流来减少浪费、提高产出。但是在一些特殊的情况下，如果经评估后认为设备类型的布局优于工艺流程的方式，就可以选择设备类型布局，但是这种情况很少。在选择工艺流程布局之后，需要选择到底是用传统流水线还是单元线。在大多数情况下，单元线会优于流水线，判定标准仍然是最终的产品生产效率能否最大化。在单元线中，需要考虑是使用单人作业的单元线、分割式单元线、串联型单元生产线、带 FIFO 架单元生产线，还是环形单元生产线等。

2. 线形选择

选择好线体类型后，需要考虑生产线的线体形状到底是一字形、U 形、L 形，还是其他形状。生产线的不同线体如图 3-14 所示。在做线体形状选择时，需要充分了解每种线形的优缺点，然后结合自己产品的工艺或厂房区域的条件进行选择。如果两条生产线共用相同的测试设备，就可以用 M 形生产线。如果不同的产品需要使用测试设备且中间区域有柱子，就可以用 S 形生产线绕开柱子进行布局。线形的选择会影响布置生产线的数量、搬运距离或车间整体布局的美观性。线形选择的基本原则如下所述。

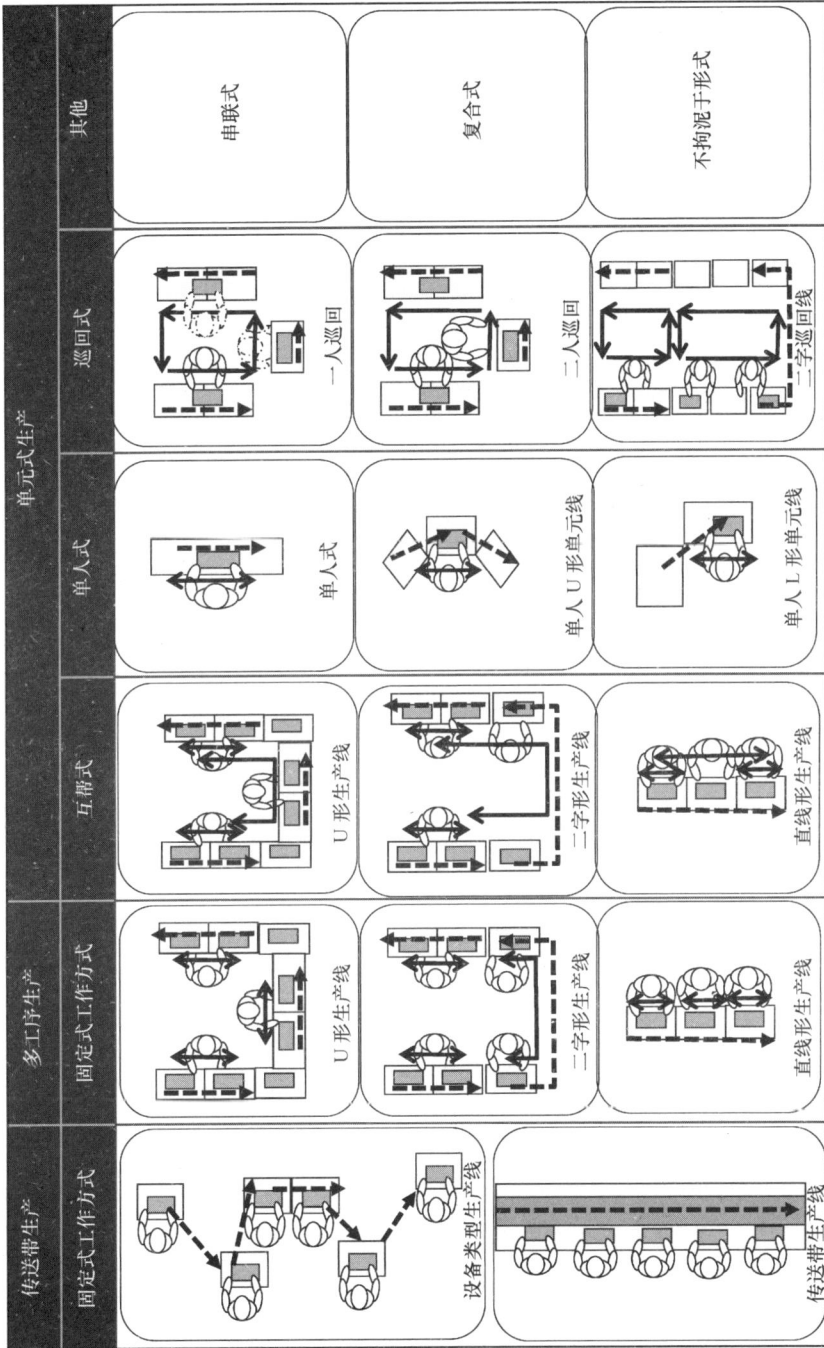

图 3-14　生产线的不同线体

- 在有限的空间内布局更多的生产线。

- 用最符合逻辑的流程顺序布局。

- 尽量缩短上下工序的距离。

- 尽可能采用 U 形布局。

- 考虑使用逆时针方向的工作流程。

- 减少物流搬运的距离。

单元生产线可以有各种不同的形状包括 U 形、S 形、M 形等。可以根据工序的场所现状、物流、动作、设备等方面对线体的形状做出考虑，选择最有利的摆设方案；也可以不受上面几种形状的限制，自由开发出新的形状，满足工厂内产品的生产需要。单元生产线的不同线形如图 3-15 所示。

目前，单元生产的布局方式以一字形、U 形、二字形为主，下面我们将主要介绍这 3 种方式。

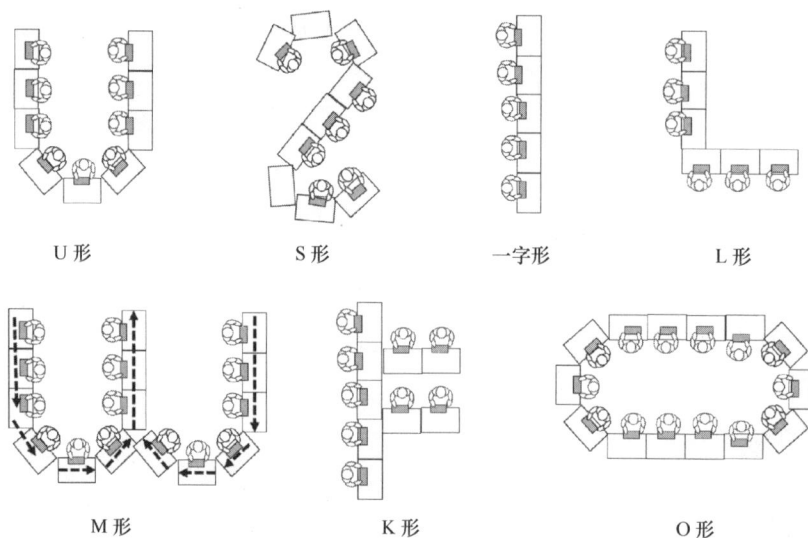

U 形	S 形	一字形	L 形
M 形	K 形	O 形	

图 3-15　单元生产线的不同线形

（1）一字形

一字形生产线一般在工序数少、每道工序占用的空间小、作业位置固定（无走动）的情况下采用。一字形生产线布局的缺点是作业人员在作业时，需要从最后一个岗位步行很远的距离才能回到第一个岗位；一字形生产线需要有较大的空间。一字形生产线布局的优点是安装和拆卸设备方便；物料的进出简单；易于管理；对多能工的需求相对较低。一字形生产线如图3-16所示。

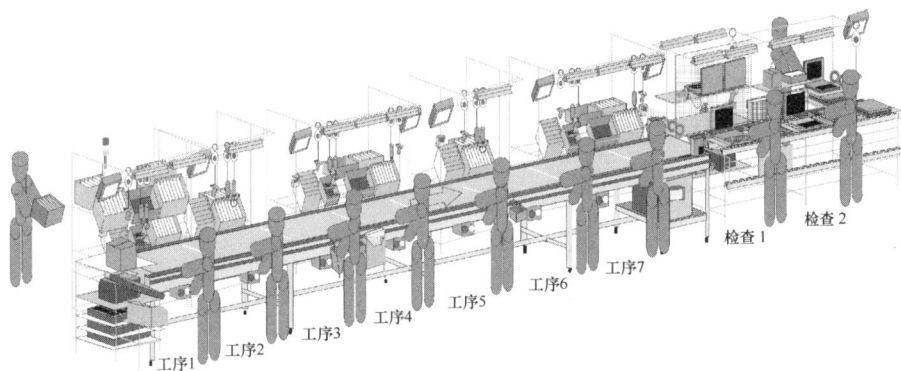

图 3-16　一字形生产线

（2）U形

U形生产线适用于小批量、多品种、频繁插线和变线、人员经常变化的生产线。U形生产线将生产的投入点（Input）与成品的取出点（Output）的位置尽可能靠近，我们称为"IO一致"，也就是当投入点与取出点接近时，可免除"返回"时间上的浪费。为了达到"IO一致"的目的，企业会将生产线排成类似于英文字母的"U"形。"IO一致"的原则，除了用在生产线的布置上，也可以用在机器设备的设计上，同样是以节省人力、顺畅物流、消除浪费为目的。在U形生产线上，产品的进出操作由同一个人完成，这样的好处是能够控制整条生产线中在制品的数量。U形生产线便于更换不同的节拍时间，调整作业人员的作业范围。U形生产区域很集中，所有管理者站在生产线线头就可以看出生产线的异常情况，例如，生产线是否平衡、在制品的数量是否超过标准、作业人员的操作是否顺畅等。

（3）二字形

二字形生产线由两条一字形生产线背向排列在一起，用很少的人就可以同时生产两种型号的产品。二字形生产线的好处是将两条一字形生产线并行在一起变成U字形生产线，可以实现原来一字形生产所不具有的优点，同时消除一字形生产线的缺点。例如，改善移动距离长、不利于作业人员移动作业等问题。二字形生产线如图3-17所示，U形生产线如图3-18所示。

图 3-17　二字形生产线

图 3-18　U 形生产线

3. 布局选择

一旦生产线的线体和线形确认后，生产线的基础模样就设计出来了，接下来就要布局单元线。单元线应该规划在多大的区域？单元线体内部的空间应该多大？坐姿单人作业单元线内部的宽度为80cm～90cm，双人作业单元线内部的宽度为 1.5m ～ 1.8m（1.2m 会显得比较拥挤）。如果对具体的空间不确定，就可以在现场用工作台搭建一条生产线进行模拟操作。线体内部的空间强调以"够用"为原则，因为这样既经济实惠，又可以提高作业人员的工作效率。空间尺寸如图 3-19 所示。

> 设计线路首先要考虑哪种生产线最适合公司的产品，然后再考虑空间和工艺需要哪种线形，最后考虑生产线的具体布局、空间尺寸和单元线尺寸的相关要求。

3.4.4　如何分配工作量

在整个工序的动作单元的操作时间测定、生产线作业人员的数量确定后，就可以分配工作量。分配工作量的一种方法是直接将所有的动作要素罗列在一张表格中，然后根据节拍时间划分每个工位的操作内容。还有一种方法是用工位气泡图的方式划分每个工位的工作内容，工位气泡图示例如图 3-20 所示。下面是工位气泡图划分工作量的操作步骤。

步骤 1：将所有的动作单元按照操作顺序排列出来，在气泡表面的动作单元的序号和名字下面标识出这个动作单元的操作时间。

步骤 2：依据节拍时间将相邻的动作单元组合在一起，保证操作时间尽量接近节拍时间，在合并动作单元时要考虑两个动作单元是否能被合并。

每个单元生产线之间的间隔要设置为 0.6m～0.8m，确保作业人员的移动间隔

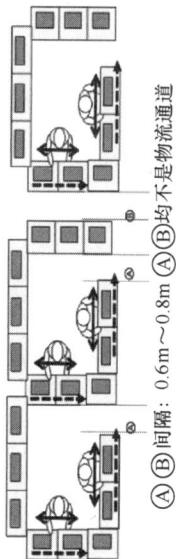

Ⓐ Ⓑ 间隔：0.6m～0.8m Ⓐ Ⓑ 均不是物流通道

单元生产线之间的通道宽度要设置为 0.8m～1.5m，在能够移动资材装备台车的前提下，将间隔最小化

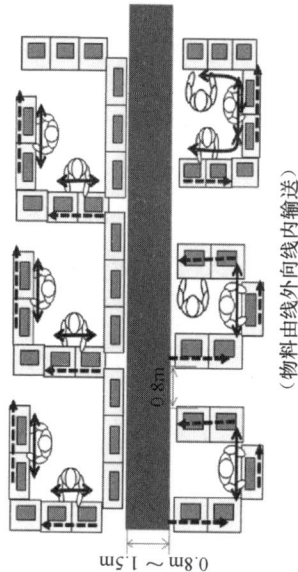

0.8m

0.8m～1.5m

（物料由线外向线内输送）

每个单元生产线内部的宽度根据坐姿作业或站姿作业的不同而有不同的尺寸要求（前提：线内没有物料运送）

线体	最小尺寸要求	备注
	线内宽度 1.5m（坐姿作业）	作业人员背对背作业；（如果是背对背站立作业，最小需要尺寸就需要 1.8m）
	线内宽度 1.2m（坐姿作业）	作业人员交错作业，且位置固定
	线内宽度 1.2m（站姿作业）	作业人员一人多机操作，且移动路线无交错
	线内宽度 0.8m（站姿作业）	作业人员一人完成整条线的操作

1 个人单元宽度：800mm

800mm
（站姿作业）

2 个人单元宽度：1200mm

900mm 900mm
（站姿作业）

3 个人单元宽度：1200mm
注：如无交叉走动可参考 900mm

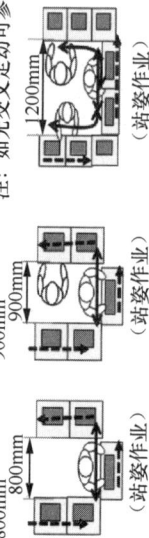

1200mm
（站姿作业）

图 3-19 空间尺寸

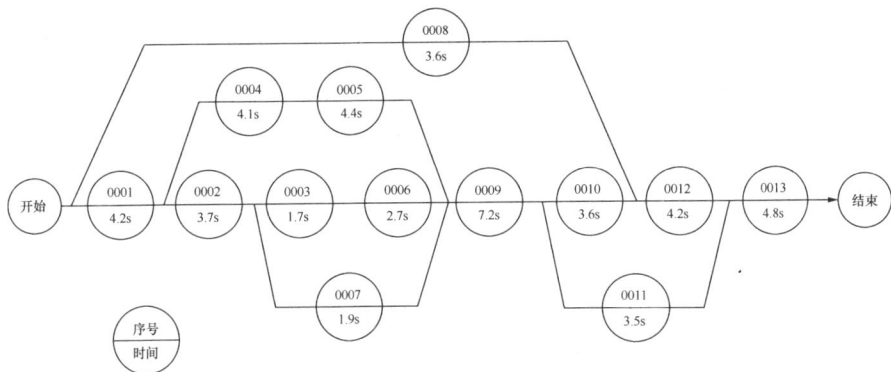

图 3-20　工位气泡图示例

步骤 3：利用山积图进行分析，计算出对应的平衡率，再进一步考虑动作的替换和调整。山积图示例如图 3-21 所示。

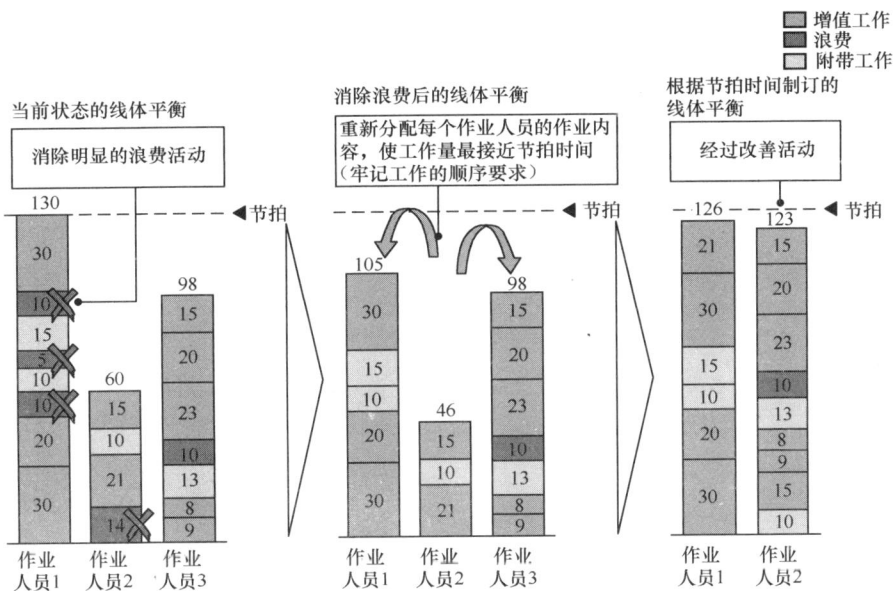

图 3-21　山积图示例

利用山积图缩短操作时间、减少作业人员数量。在分配工作时，经常会遇到动作单元合并后超过节拍时间，变成瓶颈工位的情况，或者某个工位的操作时间特别短，需要进一步平衡生产线，重新划分操作内容的情况。在分配工作时，操作步骤要能够平衡生产线。

1.作业改善压缩

先用山积图找出瓶颈工位，然后减少在瓶颈工位上浪费的时间，达到提高效率的目的。消除瓶颈一般用到动作分析、寻找八大浪费等方法。

2.分担转移

如果没有办法减少瓶颈工位时间，就采用分担转移的方法，将一部分操作内容转给相邻的作业人员。

3.添加作业人员

添加作业人员一般是企业很喜欢做的事情。只要忙不过来就添加作业人员，虽然这种方法比较便捷，但是会带来平衡率更低的后果。

4.合并重排

为了让生产线上的每个作业人员的工作更加平衡，企业会采用合并重排的方法。

5.减少人员

如果一个岗位的操作时间特别短，企业就可以考虑将这个岗位的工作分给其他几个人完成，这样就可以减少一个作业人员。

用山积图来平衡生产线，有时在进行分割工序操作时会发现动作不是断开的，但是，如果两个动作被一起移动到其他工序，总操作时间就会超过节拍时间，这时就需要考虑将其他动作移动到另外的工序或进行相应的改善。在做生产线平衡时，要使前面的工位工作负荷尽量接近节拍时间，为最后一个工位留有最大的空闲时间，然后再考虑用什么方法来改善，可以将最后一个工位的作业人员节省出来，达到减少人员的目的。山积图调整工作如图3-22所示。

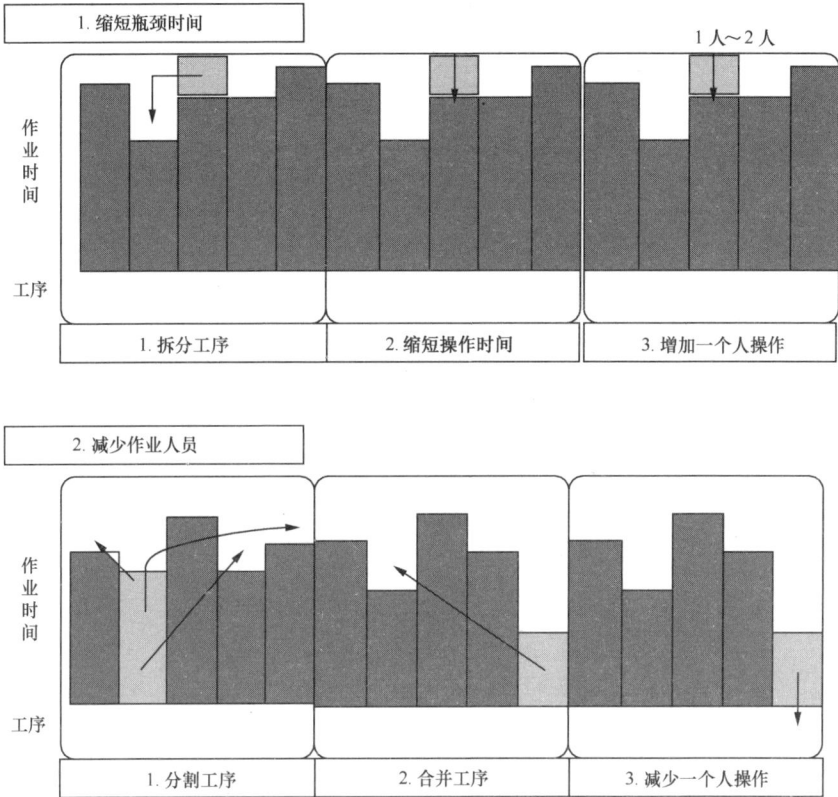

图 3-22　山积图调整工作

　　最好的生产线平衡就是实现单人作业，让所有的操作由一个作业人员完成，这时生产线的平衡可以达到100%，也不需要进行工位工作量的分配。在实现单人作业时，作业人员的技能培训会显得特别重要，很多无法达到单人作业的情况往往是由作业人员的技能水平不高导致的。因为作业人员原来只需要操作一台设备，现在需要操作此工序的所有设备。另外，如果流失率很高，单人生产线也很难维持下去。山积图改善工位工作量分配如图3-23所示。

改善前

T.T=50s

时间/s

①	②	③	④
缠上密封带	拿取阀门，放入夹具		
	放入夹具并夹紧	取出工件，检查	放入货店
拿取软管，放入夹具	拿取左金属箍，装到软管上	缠上密封带	盖上软管盖
	放入夹具并夹紧	启动按钮，开始加工	启动按钮，检测
拿取连接件，放入夹具	拿取软管和金属箍,装配	左端放入左侧夹具，夹紧	取下软管盖，插上检测管
拿取弯管，放入夹具	拿取弯管，放入夹具	取出配件，右端放入右侧夹具	取下配件，放入夹具

改善后

T.T=50s

时间/s

①	②	③
缠上密封带	取出工件，检查	
拿取软管，放入夹具	缠上密封带	
拿取连接件，放入夹具	启动按钮，开始加工	
拿取弯管，放入夹具	左端放入左侧夹具，夹紧	
放入夹具并夹紧	取出配件，右端放入右侧夹具	放入货店
拿取软管和右金属箍,装配	拿取阀门，放入夹具	盖上软管盖
	放入夹具并夹紧	启动按钮，检测
拿取弯管，放入夹具	拿取左金属箍，装到软管上	取下软管盖，插上检测管
		取出配件，放入夹具

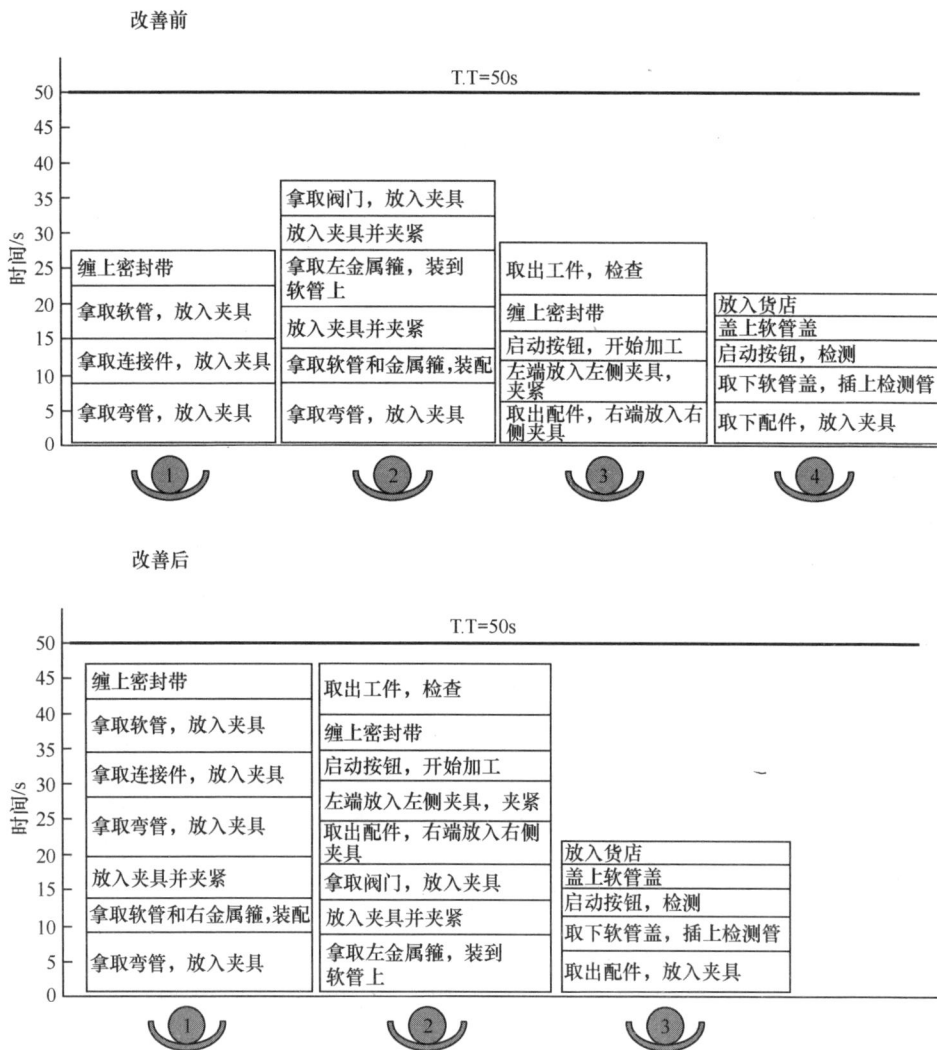

图 3-23　山积图改善工位工作量分配

案例讲解

某玩具厂生产的一种玩具车要在一个传送带生产流水线上组装，每天生产 1000
台，每天的生产时间是 8 小时。各项作业组装的基本作业单元和时间见表 3-9。

表 3-9　各项作业组装的基本作业单元和时间　　　　（单位：s）

基本动作	时间	动作描述	必须提前安排的作业
A	23	组装车体支架	—
B	6	安装前后轴	A
C	5	拧紧支架螺丝	B
D	27	组装传动组件	—
E	9	安装电路板	D
F	7	安装前轮	C
G	7	安装后轮	C
H	7	安装遥控组件	E
I	7	安装电动机	E
J	5	总装，拧紧螺丝	F、G、H、I
K	5	测试	J
总时间	108	—	—

第一步：计算生产节拍。

计算时将每天的工作时间换算成秒，因为作业时间是以秒为单位来表示的。

$$节拍 = \frac{每天的生产时间}{每天的计划产量} = (8×60×60)/1000 = 28.8$$

第二步：计算人员数量。

$$人员数量 = \frac{完成作业所需的时间总量（T）}{生产节拍（C）} = 108/28.8 = 3.75 ≈ 4$$

这是计算出的工位数的理论值，实际数量可能会大一些。

第三步：分配工作量。

以气泡图的形式反映表 3-9 中各基本作业单元的次序关系。气泡图示例如图 3-24 所示。

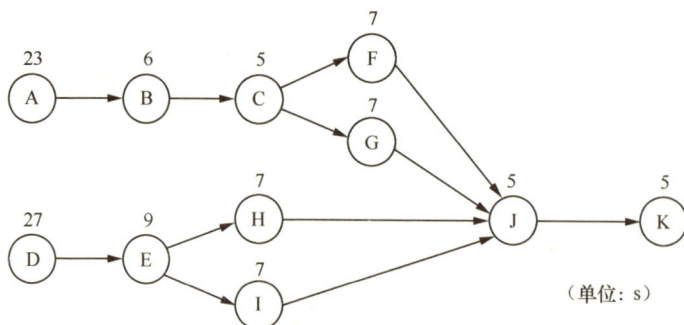

图 3-24　气泡图示例

各基本作业单元的后续作业数量见表 3-10。

表 3-10　各基本作业单元的后续作业数量

基本作业单元	A	B	C	D	E	F	G	H	I	J	K
后续作业数量（个）	6	5	4	5	4	2	2	2	2	1	0

向各工位分配作业的过程见表 3-11。

表 3-11　向各工位分配作业的过程

工位	作业	作业时间（s）	剩余时间（s）	可安排的后续作业	后续可能的作业	持续时间最长的作业
工位1	A	23	5.8（空闲）	无	—	—
工位2	D	27	1.8（空闲）	无	—	—
工位3	B	6	22.8	C、E	C、E	E
	E	9	13.8	C、H、I	C	—
	C	5	8.8	F、G、H、I	F、G、H、I	F、G、H、I
	F[注]	7	1.8（空闲）	无	—	—
工位4	G	7	21.8	H、I	H、I	H、I
	H[注]	7	14.8	I	—	—
	I	7	7.8	J	—	—
	J	5	2.8（空闲）	无	—	—
工位5	K	5	23.8（空闲）	无	—	—

注：若最长时间相等，则任选一项作业

生产线效率的计算如下。

$$生产线效率 = \frac{总有效时间（T）}{节拍（C）\times 工位数（N）} \times 100\% = 108/(28.8 \times 5) \times 100\% = 75\%$$

效率为 75% 意味着生产线不平衡或闲置时间达 25%，共有 36s 的闲置时间（28.8×5 － 108=36），最轻松的工位是工位 5。在这种情况下，需要进一步平衡生产线，考虑将工位 5 和工位 1 合并，从而减少一个作业人员，同时也提高了生产线的平衡率。

第四步：生产线的基本构思。

以上生产线平衡某例计算出的工位配置结果是直线生产线布置。直线生产线布置如图 3-25 所示。直线生产线布置也是最常见的一种生产线布置方式。

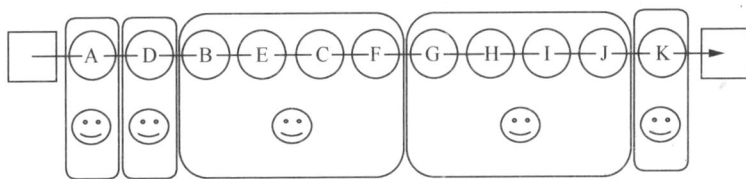

图 3-25 直线生产线布置

如果将以上示例的生产线布置成 U 形，则很容易将工位 1 和工位 5 合并，从而减少一个作业人员。这充分体现了 U 形生产线的好处，U 形生产线布置如图 3-26 所示。

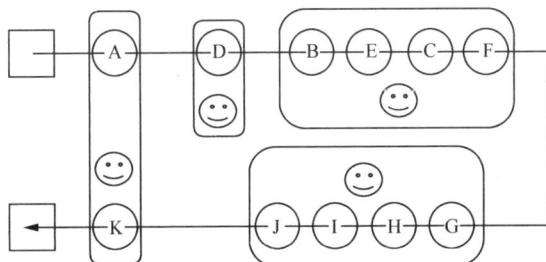

图 3-26 U 形生产线布置

综上所述，此案例最终选择 U 形生产线，安排 4 位作业人员进行玩具车的组装工作。

> 山积图是分配工作量的有效工具之一。有时需要调整工作的先后顺序，重新进行工艺验证；有时需要强制引入改善活动来消除瓶颈工位的情况，例如，引入自动化设备、新的工装夹具等。

3.4.5 工作台设计

工作台作为一个工作平台，在设计时需要综合考虑一些因素，把生产过程中所需的操作步骤、材料、工装夹具和设备紧密地结合在一起，最后达到方便作业人员操作的目的，工作台要求如图 3-27 所示。

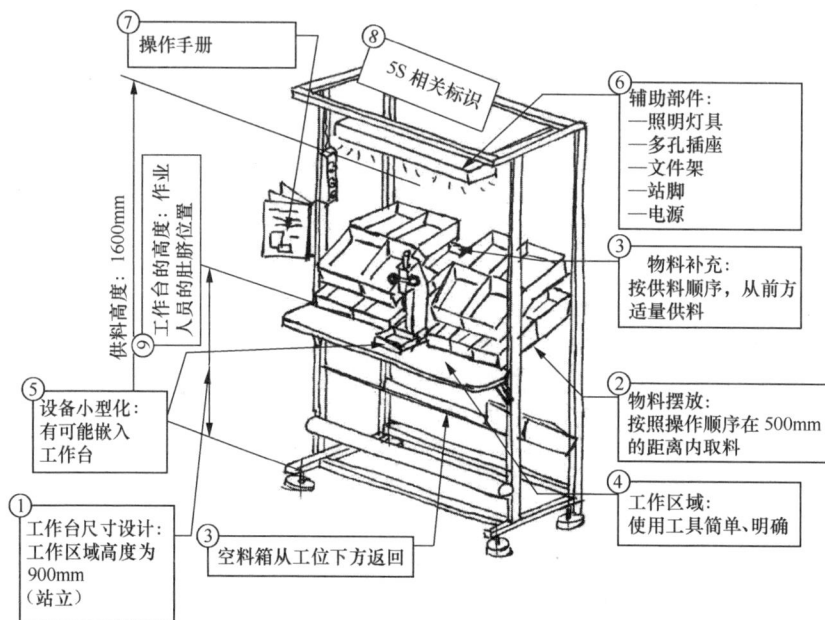

图 3-27 工作台要求

1. 工作台的尺寸设计

工作台的尺寸包括工作台的长、宽、高。工作台如果太长，就会使工位之间在制品（Work in Process，WIP）的传递距离变长。宽度如果超过作业人员手臂的距离，作业人员拿取物料就会很不方便。因此，设计工作台的尺寸要先了解作业人员的基本尺寸。例如，允许操作的最大范围就是伸长作业人员手臂的长度，工作台的高度与作业人员的身高也是有关系的。

2. 工作台的物料摆放

物料摆放的顺序和物料摆放的方式会影响作业人员的操作速度。如果所有的物料都在作业人员的小臂范围内就能取到，将节省作业人员的操作时间。如果能够定好物料的方向和排列，将缩短取料的时间。此外，物料是否按操作顺序分类放置也会影响作业人员的取放速度。现在市面上有很多定向定量的物料供给工具，例如，螺丝供给机、弹簧分离机等。

3. 物料补充方式

物料空箱如何进行回传和物料如何直接上线，是在设计工作台时需要考虑的。空箱一般都是利用斜坡用重力的方式回传。物料补充一般都在作业人员的对侧，这样的放置方式可以在不打扰操作的同时将物料补充上线。

4. 工作区域

除了物料、设备和夹具区域需要占用桌面空间外，工作区域也需要占用桌面空间。工作区域是作业人员在工作台上作业时所需的区域。工作区域的大小强调适宜，太大的工作区域不会提高工作效率，反而会降低效率。作业人员可以在现场模拟操作，以确认工作区域最终的大小。

5. 设备小型化

设备小型化的优点是占用空间小、灵活性强，可以随意增加或减少设备，随意放置在工作台上。

6. 辅助配件

工作台上有很多辅助配件，需要将所有的配件都考虑进去，例如，是否需要灯光、是否有特殊要求、静电设施如何摆放等。

7. 操作手册

每个岗位都需要放置操作手册。当操作手册为多页时，操作手册的位置和展示方式需要设计。

8. 5S 相关标识

5S 相关标识包括工位标识、物料补充位置、生产线每小时看板、物料定位、设备定位和其他相关的 5S 标识。

9. 工作台的高度

工作台的高度主要取决于作业的类型和作业的方式（坐姿作业或站姿作业）。同时，工作台的高度与作业人员的身高及身形也有很大的关系。

（1）坐姿作业

与站姿作业相比，坐姿作业受作业人员身高的影响较小。根据相关数据，操作平面高度的选取采用"就高"原则，即"就高不就低"原则，选用 75cm 作为起点操作平面高度，可以根据客户的要求、作业人员的身高等进行适当调整。加工类别不同，操作平面的高度也会不同。工作台的容膝空间必须根据作业人员的脚的正常活动范围在工作台的下部进行设置，以保证作业人员在作业的过程中，腿脚活动方便、自然，从而减少疲劳。椅子的高度一般为 35cm ～ 53cm，要选用能进行高度调节的椅子，以便作业人员根据舒适度的要求自由调节椅子的高度。椅子高度的调整范围要大于 25cm，工作台容膝空间的深度最小为 33cm，容膝宽度最小为 50cm。工作台的尺寸如图 3-28 所示。

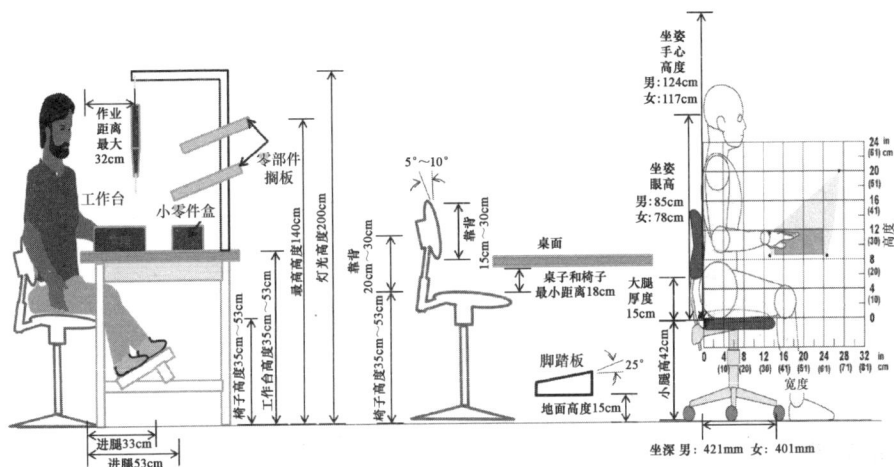

图 3-28　工作台的尺寸

最佳的坐姿工作台的高度随着工作类别的不同而不同：作业工位的台面通常处于上臂自然下垂至肘部稍下的位置；对于重体力粗活的工位，台面要低于自然放松肘部 100mm~200mm；对于精细或需要视力检测的工作，台面要高于自然放松肘部 100mm~200mm。工作台的高度如下所述。

- 灵巧性要求很高的作业，例如，钟表组装，其台面高度一般为 880mm±20 mm。

- 一般的作业要求，例如，简单的装配工作，其台面高度一般为 740mm±20mm。

- 需要较大力气才能完成的作业，例如，包装，其台面高度一般为 680mm±20mm。

最适合的作业区域为两手相交、两只小臂包围的区域，操作范围应该在距离操作台面的边缘处（小于255mm）。在此区域内的操作时间最短，作业人员主要用手腕完成工作，视线也是最好。作业人员尽量将所有的操作集中在此区域内完成，达到将操作时间缩至最短的目的。

正常作业区域为以作业人员的两肩为圆心、小臂长为半径活动的区域。正常操作的范围应该在距离操作台面的边缘 394mm 处，主要用小臂完成工作，大臂偶尔被拉动。

最大的作业区域为以作业人员的两肩为圆心、以两条手臂为半径活动的区域。操作范围本来应该在距离操作台面的边缘 510mm 处，但考虑到作业人员工作时会身体前倾，操作范围应该在距离操作台面的边缘小于 510mm 处，大臂也经常参与工作，工作活动距离越远，所需的时间也就越长。作业人员的操作高度和操作范围如图 3-29 所示。

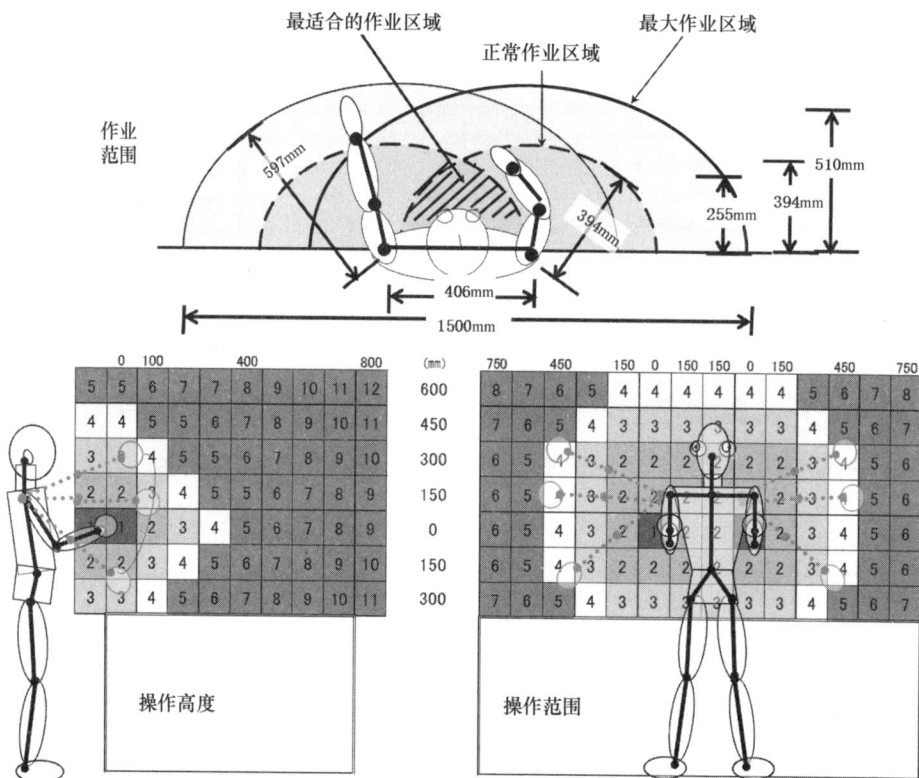

图 3-29　作业人员的操作高度和操作范围

当作业人员在作业中需要用双手操作设备时，首先要考虑最适合的作业区域和正常作业区域。

图 3-29 所示的封闭区域表示作业人员操作时可能涉及的最大区域，而阴影部分为最合适的作业区域。对于直接在体积很小的产品上进行的操作，例如，插端子等，真正的适宜作业区域更小；双手同时操作涉及的区域也比较小；单手取放动作涉及的区域相对较大。

（2）站姿作业

如果作业人员采用站姿作业，可以获得更大的操作自由度，以便操作更多的工作台。工作台的高度需要根据作业类型调整，例如，手工插端子、产品定位、工作台承座等操作属于精密操作，工作台按钮的操作属于普通操作。精密操作要求桌面高度在肘高（上臂自然下垂，前臂与上臂夹角 90°时，肘部最低点的位置）之上 10cm~20cm；普通操作要求桌面高度在肘高或以上 10cm 的范围内。不同作业的高度如图 3-30 所示。

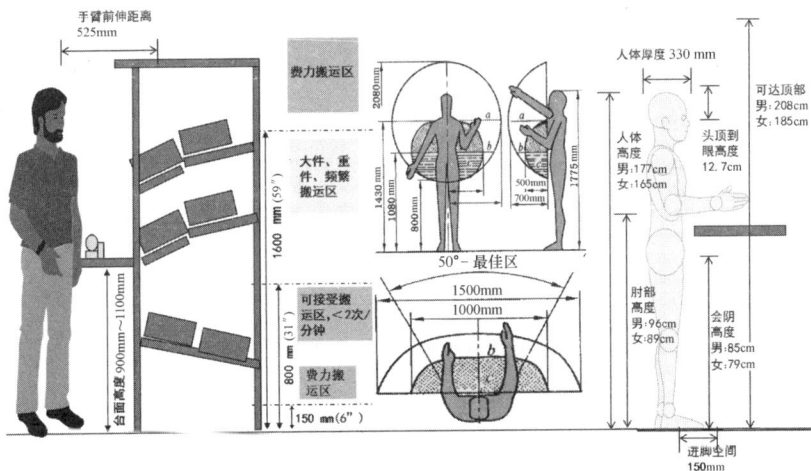

图 3-30　不同作业的高度

工作台的等级分类如下所述。

精确度较高的工作台≤ 1kg，工作台高度为 1000mm~1150mm。

操作轻物体的工作台≤ 4.5kg，工作台高度为 950mm~1000mm。

145

操作重物体的工作台＞4.5kg，工作台高度为 800mm~950mm。

工作台的高度应该与站姿作业人员的肚脐位置持平，高度一般为 900mm。

（3）站姿作业和坐姿作业的选择

站姿作业和坐姿作业的相关尺寸设计如图 3-31 所示。

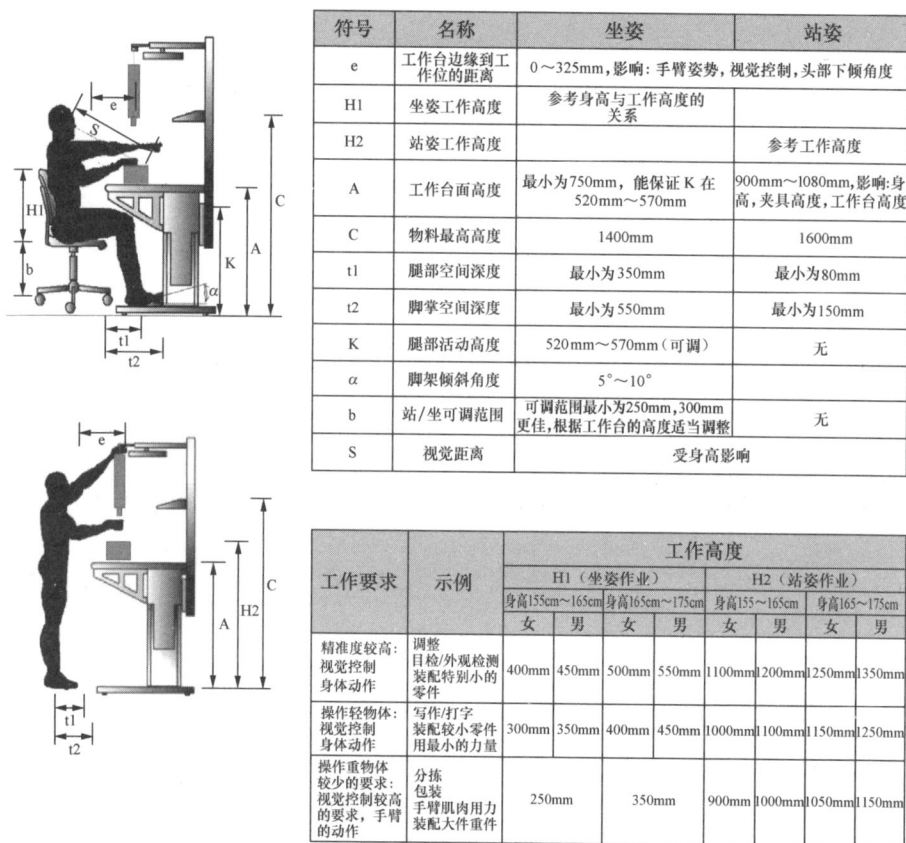

符号	名称	坐姿	站姿
e	工作台边缘到工作位的距离	0～325mm，影响：手臂姿势，视觉控制，头部下倾角度	
H1	坐姿工作高度	参考身高与工作高度的关系	
H2	站姿工作高度		参考工作高度
A	工作台面高度	最小为750mm，能保证K在520mm～570mm	900mm～1080mm，影响:身高，夹具高度，工作台高度
C	物料最高高度	1400mm	1600mm
t1	腿部空间深度	最小为350mm	最小为80mm
t2	脚掌空间深度	最小为550mm	最小为150mm
K	腿部活动高度	520mm～570mm（可调）	无
α	脚架倾斜角度	5°～10°	
b	站/坐可调范围	可调范围最小为250mm,300mm更佳，根据工作台的高度适当调整	无
S	视觉距离	受身高影响	

工作要求	示例	工作高度							
		H1（坐姿作业）				H2（站姿作业）			
		身高155cm～165cm		身高165cm～175cm		身高155～165cm		身高165～175cm	
		女	男	女	男	女	男	女	男
精准度较高：视觉控制身体动作	调整目检/外观检测装配特别小的零件	400mm	450mm	500mm	550mm	1100mm	1200mm	1250mm	1350mm
操作轻物体：视觉控制身体动作	写作/打字装配较小零件用最小的力量	300mm	350mm	400mm	450mm	1000mm	1100mm	1150mm	1250mm
操作重物体较少的要求：视觉控制较高的要求，手臂的动作	分拣包装手臂肌肉用力装配大件重件	250mm		350mm		900mm	1000mm	1050mm	1150mm

图 3-31　站姿作业和坐姿作业的相关尺寸设计

坐姿作业一般适用于操作范围和操作力不大、精细的、需要稳定连续进行的操作，坐姿作业如图 3-32 所示。

坐姿作业的优势：作业人员不易疲劳，持续工作时间长；身体稳定性好，操作精度高；手脚可以并行作业；脚蹬范围广，能正确操作；耗时长、需要集中精力思考、精细作业、手脚并用的工作。除此之外，坐姿作业的优势还包括可减少站立时作业人员的足踝、膝部、臀部、脊椎等关节部位的静态受力，减少人体能耗，减轻疲劳度；坐姿作业比站姿作业更有利于人体的血液循环，有利于保持身体的稳定，适合精细作业。

坐姿作业的缺点：限制了作业人员的活动范围，在需要作业人员上肢出力的操作场景中，往往采用站姿作业，而频繁的起坐交替也会增加作业人员疲劳；长期维持坐姿作业会影响人体健康，招致腹肌松弛，脊椎非正常弯曲，并对某些器官造成损伤，例如，消化器官与呼吸器官损伤；作业人员坐太久会造成下肢肿胀，静脉压力增加，大腿局部受到压力，增加血液回流阻力，引起身体的不适；作业人员占地面积大，不便于移动。

图 3-32　坐姿作业

站姿作业适用于以下几种作业：经常改变体位的作业；工作地的控制装置布置分散、手足活动幅度较大的作业；在没有容膝空间的工作台作业；用力较大的作业；单调的作业。站姿作业如图 3-33 所示。

站姿作业的优势：作业人员可活动的空间增大；对于需要经常改变体位的作业，站立比频繁起坐消耗的能量少；手的力量增大，即作业人员能输出较大的操作力；减少作业空间，在没有座位余地的场所或者当显示器、控制器配置在墙壁上时，采用站姿作业更好。

站姿作业的缺点：相关的疲劳度研究资料显示，在同样的工作环境中，站姿作业的疲劳度是坐姿作业的 1.2 倍左右。作业人员长期站立，人的小腿肌肉紧绷，腿部压力增大，阻碍血液循环，造成供氧不足，作业人员处于低氧状态，更容易疲劳。长期站立会导致血液循环不流畅、静脉曲张等。

图 3-33　站姿作业

某些作业并不要求作业人员始终保持站姿或坐姿，而是在作业中需要变换姿势来完成操作。这种作业姿势称为坐立交替，既要求坐姿的稳定体位，以提高操作的精确度，又要求体位易于改变的作业方式。如果站姿作业久了，作业人员感觉疲劳，就可以坐下来操作一段时间，减少一定的疲劳感。如果坐姿时间较长，作业人员可以站立起来，以提高操作效率。坐立交替作业的工作台按站姿作业设计，座椅面的高度应与工作台面的高度匹配，一般要使人坐在椅面上双脚刚好着地，该类座椅一般设计为可调节的方式。站姿和坐姿交替示意如图 3-34 所示。

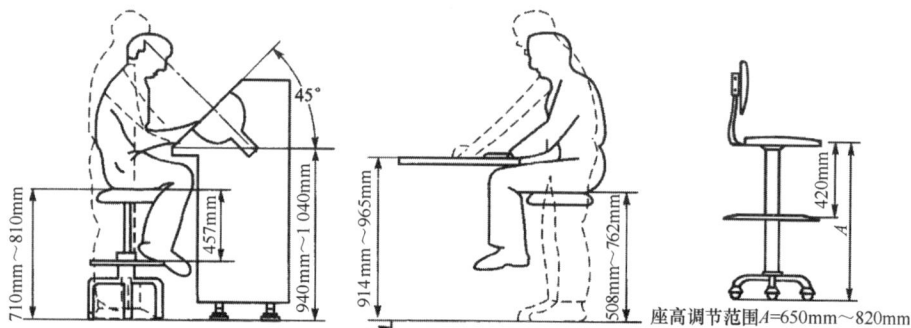

图 3-34　站姿和坐姿交替示意

10. 工作台的台面尺寸

工作台的台面尺寸设计要求在兼顾作业人员操作方便性的同时，能足够摆放操作过程中所需的材料、工具、设备或仪器。工作台的宽度越小越好，这样可以缩短作业人员的操作距离，材料、工具和设备的立体摆放可以减少工作台面的需求面积。生产线中通用的工作台的台面尺寸如下所述（可结合实际情况使用特殊尺寸）。

选择 1：长 900mm，宽 700mm。

选择 2：长 800mm，宽 600mm。

选择 3：长 700mm，宽 600mm。

11. 工作台的整体尺寸

工作台的高度和台面尺寸基本确定后，工作台的尺寸也就确定了，剩下的就是确定物料架的尺寸、灯光高度和其他相应配件的尺寸，最后得出工作台的整体尺寸。工作台的整体尺寸如图 3-35 所示。

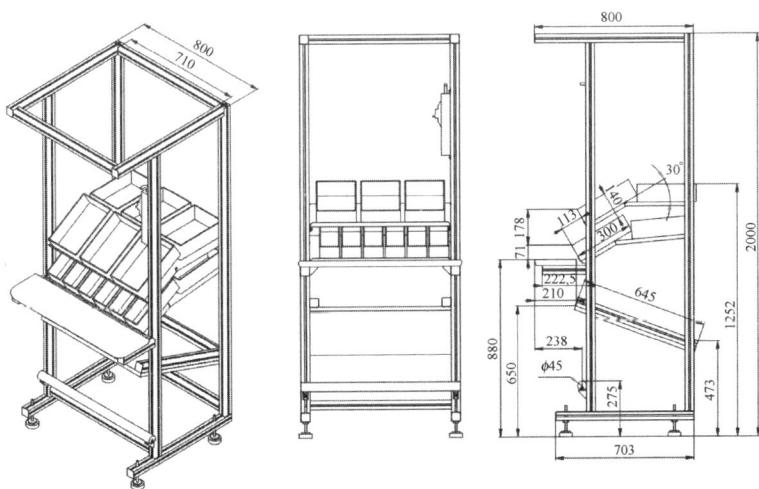

（单位：mm）

图 3-35　工作台的整体尺寸

12. 不同类型的工作台

工作台按照作业人员的操作分为站姿工作台和坐姿工作台；按照材料分为柔性管工作台、铝型材工作台、方钢焊接工作台等。在一般情况下，日本的企业喜欢用柔性管搭建工作台，而欧美的企业喜欢用铝型材工作台。工作台的设计主要是为了方便作业人员操作，并能将与操作相关的设备、夹具、物料等放置在工作台上。

（1）铝型材工作台

内腔横截面是工字形槽的型材，垂直连接的型材间用弯角连接件连接，方板形螺母用螺钉相连，这样可以把型材槽底和槽口间的矩形截面的凸棱紧紧夹住，这种安装方式的连接性较好，拆装方便。铝型材工作台采用优质的工业铝型材组装制作而成，坚固的工作台框架牢固平稳，定制的工作台可承重 1000kg；可配合各种各样的使用要求，外形美观；层板承重大，可根据客户需要任意组装制作；可节约空间，适用性较强；铝型材工作台适用于检测、维修、组装等各种不同场合，具有良好的耐腐蚀性、耐脏性，抗冲击性和承重能力较强；多种桌面尺寸的选择可配合不同的使用要求；所配置的抽屉、桌角上预留了电源孔，可按要求安装插座、开关、灯具。铝型材工作台如图 3-36 所示。

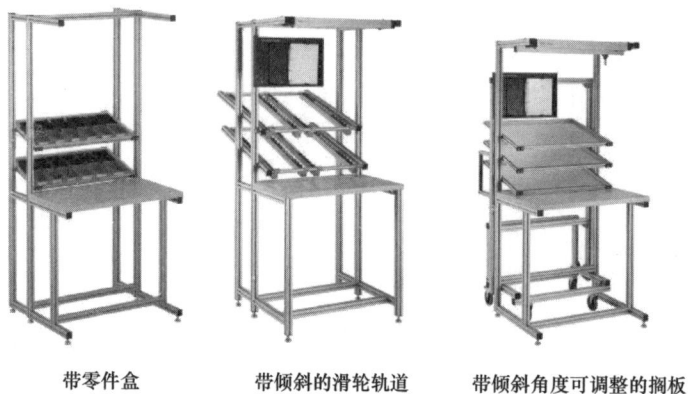

带零件盒　　　　带倾斜的滑轮轨道　　　带倾斜角度可调整的搁板

图 3-36　铝型材工作台

（2）不锈钢工作台

不锈钢材质的自身特点：强度好、美观、轻便、耐蒸汽、耐腐蚀，同时可以防静电、防尘，表面平整、洁净、耐磨；在使用过程中也可以防止细菌滋生。这些优点是很多其他材质的工作台所不具备的。不锈钢工作台是目前各行各业普遍使用的最理想的工作台之一。不锈钢工作台示例如图3-37所示。用这种材料制作出来的工作台非常平整，安全性能极强，同时非常美观、耐用。不锈钢工作台最适合实验室，因为它具有比较强的防腐特性。

图3-37　不锈钢工作台示例

（3）柔性管工作台

柔性管工作台的桌面可选择不同材质、不同厚度的基材。基本台面可选择高分子复合台面、防火板台面、不锈钢台面、铁板合成台面、橡木层压板台面、防静电台面、电木板台面等。外观色彩有白、黄、蓝3种颜色可供选择，特殊颜色可根据客户的要求来定制。

柔性管工作台是根据作业的需要由台面板、排插等其他一些应用组装而成。柔性管工作台可独立、可组合、易于调整，组装柔性管工作台常用的工具有内六角扳手、卷尺、螺丝刀、毛刺刀、胶锤、切管刀等。柔性管工作台采用直径28mm的柔性管（俗称柔性管、精益管），配合种类丰富的连接件。

柔性管工作台可根据作业需要自由设计组装，适用于各种行业的检测、维修及产品组装，可以让作业更整洁，让生产安排更轻松，让物流更顺畅。柔性管工作台如图 3-38 所示。

柔性管工作台的优越性体现在以下几个方面。

- 可随时随需扩展结构功能，改造简便。

- 工作台可根据用户的承载要求，选择不同形状的桌脚。

- 可以在很大程度上提高生产效率。

- 应用灵活，组建简单，不受部件外形、工位空间和场地大小的局限。

- 不易损伤零部件外表，柔性管表层为覆塑层。

- 用规范的材料（柔性管、接头及附件）设计组装专用的工位器具及生产系统。

- 通过先进的自动化静电喷涂工艺进行外表处置，工作台采用优质钢板专用模具及捆扎工艺。

- 节约生产成本，材料可重复利用，比较环保。

13. 工作台上的辅助物品

工作台上有很多辅助物品，例如，标准作业支架、日光灯架、电源线、电源插座、气管、网线、螺丝吊具、看板回收箱、静电导线等，这些辅助物品都要很好地安置在工作台上。

为了提高工作台的摆放合理性，减少操作时间，可以针对工作台上的不同仪器和设备进行工作台设计。

图 3-38 柔性管工作台

（1）百页挂板

百页挂板是专门为悬挂物料盒设计的标准件，材质通常为 Q235-A，尺寸为 900 mm×450 mm，表面为烤漆，烤漆的颜色有白色和浅灰色两种。

（2）物料挂杠

以挂物料盒专用型材为例，该型材根据标准料盒挂钩设计，可将料盒直接挂在型材上。这种方式比较灵活，可直接连接在框架上，位置移动方便，但不适宜挂太重的料盒。

百页挂板和物料挂杠如图 3-39 所示。

（3）固定式窄搁板

固定式窄搁板主要是为了放置平

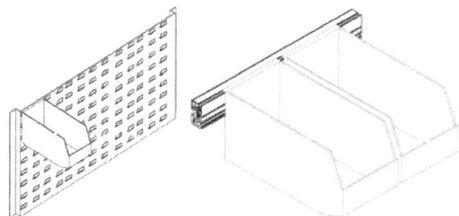

图 3-39 百页挂板和物料挂杠

放的物品，例如，计算机显示器、测试仪器、文件夹等，放置物品的重量最多可达 60kg，固定式窄搁板的角度可调。金属搁板整体用木板包边或铁板烤漆制成，

153

强度较好，兼有固定式搁板的放置物品功能。固定式窄搁板如图 3-40 所示。

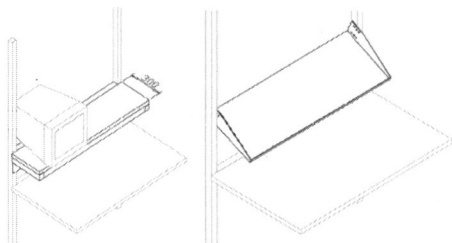

图 3-40　固定式窄搁板

（4）标准指导书架和灯架

许多工作台会放一些文件，这就需要书架。标准指导书架用 30mm×30mm 型材制作，固定在扩展支架一侧，中间镶嵌 8mm 防火板并固定标准四孔文件夹芯。在使用这种标准指导书架时，可以将 A4 纸放入标准文件袋内，然后将标准文件袋固定于四孔文件夹芯上，非常方便。因为书架是用连接件和框架连接的，所以其拆装、位移也非常方便。

工作台灯具为标准的日光灯，光源采用普通日光灯管。在灯具选型时可以根据灯具的长度采用不同功率的灯管，还可以根据光照强度决定采用单管还是双管，以及是否需要反光板。标准指导书架和灯架如图 3-41 所示。

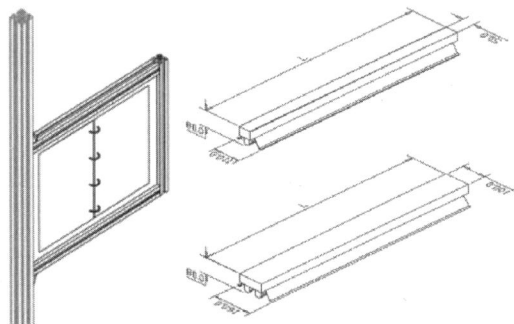

图 3-41　标准指导书架和灯架

（5）搁脚台

当工作台被设计成站姿与坐姿通用时，工作台的高度一般较高。当作业人员坐着操作时，其双脚无法着地，极易疲劳。在这种情况下，我们设计了搁脚台。

搁脚台示意如图 3-42 所示。作业人员在使用工作台时可以根据自身的情况非常方便地调节搁脚台的高度和角度。整个搁脚台与工作台的基础框架连接，非常坚固；踩踏板采用颜色特殊的防火板，比较耐脏。

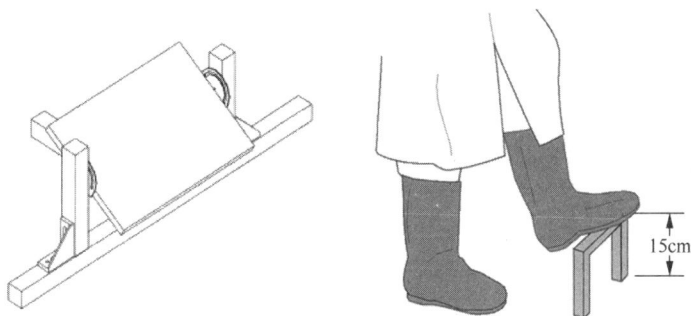

图 3-42　搁脚台示意

> 为了设计出好的工作台，我们可以多留意其他工作台的设计，借鉴其他设计的优点并融入自己的工作台的设计中。工作台的设计要考虑很多因素，工序需要考虑简单自动化、设备位置、相应的工装传递等。

3.4.6　工作台物品摆放设计

工作台上摆放的物品有物料、夹具和相应的设备仪器，这些都是作业人员在操作中需要使用的物品。如果作业人员需要伸长手臂才能取到物料，工具摆放不合理造成操作不顺畅，设备显示器由于位置不对造成作业人员观测不方便，这些都是由于工作台上的物品摆放设计不合理造成的。

1. 物料摆放设计

物料摆放设计是为了减少作业人员的取放时间，用最少的时间拿取需要的物料。如何能够做到快速拿取需要的物料？我们可以先用 IE 手法分析整个取料的动作过程，包括伸手到容器里、用手取物料、调整数量或方向、取回物料，然后再思考每个环节，考虑如何来缩短操作时间。取料动作分解如图 3-43 所示。

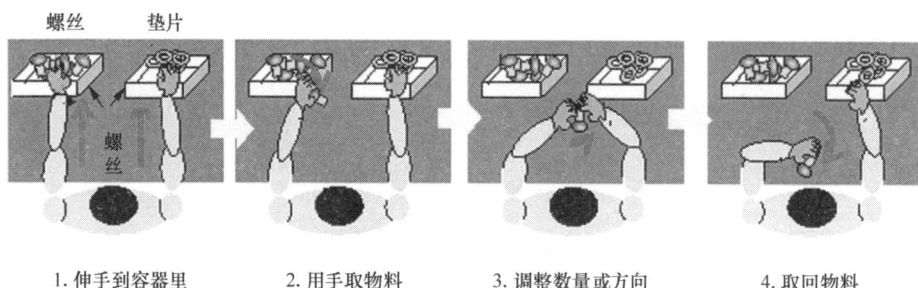

螺丝　垫片

螺丝

1. 伸手到容器里　　2. 用手取物料　　3. 调整数量或方向　　4. 取回物料

图 3-43　取料动作分解

（1）伸手到容器里

物料用圆弧形摆放，可以缩短取放距离；在物料多的工位上可以立体摆放物料。如何取到前一个工序的工件？怎样用滑道将工件传递到下一个工位？本工位的零件怎样摆放才能快速取到？改善的方向就是尽量缩短伸手的距离，画出手臂移动的运动路线图，进一步考虑哪些运动路线是可以优化或减少的。

（2）用手取物料

对于难以抓取的物料，要考虑如何更容易地用手抓取。例如，对于皮薄的物料，可以在其下面加一个软垫或波浪板，用于更便利地拿取物料。再如，当小物料不好用手捏取时，可以用真空吸笔吸取。我们也可以设计专门的物料夹具来定向拿取物料，实现物料取放。另外，物料盒的开口方向也是影响取料速度的重要因素。

（3）调整数量或方向

拿取物料后有时需要调整零件的数量或调整零件的方向，需要先将缠绕在一起的物料分开，然后抓取物料。如果物料放置的方向错误，则需要进行方向调整。如果物料第一次没有拿好，则需要重新抓取。如何消除这些附加动作？例如，缠绕在一起的弹簧可以用弹簧分离机将弹簧分离出来；对于定向零件，则需要考虑零件的包装方式和放置零件的夹具，用小振动盘定向或用滑道定向等。

（4）取回物料

在装配的过程中需要取回多个物料；在取回物料的过程中，要将物料移动到下一个位置；在取下一个物料时，仅一次取料动作是不够的，需要重复上面的动作；在取回物料的过程中要考虑物料的相邻摆放。零件要按照装配顺序依次排放，必要时可增加"防呆法"，减少取料的错误概率。

1）物料摆放次序：物料的摆放次序应按其安装顺序排列，所有的物料应尽量摆放在作业人员小臂摆动的范围内。操作区域分为最适合作业区域、正常作业区域和最大作业区域。物料摆放方法如图3-44所示。每个区域的作业范围见表3-12。

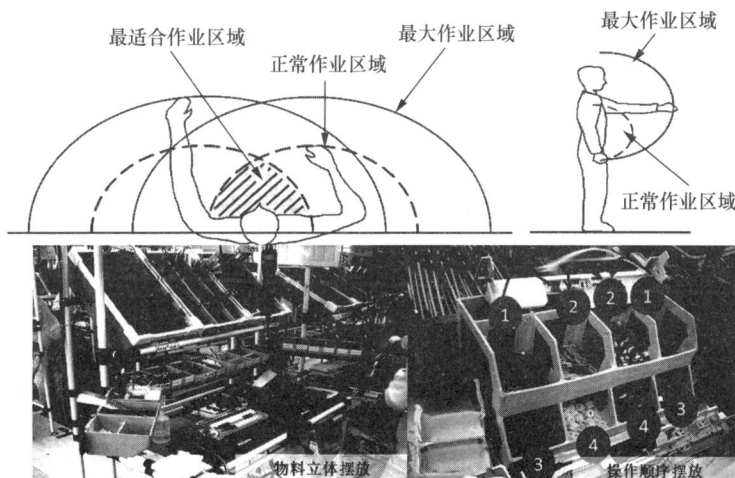

图3-44 物料摆放方法

表 3-12　每个区域的作业范围

以肩与手臂的连接处为圆心	最小半径/mm	最大半径/mm
最优取料	0	225
良好取料	225	375
最大取料	375	525
考虑作业人员前倾	525	625

2）物料补充摆放空间大小：需要放置 1.5～2 倍的补充周期物料，同时思考怎样将物料很好地放置到工作台上。如果工作台的放置区域不够，则在组装过程中需要额外的动作来完成补料。我们可以用双箱补充看板拉动系统和 FIFO 物料架来保证物料的进出和存放。先进行生产线设计作业，再进行补料作业，这种方法有利于物料的补充操作。物料摆放实例场景如图 3-45 所示。物料摆放示意如图 3-46 所示。

图 3-45　物料摆放实例场景

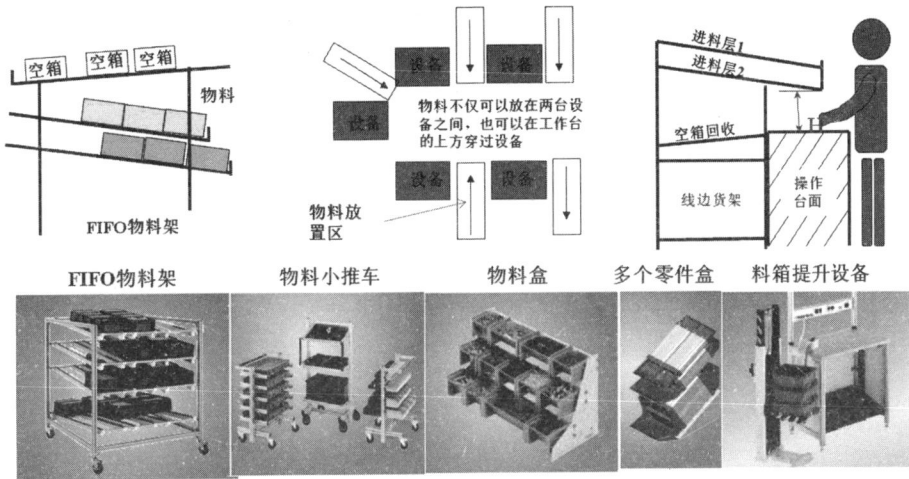

图 3-46　物料摆放示意

2. 夹具和工具的摆放

夹具和工具的摆放也可以让作业人员在操作过程中减少操作时间。例如，将夹具和工具摆放在容易操作的区域，或者将夹具和工具设计在固定位置上，便于作业人员抓取物料。

夹具和工具摆放的设计要考虑以下几个方面的内容。

- 夹具和工具尽量靠近物料，减少搬运距离。

- 夹具和工具有很好的导向定位，便于取放。

- 提供固定的地方放置夹具和工具。

- 实现双手作业。

- 工具设计应考虑作业人员在夹具处理过程中仍能操作。

- 设计夹具时应遵循"防呆法"，以达到防止坏品产生的目的。

- 标识夹具。

夹具和工具的摆放如图 3-47 所示。

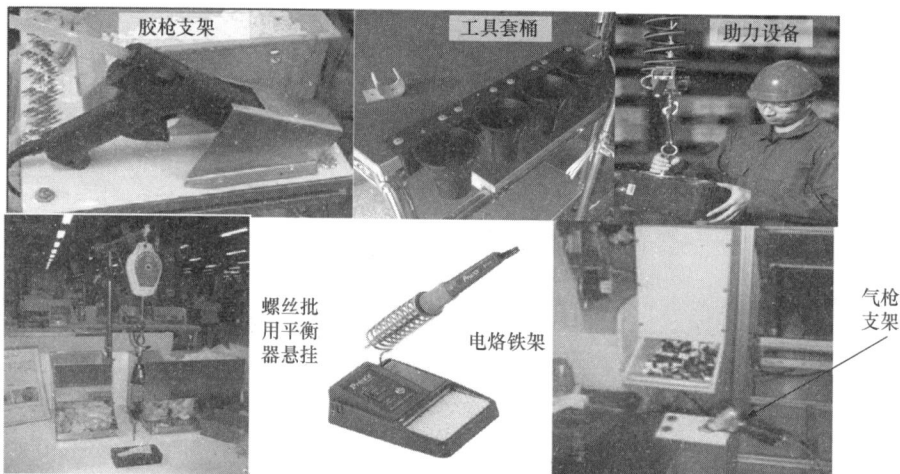

图 3-47　夹具和工具的摆放

3. 工作台上的仪器设备摆放

为了使工作台合理摆放、减少操作时间，可针对工作台上的不同仪器和设备进行工作台设计；可以用精益管搭建适合放置设备的支架；桌面可以挖空，便于嵌入设备；主机可以放在工作台的下方。设备仪器摆放如图 3-48 所示。

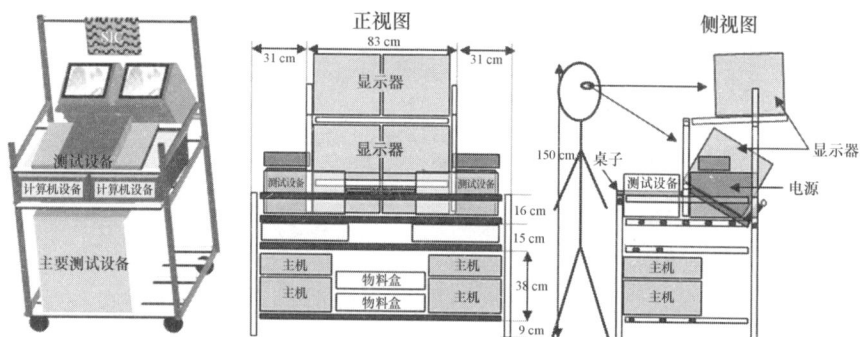

图 3-48　设备仪器摆放

（1）装配类案例说明

在装配加工段，第一个作业人员所要执行的操作内容见表 3-13。

表 3-13　第一个作业人员所要执行的操作内容

操作	机台	物料	操作方式
端子预插	无	端子，塑料	双手
端子压入	压入机	无	双手
折传输管	折管机	无	单手，脚

端子预插不需要机台，只要有压入机便不会干扰插端子的动作，其操作空间可以和端子压入重合。为了便于插端子的双手操作，可以将塑胶料盘置于压入机的左侧，将端子料盘置于压入机的右侧，再用左手将产品放进滑轨，最后用脚踩踏板启动折管机。这样，只要保证机台滑轨入口在左手边，就可方便触碰。工作台布局和作业人员的座位如图 3-49 所示。

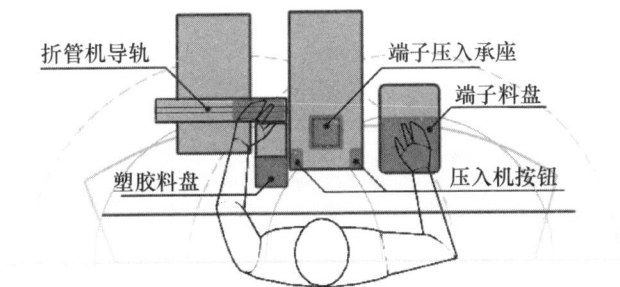

图 3-49　工作台布局和作业人员的座位

（2）检验类案例说明

一般来说，如果作业人员负责的操作比较简单、机台数量比较少，那么工作台的布局也就相对简单。而检验单元中的第一工位包含耐压机、电荷耦合器件（Charge Coupled Device，CCD）检验，分别有两组设备，而且 CCD 使用液晶显示器，在布局上比较特殊，因此我们应该着重分析该单元的布局。以下是该布局的操作、机台明细。作业内容见表 3-14。

表3-14　作业内容

操作	机台	操作方式
耐压测试	耐压机，显示设备	双手
CCD检验	CCD镜头，液晶显示器	双手，可视液晶显示器

针对耐压测试和CCD检验这两道工序的顺序没有一定的要求，因此在安排顺序和布局时主要考虑操作的方便程度。

由于CCD检验需要可视液晶显示器，为了精简动作，其他操作最好与液晶显示器处在相同的方向，以减少作业人员转头、转体及转换视线的动作。这样做的好处：一方面可以减少冗余动作，提高工作效率，降低作业人员的疲劳度；另一方面可以提高工作过程中每个步骤的操作质量。设计的机台排序结果：从右至左依次为CCD液晶显示器、耐压机测量机、耐压机和CCD镜头。

从作业人员的角度来考虑，为了保持良好的自然姿势、减轻疲劳，作业人员的标准坐姿不是与桌子边缘垂直，而是斜着朝向耐压机和CCD液晶显示器。工作台的整体布局和作业人员的操作姿势如图3-50所示。

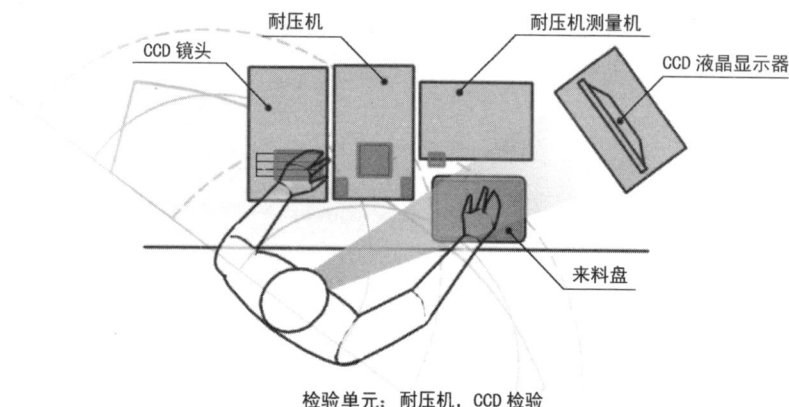

检验单元：耐压机，CCD检验

图3-50　工作台的整体布局和作业人员的操作姿势

同一单元中不同工位间的布局没有太多的限制，只要工位之间的距离较近、方便产品传递且作业人员的动作不相互干扰即可。

3.4.7 自动化考虑

为了减少自动化设计的难度、增加成功的概率,自动化会分4个步骤来实施:第一步是机器加工,将原来的作业人员手工动作改为设备操作,把重复性高的动作交给设备操作,例如,上紧螺丝用电动螺丝批进行工作、将手工点胶作业改为设备自动点胶;第二步是卸料自动化,指的是当加工完成后,不需要作业人员把物料从设备中取出,在加工完后采用机械结构将物料移出设备,例如,用压缩气体将物料吹出、用气缸将物料顶出或用顶杠将物料顶出;第三步是装料自动化,先采用机械臂或气爪将定向好的物料放到设备中,需要定数、定向分离出物料,然后用一个运动机构将物料送到待加工的位置,这个步骤的实施难度大、投入金额高;第四步是搬运自动化,加工完成后将物料自动搬运到下一个工位,可以采用重力滑动搬运、传送链搬运或传送带搬运等。在单元生产中,尽量考虑自动化的前两个步骤,因为前两个步骤不仅可以提高效率,而且可以将成本降至最低。

3.5 第四步: 3P 模拟设计

单元生产线设计完成后能够直接进行量产吗?在单元生产线的设计过程中是否需要加入相关部门的考量?单元生产线的设计是不是最优设计?是否还有没被考虑到的关键因素?设计一定能满足单元生产线和客户的需要吗?这时,企业需要引入生产准备流程 3P 模拟设计来验证单元生产线的设计是否理想。

产品设计只是"纸上谈兵",单元生产线的产品设计完成后并不能直接投入生产，还需要样品测试。当小批量样品测试完成后，才能将单元生产线运用到批量化的生产中。在单元生产线的设计阶段可能会遗留很多问题，这就需要作业人员在样品测试时把设计阶段的问题找出来。3P 也是如此，企业可以用简单的单元生产线模拟设计，验证其是否存在设计上的缺陷。

第一种 3P 模拟是制作 3D 软件构建单元生产线，用 3D 软件将所有的设备、仪器、物料按照 1:1 的比例绘制出来，然后依照设计图布局生产线。在 3D 布局中，要先找出问题点进行改善。3D 布局示意如图 3-51 所示。

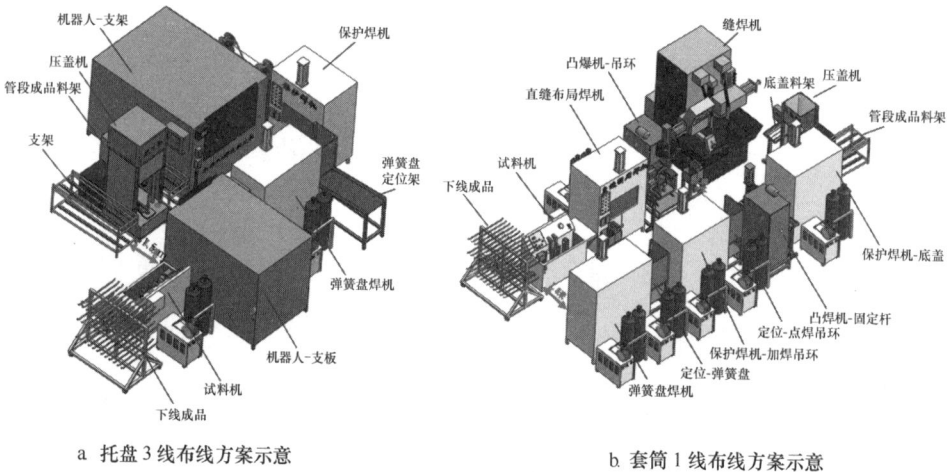

a. 托盘 3 线布线方案示意   b. 套筒 1 线布线方案示意

图 3-51   3D 布局示意

第二种 3P 模拟是用简易材料构建单元生产线。

纸片法布局。按照 10:1 的比例测量现有设备的尺寸，裁剪出设备的平面模型，在白纸上进行布局，并组织组长以上的人员进行讨论。在布局时需要至少 3 种布局方式，经讨论后，最终选择最合适的布局方式。提供 3 种布局方式的好处是可以拓展思路。纸片法布局如图 3-52 所示。

基础骨架布局。用简易材料搭建生产线骨架，简易材料包括卡板、木条、塑胶箱、泡沫、纸板、精益管、塑胶水管等，形成简单的工作基本骨架，将厚纸板或中空板作为工作台面基础骨架。基础骨架布局如图 3-53 所示。

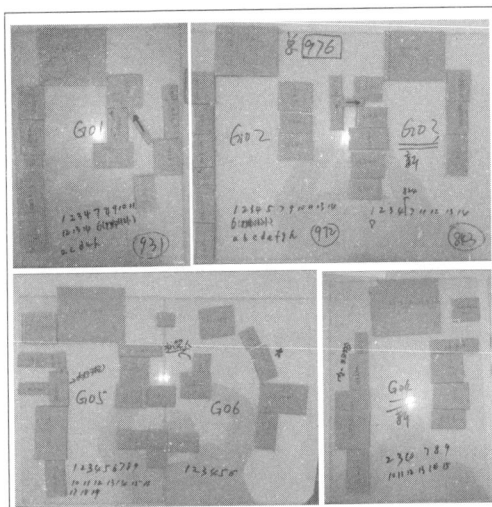

图 3-52　纸片法布局

木制骨架模型　　　　　　　　　　塑胶箱骨架模型

纸板骨架模型　　　　　　　　　　卡板骨架模型

图 3-53　基础骨架布局

模拟线布局用纸板搭建出生产线的设备、工装夹具、物料盒，从而完成一个纸板模拟生产线，纸板可以做出任意的造型，仅仅需要切割和重新粘合在一起。另外，纸板很容易粘在一起，用玻璃胶或热熔胶就能做出自己需要的设备或工装形状。物料和物料盒可以用现有的物料和物料盒。模拟线布局如图3-54所示。

图 3-54　模拟线布局

试运行布局。在试运行过程中，让相应的作业人员就位，作业人员按照操作手册的指引进行作业。因为没有真实的设备和工装，就只能模拟操作动作，简单地进行人机交互以发现单元生产线上存在的问题，例如，物料的摆放是否合理、设备工装尺寸是否需要修改、水蜘蛛补料过程是否方便、生产线是否平衡、在操作过程中还会浪费什么……越早发现问题，纠正问题的成本越低。如果在生产线搭建后才发现问题，纠正问题的成本就会高出很多。在试运行时发现问题，可以集中进行针对性改进，从而形成最终的单元生产线。试运行布局如图 3-55 所示。

图 3-55　试运行布局

3P 模拟还可以运用于新设备设计、新工厂布局设计、新包装方案设计、新产品设计上。同时，3P 模拟还是突破固有思维、用低成本的方法进行设计的工具。

　　虽然 3P 模拟需要一定的时间来搭建模拟单元生产线，但是投入的时间少于后期因设计不良而需要重新修复单元生产线的时间。产品设计有样品阶段，同样，单元生产线的设计也有一个样品测试、分析的阶段。

3.6　第五步：生产线试运行

单元生产线运用 3P 模拟验证就能从理论设计步入实战演练的阶段，真正地考验和验证单元生产线的设计是否达到设计要求，使物流顺畅、操作便利、单元生产线正常运转，从而达到提高效率和提升品质的目的。单元生产线试运行共分为 3 个部分：准备建立单元生产线、建立单元生产线和试运行。

3.6.1 准备建立单元生产线

任何事情都要做准备。如果前期不准备，后期则需要将更多的时间用在准备上。在单元生产线试运行前做好准备可以让单元生产线试运行的过程更加高效。

1. 培训多能工

新的工作分工通常与原来的工作分工有很大的区别，会将工作合并或者重新调整，这就要求企业在新的单元生产线建设前就对作业人员进行培训，培养更多的多能工，便于新的单元生产线的试生产取得更好的成果。多能工最好为工龄 1 年以上的作业人员，并且多能工的选取必须尊重作业人员的个人意愿（作业人员希望能通过努力学习来掌握更多的技能）。一般情况下，每个工序必须储备 2 名以上的多能工。因此，训练多能工要避免作业人员只学习自己想做的工作，而不学习自己不想做的工作的情况发生。组长要根据生产的实际情况制订培训计划，然后按培训计划逐一进行作业基准及操作手册的教育指导。在作业人员培训之后，需要对其进行考核，如果作业人员的成绩合格，就为其颁发相应的证书。

2. 准备试生产订单和物料

在试运行时一般会选择不同的产品来测试新的单元生产线。首先要提前考虑选择什么产品进行实验以及测试产品的数量；然后将产品订单和所需的原材料提前和相关人员沟通，以便提前准备相应的订单和物料。极端情况是在试生产时发现需要的产品已经没有订单了，在这种情况下，要么暂停新的单元生产线，要么根据另外一个订单修改相应的工装夹具。

3. 物流推车

物流推车分为原材料推车和成品推车。原材料推车是将库存里的物料搬运到单元生产线并投放到工位上的推车。成品推车是用于将包装好的产品搬运到成品仓库的推车。物流推车的样式多种多样：有带动力的和不带动力的；有人力推车，也有全自动 AGV 小车。新线试制建议使用最简单的物流推车，也可以用原有的物流推车，等到生产稳定后再根据试生产的情况优化设计出最合适的物流推车。常见的物流推车如图 3-56 所示。

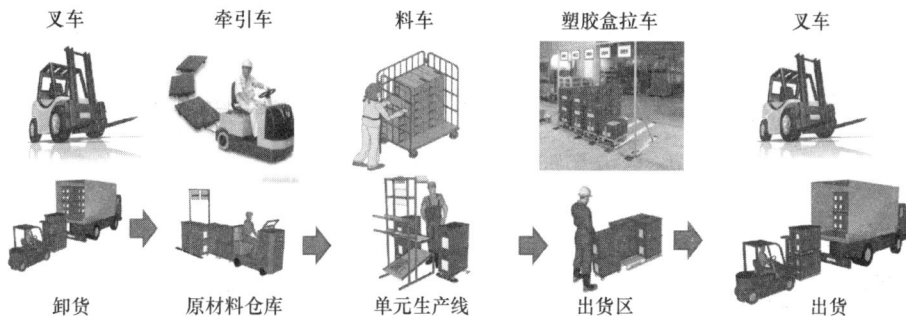

图 3-56 常见的物流推车

4. 工装夹具清单、刀具清单、检具清单、容器清单

搭建单元生产线的作业人员罗列出需要准备的物品，按照清单进行准备，避免遗漏。部分工装夹具需要在当前的基础上改善，需要经过设计、制作、试生产、验收等环节。周期越长，越需要提前安排。另外，新单元生产线的规划和旧单元生产线不同，可能会新增工装夹具或相应的设备。这些新增的工装夹具或相应的设备同样需要加入清单，提前申请和采购。

5. 设备清单和 LCIA 清单

设备清单可以和工具清单合并在一起，将其制作成清单是为防止缺失设备或者工具而造成无法试生产的结果。另外，用简便自动化（Low Cost Intelligent

Automation，LCIA）的思路进一步改善设备也是一个不错的主意。设备清单见表 3-15。

表 3-15　设备清单

序号	工具设备名称	编号	日产量/件	数量/个
1	米勒钳	ML-1601，ML-170218，ML-138，1602，1306	8000	2
2	剪刀	—	8000	1
3	热风筒	FT-1507	8000	1
4	割纤刀	—	8000	1
5	1.25 小铜管	—	8000	1500
6	斜口钳	—	8000	1
7	1.25 端检接口	—	8000	6
8	30cm 钢尺	A6-054，A6-071，A6-079，A6-082	8000	1
9	1.25 测试接口	—	8000	3
10	150cm 及 100cm 钢尺	A6-036	8000	1
11	大胶纸座	—	8000	2
12	72 孔固化炉	（含 7 个支撑架）MM03-176，147，149，3#，171，191，无号	8000	6
13	研磨机	MM02-077，MM02-214	8000	2
14	400 倍放大镜	MM04-0455，MM04-297	8000	3
15	200 倍放大镜	MM04-291，MM04-339	8000	3
16	新视宝显示器	MM04-318，0554，314，MM04-287，MM04-316	8000	1
17	JGR 测试仪	MM04-494，0518，398，390，0462	8000	3
18	自动吹管机	MM05-079	8000	1

为了提高工作效率和减少浪费，在设计单元生产线时，建议将那些作业人员的重复性工作用 LCIA 巧妙代替。LCIA 既能解放劳动力，又能体现人的灵活性，并通过低成本的方式快速、灵活地应对不断变化的市场需求。LCIA 有以下 3 个优点：一是关键部件要自己设计、自己制作，这样既可以快捷地应对新产品制造，又

不用依赖设备公司；二是自动化取代的是简单、重复的劳动，而不是灵巧的双手和聪明的大脑；三是 LCIA 可以保障产品的品质，甚至比手工作业还有保障。LCIA 改善前后的示意如图 3-57 所示。

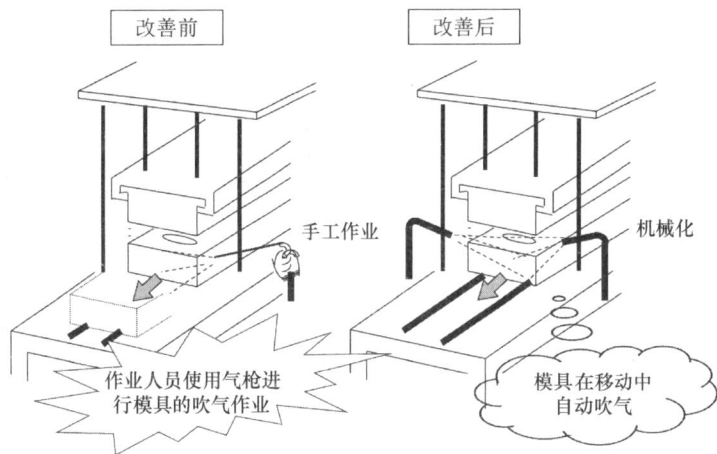

图 3-57 LCIA 改善前后的示意

设计设备时需要考虑的事项如下所述。

- 尽量使用体积小且重量轻的设备，方便搬运。

- 要考虑安全装置（例如，红外线感应）。

- 按钮位置方便操作。

- 不必太在意 LCIA 的加工速度。

- 尽量使用稳定的 LCIA。

3.6.2 建立单元生产线

如何让新的单元生产线运作起来完成试生产任务？建立单元生产线需要工程部门、生产部门和行政部门通力配合：工程部门负责指导单元生产线的整体布局，工作台上的物品、夹具、设备和工具的摆放及相应的调试工作；生产部门负责人员安排、准备物料和相应的 5S 标识工作；行政部门负责新单元生产线搬运和水、电、气设备的安装等工作。

1. 地面清理及画线

将使用的区域清理出来并打扫干净。根据布局图事先将架子、设备、工作台的摆放位置在地面上标记出来。

2. 工作台、设备、架子的摆放

根据设计图纸依次摆放工作台、设备、架子等。

3. 接线、调试

安装电源线、气管等，保证单元生产线能正常开动。

4. 人员上线、监督

要求作业人员严格遵守标准作业操作，特别是严格控制在制品。不准提前生产，在建的单元生产线运行初期不能强调生产的速度，而要强调生产的品质。

> 建立单元生产线只是丰田生产方式（Toyota Production System，TPS）改善活动的开始，单元生产线建立后要持续不断地改善。

3.6.3 单元生产线试运行

在单元生产线试运行阶段，企业针对出现的问题（例如，人员对重新划分的工作不熟悉，对新的工作台没有适应，工装夹具和设备可能因初次使用而问题不断）需要对作业人员重新培训。如果这些问题没有得到很好的解决，作业人员的情绪会受到很大的影响，容易出现"新的单元生产线还不如旧的单元生产线""公司白花钱设计了这么差的单元生产线"等负面议论。

最好的办法就是公司的各个部门抽调一个人组成快速解决问题的团队，这样就能一个问题一个问题地解决。改善小组活动场景实例如图 3-58 所示。

图 3-58　改善小组活动场景实例

不要认为新的单元生产线运行后改善工作就结束了，其实真正的改善工作才刚刚开始，因为单元生产线试运行期间会出现各种各样的问题。如果没有建立专门的团队对其进行改善，这些问题就很难被解决。

3.7　第六步：标准化

所谓标准化，就是企业要有各种各样的规范和工作指引，例如，规程、规定、规则、标准、制度、要领等。这些规范不仅要形成书面的文件、制度和标准，还应该尽量形成管理闭环：先对所有的工作建立标准，然后执行工作的各项标准，再发现问题并进行改善，最后把改善后的工作制订成标准，形成新的循环。

关于企业的管理规范、作业方法的文字、图片、视频等可以被统称为标准作业表（或标准书）。先制订标准，后依据标准付诸行动，这种行为被称为标准化。建立标准作业后能使作业更加直观、醒目和容易理解，有利于作业人员快速学习和掌握。虽然有些人认为编制完标准作业意味着已经完成标准化，但是只有经过对作业人员的指导、训练，让作业人员都掌握且按照标准作业操作，才算实施了标准作业。企业要让作业人员形成按照标准作业来执行的习惯。

标准作业表是指导作业人员标准作业的基础。代表性的标准作业表有作业要领书、标准作业卡、操作要领书、检查操作手册、安全操作要领书、检查标准书等。

检查标准书见表3-16。

表3-16 检查标准书

3.8　第七步：其他配套管理

单元生产线只有和其他管理配套，才能发挥单元生产线的最大作用。为了让单元生产线相关物品规范化，让作业人员快速取到所需的物品，5S 和可视化系统很关键。此外，生产管理、品质管理和物料配送系统都是单元生产线相对应的配套系统。

3.8.1　5S 和可视化系统

1. 单元生产线相对应的 5S 执行标准

现场 5S 水平体现了现场的管理水平并影响了生产的效率品质和作业人员的士气，所以建立一流的 5S 单元生产线成为重要的改善内容。提高现场 5S 水平可以通过定期开展 5S 小组活动进行改善，例如，5S 小组红牌作战活动、5S 小组物品定位改善、建立 5S 标杆区域等；也可以通过培训、设立 5S 相关标准、5S 相关标准执行、5S 相关标准评审改善来开展 5S 活动。5S 实景如图 3-59 所示。

图 3-59　5S 实景

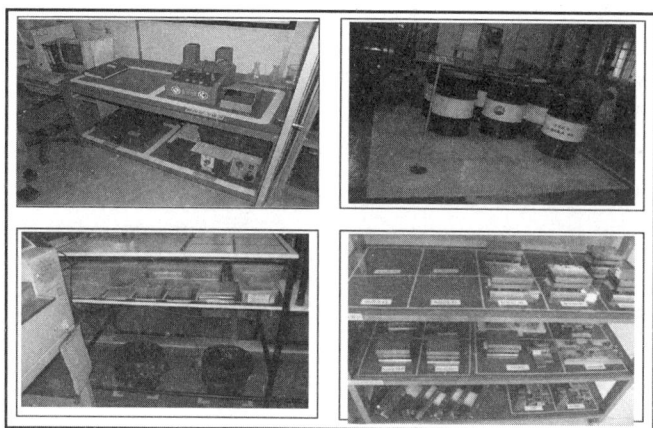

图 3-59 5S 实景（续）

2. 可视化管理

解决问题的前提是找到问题，才能组织专门的团队跟进、解决问题，这也是工厂管理的重要思考点。可视化管理可以将现场的运行绩效予以展示，包括每小时、每天和每周的运行绩效；同时，这种管理方式可以将生产过程中的异常数据展示出来并及时呼叫相关人员快速解决问题，还可以展示改善过程、团队活动建设、改善项目进展等。可视化实景如图 3-60 所示。

图 3-60 可视化实景

3.8.2 生产管理

生产管理包含许多工作内容，下面就选择几个和计划达成率有关系的工作进行说明，单元生产线管理者需要提前对作业人员进行安排，根据不同的需求数量或作业人员的出勤情况调整作业人员。通过沟通重要事项，提升作业人员的士气，利用绩效的方法来监控作业人员的作业速度，这能使生产任务按照计划进行。

1. 人员安排

在生产过程中，经常会出现各种各样的人员流动。例如，车间内订单增加造成人员数量不足；培训占用了作业人员的工作时间，有时为了让作业人员换岗操作，需要现场管理人员根据不同的情况安排作业人员。人员变化分为计划内和计划外两个部分。人员变化见表 3-17。

表 3-17　人员变化

计划内	计划外
● 工序变更	
● 人员交换（新作业人员等）	● 临时离岗（上厕所等）
● 支援、职位变更	● 突发休假
● 年休、短期休假	● 作业中断
● 生产线外作业人员变更	● 生产线停止和再启动
● 炎热时期、午休	● 身体健康状况
● 作业前、下班时	

2. 作业人员晨会

作业人员晨会可以更好地促进公司的文化建设、传播公司的工作信息、提升作业人员的精神面貌和工作效率，使工作计划与工作要求顺利传达，促进全体作业人员对工作的准确理解，增进公司内部作业人员的交流与沟通，使每个作业人员朝气蓬勃地开始每天的工作。晨会记录表见表3-18。

表3-18　晨会记录表

主持人	晨会时间		晨会要点及流程标准
作业人员签名			1.晨会召开时间：8：30~8：45
晨会流程	要点记录		2.时间长度建议为10min~15min
			3.用于主题训练时间建议为3min~5min
			4.晨会主持人一般是组长，等全体人员熟悉晨会流程后可轮流担任晨会主持人，以增强其参与感
热身准备			用2min~3min做游戏、讲笑话或做体操，以能提高作业人员热情的游戏为主
自检/互检			用1min~2min相互检查仪容仪表，帮忙指正并整理
昨日工作总结			用2min~3min总结昨日表现，进行业绩汇报；提出建议及整改措施
今日工作安排			用1min~2min说明生产任务并布置当日工作，以及对新业务的说明和讲解
当日主题训练			用3min~5min做单点教育（One Point Lesson，OPL）培训、基础知识培训、标准作业指导书（Standard Operation Procedure，SOP）培训等
其他事项			用30s总结晨会表现，喊口号等

注：每次晨会必须记录，保管好晨会记录以备查，每年装订成册，次年入档保管

晨会的作用有以下几个方面。

- 教育训练的作用——"充电"。一般知识、专业知识、经验交流等。

- 士气鼓舞的作用——"变电"。精神教育、荣誉必争、表扬颁奖等。

- 沟通的作用——"传输"。业绩说明、注意事项、业务号召、规则宣导等。

- 分享人（专题报告人）总结、收尾。

3. 培训

新作业人员要想尽快投入生产活动，必须通过培训；作业人员要掌握新工艺、新方法、新技能，必须通过培训；不同的作业人员要想掌握更多的技能操作，也必须通过培训。帮助作业人员成长是生产管理人员的重要责任。培训的方式有很多种，例如，上课培训、道场培训、观看操作视频培训与实际操作结合等，作业人员的培训一般要先采用工作主管技能培训（Traning Within Industry-Job Instruction，TWI-JI），然后采用道场的方式提升作业人员在实践中的技能水平。训练道场如图 3-61 所示。

图 3-61 训练道场

训练要领书体现了训练标准和训练步骤。以 8mm 紧固螺母为例，紧固标准为品质的基准、标准的姿势、标准的紧固声音、拧螺母的标准动作以及不同方位的操作标准。技能训练标准书见表 3-19。

表 3-19　技能训练标准书

工程名	拧紧螺母的技能训练		熟练掌握时间	60分钟	改订（作成）年月				
作业名					改 订 部 分	N	1	2	
使用保护用具	绵手套				确	B22	B22	B22	
使用工具	手动风枪（YD-66PT），12mm前端六角型套筒风枪				认 系 长				
使用零件等	螺母（08363-8251D）　M8×12支　金属板　4张				工 长				

No	主要步骤	时 间		要点（理由）	作业途径·图解
1	在金属板上放4张金属板	0	8	1、基准点设在左面 （为了防止错位）	
2	手动风枪和螺母同时拿起	0	4		
3	在金属板的基准孔上拧上螺母(不用拧紧)	0	5	1、2～3圈起处 （为了和孔的位置对准）	
4	金属板以②③①的顺序来拧紧	0	8	1、以垂直的角度 2、直到紧贴着为止 （为了防止拉伸）	
5	正式拧紧基准孔的螺母	0	2	1、直到完全贴紧为止 （为了防止不紧）	
6	3张金属板重复步骤No 3～5 拧紧	0	44		
7	把手动风枪放在风枪套里	0	3		
8	目视确认拧紧状态	0	5	1、螺母是否有浮起的状态 （为了防止外流）	
	合　计	0	78		

特别记录事项、另外
手动风枪的安全注意点
①风枪出风口不要冲着脸 （铝屑、油、灰尘会迸到眼睛里）
②不要把手放在垫圈部位

4.生产效率体系（PAC）

操作效率分析与管理（Performance Analysis and Control，PAC）是由日本能率协会提出的，它是一种提高生产力的工作管理制度。在实际生产中，经常会出现低于生产系统规定水平的情况，这和作业人员的能力程度、努力程度、生产异常损失有关。作业人员的操作速度、现场管理人员的数量和损失的时间通常用效率进行衡量。在企业经营中，通常将货币作为管理的衡量单位；在作业人员的效率管理中，通常以工时为衡量单位。

$$效率 = \frac{标准工时（按规定的标准进行生产需要的工时）}{作业工时（实际所用的工时）} =$$

$$\frac{标准工时（生产量 \times 标准时间）}{作业工时} =$$

$$\frac{标准工时}{作业工时 - 损失工时} \times \frac{作业工时 - 损失工时}{作业工时} =$$

操作效率 × 稼动率

效率包括整体效率，它是所有人员的标准工时与作业工时的比值，这里的所有人员包括管理人员和一线作业人员，整体效率一般是最低的一个效率值。生产效率是扣除损失后的效率，一般反映的是作业人员的操作速度有没有达到目标值标准工时的要求。另外，稼动率考虑在生产过程中损失了多少工时。损失工时将造成生产没有办法进行作业。企业为了提高生产效率减少损失工时，将损失工时分类记录并在月末汇总进行定期改善。生产过程中的损失工时按照发生的责任类别可分为以下 3 种。

- 企业不可避免的事故，例如，停电、突发灾害等，这类损失难以改善。

- 管理不当造成的事故，例如，缺料、设备故障造成生产中断等，这类事故约占 15%，重点改善的方向是通过减少时间来提高效率。

- 作业人员操作不当所造成的事故，例如，因个人原因造成生产中断、作业人员士气低落导致作业速度缓慢，这类事故约占 30%。

综上所述，企业为了提高生产效率，必须努力减少作业人员的工时浪费，所以生产效率的重点可以用生产效率的指标来反映。

（1）单元生产线工时分析

单元生产线分成一个生产组，一周的工作实际业绩以人为单位。基础数据见表3-20。

表 3-20 基础数据

单位	产量工时/h	作业工时/h	损失工时/h	除外工时/h	
				组长责任工时	管理者责任工时
A组	720	1120	20	90	20
B组	960	1675	100	170	50
C组	1210	1550	20	110	40
合计	2890	4345	140	370	110

由表 3-20 可以计算出一周的生产效率及稼动率。其中，作业人员的操作效率衡量的是作业人员真正的操作效率；组操作效率衡量的是管理者工时对效率

的影响；稼动率衡量的是损失工时的比值；生产效率衡量的是组内的整体生产效率。

A 组：

作业人员的操作效率 =720/（1120-20-90-20）=72.7%

组操作效率 =720/（1120-20）=65.5%

稼动率 =（1120-20）/1120 =98.2%

生产效率 =720/1120=64.3%

B 组：

作业人员的操作效率 =960/（1675-100-170-50）=70.8%

组操作效率 =960/（1675-100）=61.0%

稼动率 =（1675-100）/1675 =94.0%

生产效率 =960/1675=57.3%

C 组：

作业人员的操作效率 =1210/（1550-20-110-40）=87.7%

组操作效率 =1210/（1550-20）=79.1%

稼动率 =（1550-20）/1550 =98.7%

生产效率 =1210/1550=78.1%

生产线总效率：

作业人员的生产效率 =2890/（4345-140-370-110）=77.6%

生产线效率 =2890/（4345-140）=68.7%

稼动率 =（4345-140）/4345=96.8%

生产效率 =2890/4345=66.5%

（2）单元生产线实际效率报告

每周向各级管理者提交单元生产线实际效率报告。单元生产线实际效率报告见表 3-21。

表 3-21　单元生产线实际效率报告

部门 ＼ 实绩	实施效率			
	员工效率	组操作效率	稼动率	综合效率
A 组	72.7%	65.5%	98.2%	64.3%
B 组	70.8%	61.0%	94.0%	57.3%
C 组	87.7%	79.1%	98.7%	78.0%
平均值	77.6%	68.7%	96.8%	66.5%

部门 ＼ 实绩	实绩值 /h			
	产量工时	作业工时	除外工时（管理者的工时）	
			组长	管理人员
A 组	720	1120	90	20
B 组	960	1675	170	50
C 组	1210	1550	110	40
生产线数据汇总	2890	4345	370	110

根据表 3-21 可知，B 组的综合效率较低，原因是 B 组的作业人员效率较低、管理人员的除外工时较高，应通过工作改善方法来提高其生产线的实际效率。

3.8.3　产品质量管理

如今，消费者越来越重视产品的质量，因此企业内部也越来越重视产品的质量。质量是企业的生命，是企业在激烈的市场竞争中站稳脚跟的基石，如果一家企业没有过硬的产品质量，没有良好的产品质量控制体系，没有发动全员参与质量控制，其产品就无法达到较好的质量。如何在单元生产中更好地提升产品质量是企业需要思考的一个重要方向。我们在第一章节阐述了品质内建，这里再对产品质量管理常用的手法进行补充说明。产品质量管理是一项系统工程，不是做好系统的其中一项就能把产品质量做好，而需要把系统中的各个环节都做好。例如，保证原材料的质量，包括供应商的选择、控制供应商生产的产品质量、物料的运输、来料检验等。产品质量管理不是一个部门的工作，需要公司的所有部门参与：研发部门保证产品设计的质量；生产部门保证产品的合格率；工程部门保证设备参数、工艺要求、夹具调试等都处在最优状况。

1. 产品质量相关道具

（1）质量检验台

质量检验台是质检部门检验标准作业表的地方，检验员能够在现场按标准的要求进行检验，当检验员需要相关图纸或者检验标准时，可以直接在此获取。质量检验台也是计量器具的放置处，作业人员或巡检员能够进行近距离检验。同时，质量检验台还是产品质量控制及可视化管理的道具。产品质量检验台如图 3-62 所示。

图 3-62　产品质量检验台

1）检验实施平台是产品检验的实施点。检验实施平台的表面垫有一层橡胶垫，可防止产品磕碰，检验实施平台的后方放置专用的检验工具，需要相关工具时抽出，不需要时放回并摆放整齐。

2）计量器具放置处是放置常用计量器具的地方，外部带有防尘透明防护门。

例如，卡尺、深度尺、塞规等小件计量器具。

3）检验标准作业表放置处主要放置产品检验操作手册或外观检查要领书以及检具配置清单。另外，这里也可以放置检验时需使用的比较样品。

4）闲置检具临时放置点。如果某种型号产品的专用检具临时不用，可以放置在闲置检具临时放置点。

5）检验记录及检验指导书放置点。这里一般有 4 个栅格，前两个放置检验操作手册，后两个放置检验记录文件或控制图实施记录文件。

（2）不良品红箱

将不良品或无法判断好坏的产品或零部件单独存放在特定的容器中，这个容器称为不良品红箱。它的作用是便于后续作业人员进一步确认产品质量，由组长确认是否可以返修。不良品红箱如图 3-63 所示。任何一个不良品都是一次改善产品质量的机会，作业人员通过分析不良品可以进一步发现现场产品的质量漏洞。作业人员针对这些质量漏洞再进行改善就能够逐步提升产品的质量。不良品红箱有以下两个作用。

1）避免不良品流出。如果单元生产线上没有不良品红箱，作业人员很容易把不良品和生产后的良品混在一起，导致不良品流入下一个生产环节。

2）将不良品排除在单元生产线之外以便尽早采取解决对策。作业人员需要在表格上登记不良品数量，如果不良品超过一定的数量，就需要停止单元生产线，解决相应的问题后再恢复正常生产。在单元生产线上也可以设置感应器，一旦发现有物品流入溜道，就立即呼叫。

图 3-63　不良品红箱

（3）4M 变化点管理

过程质量及其控制取决于人员（Man）、机器（Machine）、材料（Material）、方法（Method）4 个要素（简称 4M）。为确保生产现场整体工作状态的相对稳定，保证产品质量的稳定，控制"人员、机器、材料、方法"的变化就是 4M 变化点管理。4M 是生产过程中最基本的要素，如果能将这 4 个要素控制稳定，那么最终生产出来的产品质量也会相对稳定。在生产加工过程中，由于种种原因，生产出来的产品质量无法保证，这就需要我们对"人员、机器、材料、方法"这 4 个要素进行管理，使误差在允许的范围内变动，这就是我们所说的 4M 变化点管理。

4M 变化点管理的具体实施有以下 4 步。

第一步，吸取过去的经验，听取现场的意见，从 4 M 中提出各工序的变化点，确定需要管理的变化点。例如，人的变化点包括新作业人员无法胜任岗位、作业人员不按照标准作业表作业，或者作业人员缺勤、转岗、调整工位、工作状态发生变化等；设备的变化包括新设备导入、设备故障维修、刀具或夹具变化更换等；

方法的变化包括设定了不一样的作业条件（加工、成型、焊接、热处理），或作业参数变化（电流、电压、时间、温度），或环境变化（温度、湿度、亮度）等。

第二步，根据发现的问题，制订针对每个问题采取的措施。例如，新作业人员上岗进行作业指导后，按标准作业表进行实际操作，对做出来的产品确认质量，作业指导用了多长时间、按什么样的顺序来确认产品质量等。

第三步，设置上述措施需要点检的项目，制订相应的计划。

第四步，落实能够负责的管理者/责任人。

2. 品质 QRQC 会议

召开快速反应质量控制（Quick Response Quality Control，QRQC）会议的目的是控制产品质量，提高工作效率，防止不良品流向后续工序，对产品质量问题做出反应并在当日制订解决问题的方案，防止产品质量问题再次发生，提高作业人员的产品质量意识。

品质会议并非一个工具或一个体系，而是应用在各个领域的文化/观念（生产线、工厂、物流、供应商），它使用可视化的方法显示重要的信息，以解决重大的外部或内部的质量问题。它以现场、现物和现实为基础，用故障树分析法（Fault Tree Analysis，FTA）、5W2H 分析方法（Why、What、Where、When、Who、How、How much）、PDCA 等质量工具，通过作业人员、组长、车间主管及其他参与人员用数据和具有逻辑性的方法解决质量问题，主要体现在以下 4 个方面。

（1）反应的速度。当出现问题时，由相应的组长进行解决；组长解决不了的问题，就召开车间级的 QRQC 会议；如果会议依然解决不了，就通过公司级的 QRQC 会议来解决。

（2）深入分析，找准问题的根本原因。采用 8D 问题解决办法（Eight Disciplines Problem Solving，简写为 8D，意思为解决问题的 8 个步骤），如果问题重复发生，就会被记录下来，责令作业人员找出问题的根本原因。

（3）问题的学习和经验分析。每个问题解决后都会有详细的 8D 报告，能够让会议成员清晰地了解问题是什么、处理问题的过程、如何分析问题、如何制订相应的解决方案。最后，在整个过程中，会议成员得到什么样的启发也会被记录下来。

（4）增进横向交流。问题需要横向展开，便于使相同的问题得到迅速解决。

下面着重说一说企业级 QRQC 品质会议的推行方法和要求。

（1）企业级 QRQC 品质会议的推行方法

1）谁参加：总经理、各部门经理以及其他被要求的人员。

2）做什么：回顾一周的关键绩效指标（Key Performance Indicator, KPI）（安全、效率、交期、合格率、批退、客户投诉）效果；回顾在车间级 QRQC 会议上的问题，跟进项目的实施情况。

3）什么时候：每天。

4）如何做：在企业的 QRQC 区域设立看板，张贴企业 KPI 指标和行动计划看板。

（2）企业级 QRQC 品质会议的具体要求

1）在总经理的主持下，检查每周的行动效果，公司 QRQC 信息员查看各部门上报的 QRQC 执行情况和检查跟踪情况。

2）每个部门经理汇报一周的工作情况，回顾一周的 KPI 效果，分配相应的责任人、完成时间以及跟进项目实施中的进展情况。

3）回顾在车间级 QRQC 会议中的问题，分配相应的责任人、完成时间以及跟进项目实施中的进展情况。

4）收集客户提到的主要问题（由质检部上报）和分公司无法解决的问题，在总经理的主持下分配任务。

（3） 会议议程管理

1）前一个工作日企业的生产运营情况报告：生产部门（3min ～ 7min），同时报告设备的异常情况、物料的异常情况及缺件预报。

2）前一个工作日企业的产品质量情况报告：质检部门（3min ～ 7min），同时报告客户反馈的产品质量问题。

3）重大事项解析：责任部门（5min ～ 10min）。

4）遗留课题追踪：责任部门（5min ～ 10min）。

5）安全及 5S 问题说明：人事部门（2min ～ 5min）。

6）领导交办的其他事项（2min ～ 5min）。

7）针对产品质量未达标、设备异常、物料异常等情况，根据生产部门、产品质量部门的具体要求，责任单位要做相应的书面解析报告。

QRQC 会议示意如图 3-64 所示。

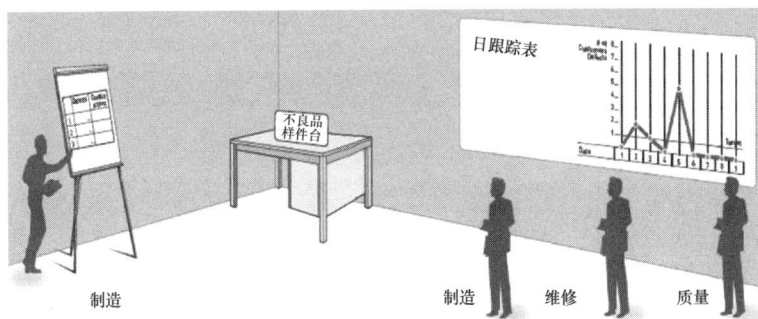

图 3-64　QRQC 会议示意

3. QIT 品质提高

QIT 是英文 Quality Improvement Team 的缩写，中文翻译为"质量改进小组"，这也是质量管理活动小组的一种形式。QIT 是指管理人员及工程师针对制造现场已经发生或可能发生的问题，协调相关单位的专业技术人员，汇集众人力量，运用改善手段共同研究、分析、排除或预防不良现象，达到预期目标，落实标准作业表，在作业过程或资源管理都达到稳定状态后，为持续提升目标，进行重复实验与观察，再分析、再决策，从而提升现有产品的质量水平的标准活动。

QIT 包括 3 个部分：质量（Quality）、改进（Improvement）、团队（Team）。QIT 是以质量为核心，通过持续的改进过程，综合团队的智慧与技能，提高产品质量水平的活动。QIT 以客户的需求为最终目的，从改善产品的特性、提高用于生产和交付产品的过程的有效性入手，整合团队的技术和经验，向统一的目标靠近，共享资源、各司其职、协调努力，从而达到最终目标。

QIT 的适用范围为高级工程师、高级管理人员、管理人员、工程师、生产组长；其余技术人员也可以参与。首先，设立 QIT 小组管理委员会，由主要管理人员（例如，厂长）担任主任委员，各部门主管担任委员，确定 QIT 的活动办法、要领，建立相应制度及活动目标。然后，由执行干事负责执行委员会决议的行动措施，并负责成果发表等事宜。最后，基层领导负责推进改善方案，包括审查方案的可行性及后续稽核等事宜。

QIT 流程见表 3-22。

表 3-22　QIT 流程

步骤	阶段	阶段内容	活动的展开和重点
步骤1：现象把握	1	现象把握及问题点分析	• 主题选定 → 主题选定背景：问题点 + 改善目的（目标项目决定）
	2	改善活动，制订计划	• 步骤及阶段日程计划，灵活应用技法
	3	第一次目标设定	• 当团队下达主题时：根据事业部计划，确定改善团队的目标，改善目标用数据进行详细规定
	4	现象把握	• 工程介绍 • 问题点 → 层别及问题的明确 → 图示化 → 定量（计数）化

（续表）

步骤	阶段	阶 段 内 容		活动的展开和重点
步骤2： 原因分析	5	原因分析		• 问题层别，用层别法明确各个问题；改善方法正确选择要因整理：用系统图来展示要因（第一级要因、第二级要因、第三级要因）和相应的对策
	6	第二次目标设定		• 改善目的（目标项目决定）+定量（计数）化+对策对象决定比重评价
步骤3： 对策制订	7	对策制订		• 对策制订的系统图→ 对策实施计划书：对策制订项目、日程、责任者
步骤4： 对策实施	8	对策实施		• 对策实施计划书上的各个改善项目按照PDCA办法实施
步骤5： 效果分析	9	有形效果		• 对比改善前后各项指标变化、与目标值的差距，以及计算节省成本
		无形效果		• 不可定量化项目的效果
步骤6： 活动的整理	10	活动的整理	标准	• 各项对策实施的内容中需要标准的作业
			问题解决流程确立	• 水平展开的改善
			教育事项的整理	• 对OPL培训的相关事项整理
	11	向后计划	水平展开计划	• 水平展开可能涉及的工程以及进度把控（责任人、完成时间），最后制订相应的计划
			未备（完）事项的补充计划	• 未备（完）事项的整理及向后改善计划
			下一主题的选定	• 多几个主题也无妨

3.8.4　物料管理

物料管理是指单元生产线上需要的物料如何准确地配送到线，保证需要的相应物料送到单元生产线上。物料管理包括两项工作：用看板拉动的方式告知系统需要补充的物料和企业生产保障部门物流的方式及时将物料补充到单元生产线上。

1.看板拉动

单元生产线在进行流程化和多品质柔性生产后，可以减少很多原来生产计划设定的工作，根据客户的需求量安排适量的人员和生产线，使其同时生产几个型号，以满足客户需要。同时可以减少很多的在制品和成品的库存。在推进单元生产线的同时，如果对外部的供应商或内部的工序采用看板拉动方式，将更能发挥单元生产线的优势，紧密联结内外部客户的需求，同时减少库存。看板拉动示意如图 3-65 所示。

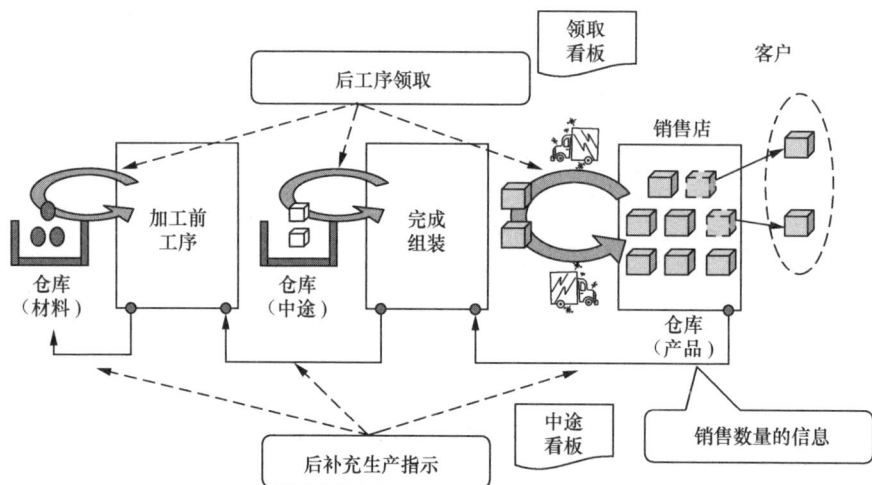

图 3-65　看板拉动示意

2.企业生产保障部门物流

为了保证物料及时供给单元生产线，企业生产保障部门需要做好搬运物品、搬运数量、搬运频次、搬运工具、搬运人员等的规划。一般而言，搬运频次可以根据物料的大小来定义。例如，大型物料的搬运频次最高，一般为半小时一次或者15分钟一次；中型物料的搬运频次为一小时一次或者半小时一次；小型物料可以半天搬运一次。企业生产保障部门的物流示意如图3-66所示。本书的第二章详细介绍了如何为单元生产线建立相应的配送体系，这里不再赘述。

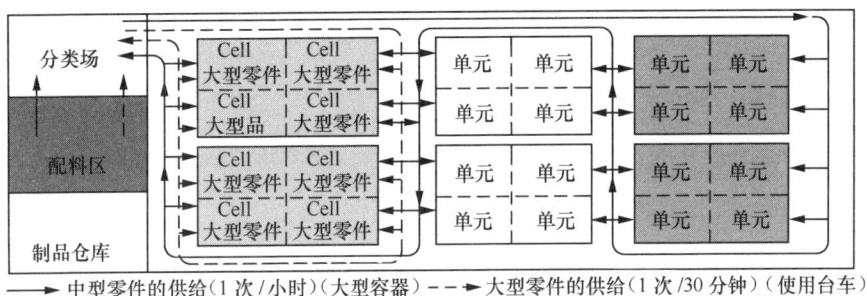

图 3-66　企业生产保障部门的物流示意

3.8.5　设备管理

普通的组装生产线使用的设备可能不多，但是对以设备为主的单元生产线来说，设备就是主要的关注对象。设备需要日常检查、润滑、保洁和维护，以便保持高性能运转。此外，作业人员还需要考虑如何对设备进行改善，以提高设备的稳定性和效率，如何使设备更利于操作和维护等。

1. 设备自主保全

（1）自己的设备自己维护

设备自主保全是指每个作业人员都能以维护自己的设备为目的，对自己的设备进行日常点检、给油、更换部件、修理，如果早期发现设备异常，就对其进行精度检查等。

随着技术的发展，设备的精度化不断提高，企业规模逐步扩大，保全机能随之逐步分化。而之前的操作模式：运作部门只负责生产，保全部门负责保全工作，这样一来，运作部门的人只对部件进行装卸和质检，而疏于对设备进行

193

日常检查，导致越来越多的人认为设备维护是保全部门的工作。这种想法是错误的，其实很多时候，作业人员只要稍微拧一下设备上的螺丝或清扫一下设备就能防止故障发生。

（2）精通设备的作业人员

如果作业人员要进行设备自主保全，就必须精通设备的操作。作业人员不仅要掌握设备的操作方法，还要掌握设备的基本维护方法。随着自动化的不断发展，设备自主保全的必要性也越来越突出了。

设备自主保全要求作业人员具备发现异常的能力，即感知异常的能力。这要求作业人员必须具备以下 3 种能力。

第一，能够掌握机器正常、异常的判定标准（条件设定能力）。

第二，能够严格遵守条件管理的规则（维持能力）。

第三，出现异常后能够正确、迅速地处理问题（处理、修理能力）。

综合以上 3 种能力，每个作业人员还应该具备以下 5 种能力。

第一，能够发现设备的缺陷并对其进行改善。

第二，能够了解设备的构造和机能并找出产生异常情况的原因。

第三，能够理解设备和质量的关系，预测设备可能出现的质量异常情况并找出原因。

第四，具备一定的修理能力。

第五，能够独自或通过与有关部门的协作对自己的业务进行改善。

只有具备这些能力的人才能发现"好像要出次品了""好像要出故障了"等类似情况，进而找出设备可能产生异常的原因，做到防患于未然。这样的人才能称为真正精通设备的作业人员。

随着设备智能化的发展，设备使用部门强调"我是使用的人"，保全部门成了"我是维修的人",阻碍了现有设备运作效率的进一步提升,于是设备自主保全的概念随即被提出。

　　全体作业人员按设备自主保全的各个阶段分步骤实施,提前发现很多设备的微小缺陷,就能防止设备出现故障,让设备保持更长的运行时间。自主保全工作分7个步骤开展,每个步骤都需要详细的工作内容、标准文件和各种开展自主保全的小组活动。开展自主保全的步骤见表3-23。

表 3-23　开展自主保全的步骤

阶段	名称	活动内容
第一阶段	初期清扫(清扫检点)	以设备为中心彻底清除垃圾和污垢,找出设备的问题并及时修理、复原
第二阶段	发生源、难点的解决方法	针对难以找出产生垃圾、污垢的发生源,不易于防止飞溅以及不易于清扫、紧固等点检活动进行改善,力求缩短这类活动的时间
第三阶段	形成自主保全临时标准	形成能够在短时间内完成清扫、紧固、点检等活动的标准
第四阶段	总点检	通过接受点检规则的点检技能培训和在实际工作中实施总点检,找出设备的微小缺陷并复原
第五阶段	自主点检	形成能够高效、切实保证清扫的点检标准,制作自主点检检查表,并按照点检检查表实施
第六阶段	标准化	实行各种现场管理项目的标准化,力图保证管理的完全系统化 • 现场的物流标准 • 记录数据的标准 • 管理模具、夹具、工具的标准 • 保证工程质量的标准
第七阶段	自主管理的彻底实施	落实企业的方针、目标,改善活动的固有化,切实做好平均故障间隔时间(Mean Time Between Failure,MTBF)的分析记录,并通过解析来推进对设备的改善

2. 设备作业时间减少

虽然通过动作改善的 IE 手法可以减少作业人员的作业时间或者降低作业人员的作业强度，但是设备的作业时间真的可以减少吗？虽然作业人员的作业动作常常成为改善的对象，但是设备的作业动作也不应该被忽略。

（1）启动开关的按压动作是否可以一起做，或者不用按压启动开关就可以启动设备？例如，两台设备需要同时按压启动开关两次，是否可以改善为一次按压动作？是否可以加装安全光栅来感应作业人员已经离开危险区域，从而直接启动设备？

（2）工件装卸的操作时间是否可以缩短？作业人员的安装或卸下工件的速度会影响设备的操作速度，因为作业人员在作业时，设备一般处于停止状态。改善方向是用设备来代替作业人员；或者在设备工作的时候，先把工件装上设备夹具，然后在设备停止工作时，将工件直接传递给设备进行加工，这样也可以减少装卸过程中的等待时间。

（3）缩减空作业距离。设备在加工作业时，需要先移动到加工的工作台处，然后才能开始加工工作，但是设备移动的时间是无效的作业时间。如果空作业移动的距离较长，浪费的时间也会较多。改善方法就是让设备尽量接近待加工的工作台。

（4）设备动作的行程是否可以缩短或者优化？刀具的运动路线、刀具的上升或下降运动是否可以进行相应的优化，或者焊接的相应路线是否可以缩短等。

改善案例 1 如图 3-67 所示。改善案例 2 如图 3-68 所示。改善案例 3 如图 3-69 所示。

所有设备
各自启动

（操作设备）

所有设备
同时启动

感应开关

感应开关

感应开关代替
按压动作

安全光栅

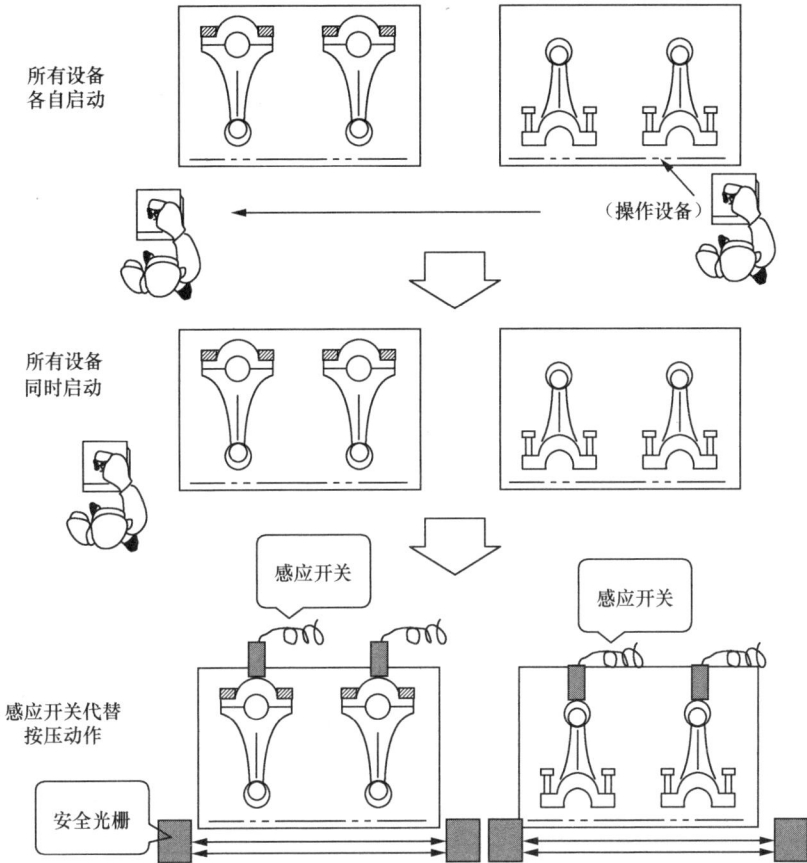

图 3-67 改善案例 1

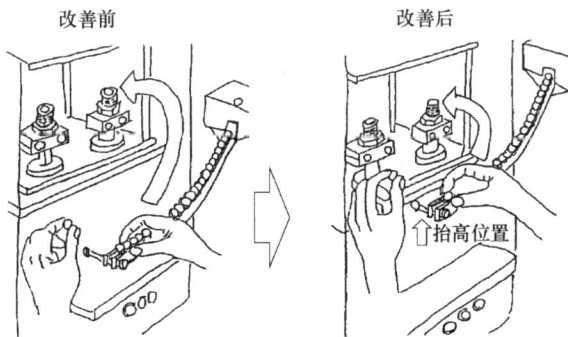

改善前

改善后

↑抬高位置

图 3-68 改善案例 2

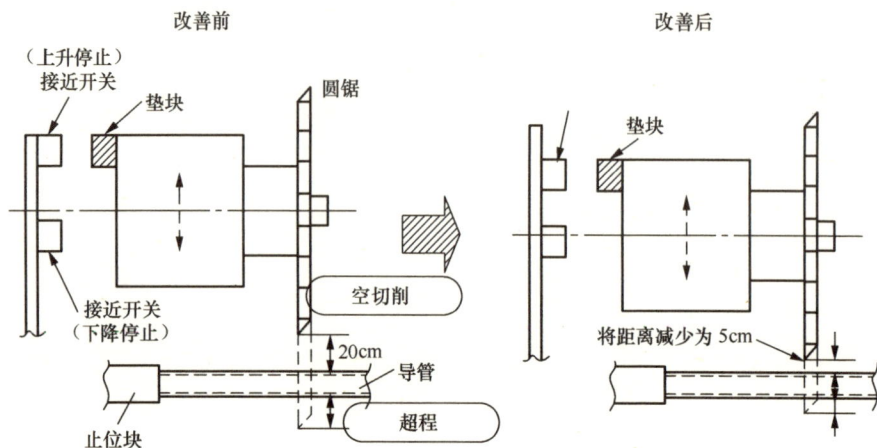

改善前　　　　　　　　　　　　　　　　　改善后

图 3-69　改善案例 3

有很多缩短设备操作时间的方法，例如，进一步提高设备的加工速度，让两次设备操作的动作变为一次动作；减少操作过程中作业人员或者设备的等待时间，让设备保持 100% 的稼动率等，这些方法都可以减少设备的操作时间。

工作台需要综合考虑各种因素，提高产品质量需要考虑整体产品的生产流程。单元生产线也不能独善其身，需要各方面合理配套才能保证批量生产的整体质量。

第四章
PCBA 单元生产作业案例

4.1 单元生产推进项目背景及成果介绍

4.1.1 项目背景

1. 生产车间产品及工艺流程

本章我们分析的主要对象为 PCBA 加工车间，其主要制程有插件、波峰焊、修正、在线测试（In Circuit Test，ICT）、分板、功能测试（Functional Circuit Test，FCT）、外观检查、捆包，生产车间主要服务的客户有松下电器、欧姆龙等企业。生产车间共分成 A、B、C、D 4 个不同的区域，每个区域负责服务不同的客户。

2. 小批量、多品种的订单模式给生产 A 区带来巨大的困扰

生产 A 区的机种数量达到 205 个，而订单的数量不到 1500 件，每日切换次数高达 16 次。生产 A 区的统计数据见表 4-1。

表 4-1　生产 A 区的统计数据

	A区
出货种类数/个	205
平均订单量/件	1398
每日切换数/次	16

整个生产 A 区主要面临以下 3 个困扰。

- A 区的机种数量多，订单批量少。
- A 区在实际的生产过程中，每天都频繁地切换机种。
- 机种切换带来的效率损失、品质损失明显。

3. 选定 A 区作为单元生产导入的示范标杆区

虽然 A 区做了不少的改善，但整体效果还不太明显，主要表现在频繁地切换产品导致效率损失。现场经常会出现这几种声音："还没热身就做完了""设备调试时间比生产时间还要多""前后产能不匹配，现场半成品堆积多"。最终，

经过部门高层与精益推进办公室共同协商决定，利用半年的时间对生产 A 区进行改善，改善的目标是建成单元生产导入的示范标杆区。

4.1.2　团队组建和项目管理机制

本次推进团队分别由企业高层、精益推进办公室、项目负责人和项目核心成员组成。企业高层为生产部部长、项目负责人和车间高级工程师，其核心成员分别为该区域的工艺负责人、设备负责人、生产负责人、产品质量负责人和生产计划负责人。在团队组建完成后，小组在企业高层和精益推进办公室的引导下规定了每个成员的职责。项目组织与分工职责见表 4-2。

表 4-2　项目组织与分工职责

项目组织	分工职责
企业高层	• 参与项目关键会议 • 提供相关决策及资源支持
精益推进办公室	• 提供项目辅导方法与方案 • 对项目改善进行现场指导
项目负责人	• 项目组织与管理，制订计划与工作总结 • 对项目成员进行纪律考评 • 与项目顾问沟通，提出意见和建议
项目核心成员	• 负责职能范围内的工作实施 • 协调项目开展过程中的各种资源，保证按计划推进项目 • 确认和记录各项措施的实施状况

项目立项和项目组织是项目改善的起点，接下来的工作重点是通过项目管理来保障项目能够顺利实施。管理项目的目的主要有以下 5 个方面。

- 营造良好的改善氛围。

- 建立企业高层关注和参与的平台。

- 监督项目进度并及时解决项目的异常状况。

- 打造学习型团队。

- 提升项目团队的士气。

如果团队想要做好项目管理，就要建立一个良性的例会机制，这也是可以达到持续改善目的的利器。

1. 日碰头会

日碰头会的主要会议流程及内容如下所述。

- 项目指标达成情况。

- 当天任务的完成情况。

- 任务布置及需求资源交流。

会议要点包括以下 3 个方面。

- 会议召开地点在距离改善现场附近的改善角进行，改善角的配置就是将每周的改善任务书贴在一张可以移动的白板上。

- 日碰头会采取站立开会的形式，会议时间控制在 15min ～ 30min。

- 日碰头会是所有成员必须要参加的，在项目开展的第一个月，需要坚持每天开会，在项目的实施完成率提升到理想的水平后，可以逐步缩短日碰头会的时间并降低开会的频次。

2. 项目周例会

项目周例会的主要会议流程及内容如下所述。

- **项目开展计划**：对本周的工作任务完成结果进行公示，对未完成的事项进行检讨、分析，并确认是否需要调整完成时间、工作内容、责任人等。

- **项目改善亮点**：将项目改善过程中对目标达成有明显突破的改善点与大家分享，这也是记录项目过程的重要部分。

- **难点与资源需求**：在单元生产线改善的过程中，多能工的技能不熟练、多能工的激励制度不完善、订单的淡旺季明显、员工绩效核算不准等问题都很有可能成为项目的难点。

- **下周工作计划**：布置每个人下周的工作任务。

- **会议要点**：沟通过程中暴露的主要问题、对资源的需求等，集中大家的智慧共同解决当前的问题。

3. 项目月例会

项目月例会的主要会议流程及内容如下所述。

- **项目概述**：概述本月项目的完成进度、指标达成情况、采取的关键措施。

- **项目汇报**：每个项目成员对任务的完成情况进行总结，主要围绕未完成事项的检讨、项目亮点分享、项目实施经验教训等展开。

- **优秀表彰**：对项目实施过程中的优秀项目成员、优秀员工进行表彰。

- **心得感悟**：项目改善团队中指派 1～2 名代表分享其心得与感悟。

- **下月计划**：由项目负责人公布并解释下个月要实施的重点任务。

- **高层点评**：邀请公司高层参与项目月例会并进行发言。

项目月例会的会议要点包括以下内容。

- 由于公司高层的关注与投入对项目能产生积极的作用，所以项目负责人有必要提前与公司高层沟通并撰写其发言内容。

- 项目周例会可以暴露与反馈问题，项目月例会以鼓励为主，表彰优秀人员可以快速提升团队的士气。

4.1.3 项目成果总结

半年的单元生产模式导入后，其在效率、质量、成本、交期、安全和士气方面产生了较大的影响。我们从以下 4 个维度对单元生产示范线的成果进行总结。单元生产示范线的成果如图 4-1 所示。

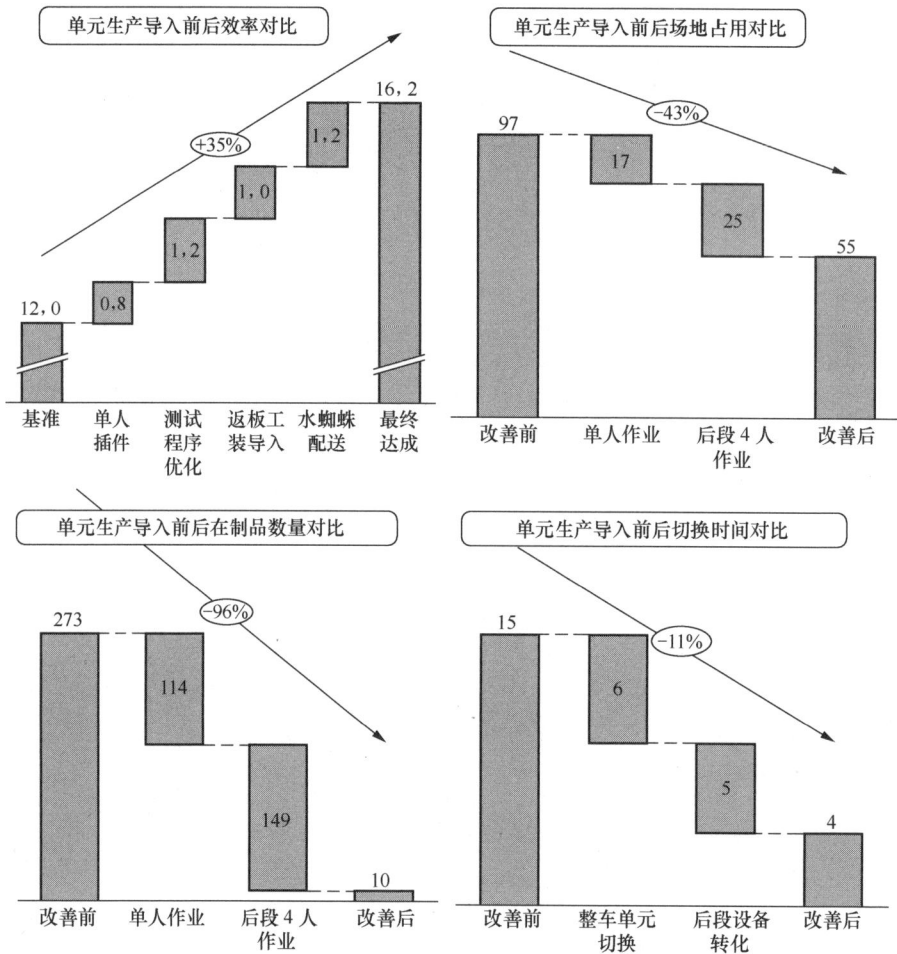

图 4-1　单元生产示范线的成果

4.2　现状分析和改善规划

4.2.1　生产计划分析

现状分析首先可以从分析结果中找出问题，然后对该结果的产生进行多次分析，找出产生问题的根源。本案例就对关注度较高的生产计划的达成问题进行分析。

我们通过对生产材料控制（Production Material Control，PMC）相关人员的访谈来了解本区域的生产计划。访谈采取问卷调查的方式进行，以下是部分问卷调查的结果。

1. 当前产品类型与结构的分类方式

当前产品类型与结构主要是以客户进行区分，由于该区域的订单种类较多，客户数量多达 20 个，因此客户的每天切换次数高达 5 次，产品的每天切换次数高达 16 次。

2. 当前产品的工艺流程及相似度

产品有一定的相似度，由于都是 PCBA 加工，前段插件、波峰焊、外观检查、捆包等工艺流程都是需要的，在分板、剪脚、自动光学检测（Automated Optical Inspection，AOI）、ICT、FCT 这几个流程中就需要结合客户的需求以及产品的结构要求。

3. 该区域的订单是否饱和，是否能够满足出货需求

目前，该区域存在订单饱和的情况，因为每天的切换次数较多，我们将一部分订单放到其他区域完成。如果能够减少切换次数或切换时间，该区域的产能得到提升后，订单就不用发送到其他区域了，因此其他区域也不会出现因为频繁地插单而影响其生产效率的现象。

4. 该区域某些产品或某些客户的订单是否能每月保持稳定

该区域有些客户的订单比较稳定，每个月至少需要生产 5 ～ 7 天。

5. 目前排产的依据是什么

目前排产的依据是凭借经验，按周计划来排产。需要注意的是，具体的每日生产计划不可以按经验排产。这是因为在生产的过程中，插件与后段加工的能力存在差异，生产时大多是分段式加工。在波峰炉完成后需要堆板，瓶颈设备 ICT/FCT 的前面也堆了很多半成品。此时，项目组长通常是看现场谁有空就安排谁来完成半成品的加工。

6. 目前计划的达成率

目前计划的达成率较低，平均在 76% 左右。在周计划中，每个订单是有先后出货顺序的。但因为生产实施过程中并没有按订单的先后顺序来完成，导致紧急插单的情况比较多。

通过以上 6 个代表问题的访谈，我们绘制了生产计划问题关联图来对问题进行梳理。生产计划问题关联示意如图 4-2 所示。

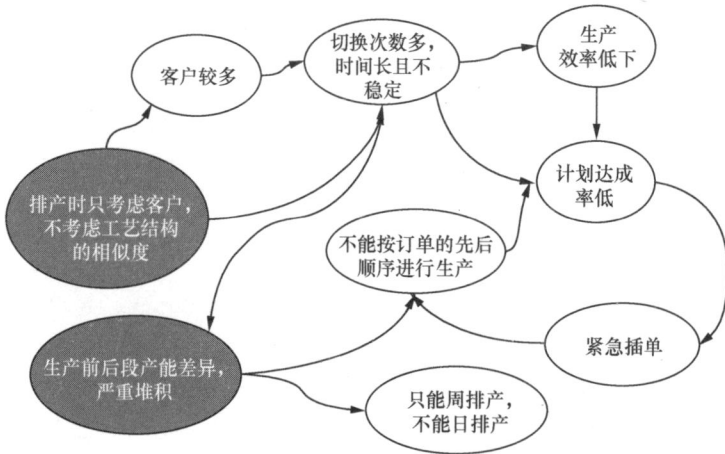

图 4-2　生产计划问题关联示意

通过梳理以上问题，我们可以得出一个结论：目前的产能不足不是导致计划达成率低的原因，在生产过程中浪费过多才是导致计划达成率低的原因。在本案例中，关于计划达成率较低而存在的两个根本问题如下所述。

- 按客户区分的方式排产导致切换次数更多，切换时间更长。
- 前后段的产能差异导致半成品堆积。

4.2.2　产品结构分析

通过访谈可知，虽然客户和产品种类较多，但是从产品的工艺流程来看，差异不大。我们需要打破常规的生产计划，将以客户区分的方式排产更改为以产品的工艺结构进行排产。这样做可以大幅减少设备切换的次数，从而提升有效产能，最终解决计划达成率和生产效率较低的问题。

1. 产品工艺结构梳理的技巧——PR 分析

PR 分析中的"P"指的是产品，"R"指的是路线，所以我们在进行 PR 分析前需要收集并列出该区域的所有产品，以及这些产品需要经过的工艺，最终根据产品路线对每个产品进行区分。PR 分析数据见表 4-3。

表 4-3　PR 分析数据

产品名称	插件	波峰焊	修正	ICT 测试	分割	AOI 测试	FCT 测试	外观检查	捆包
产品1	5	1	1	0	1	0	0	1	1
产品2	7	1	1	1	1	1	1	2	1
产品3	8	1	2	1	1	0	0	1	1
产品4	5	1	1	0	0	1	1	1	1
产品5	9	1	2	1	1	1	1	2	1
产品6	8	1	1	0	1	0	0	1	1
产品7	5	1	1	0	0	0	0	1	1
产品8	7	1	1	1	0	1	1	2	1
产品9	8	1	2	1	1	0	0	1	1
产品10	5	1	1	0	0	1	1	1	1
产品11	9	1	2	1	1	1	1	2	1
产品12	8	1	1	0	1	1	0	1	1

说明：（1）先将主要的路线列出

　　　（2）为每个产品统计需要投入的作业人数

　　　（3）将工艺相似的产品组合成一个产品族

2. PR 数据分析结果

用产品工艺路线的相似度进行区分后，我们发现以下 3 种路线的集中度较高。

产品族 A 的路线为：插件→波峰焊→修正 + ICT 测试→分割 + 外观检查→外观检查 + 捆包。

产品族 B 的路线为：插件→波峰焊→修正 + ICT 测试→分割 + FCT 测试→外观检查 + 捆包。

产品族 C 的路线为：插件→波峰焊→修正 + ICT 测试→分割 + AOI 测试→外观检查 + FCT 测试→外观检查 + 捆包。

对以上 3 个产品族的产品型号的订单数据进行汇总统计。各产品族产品型号的订单数据汇总如图 4-3 所示。

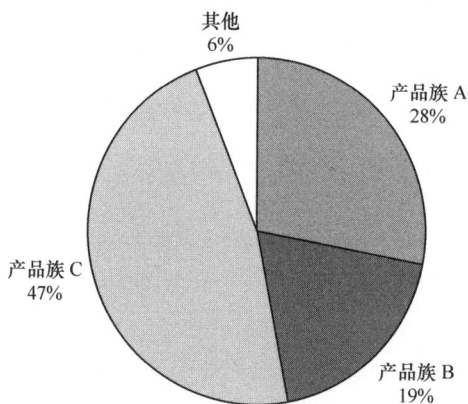

图 4-3　各产品族产品型号的订单数据汇总

3. 产品族加工天数模拟（第一次）

产品族加工天数模拟（第一次）见表 4-4。

表 4-4 产品族加工天数模拟（第一次）

产品名称	标准工时 /s	月需求数 / 个	投入作业人数 / 个	总投入时间 /h	加工天数 /d	产品族类型	备注
产品1	630	300	15	53	0.35	产品族A	
产品2	610	600	15	102	0.68	产品族B	
产品3	780	200	15	43	0.29	产品族C	
产品4	570	80	15	13	0.08	产品族A	
产品5	859	60	15	14	0.10	产品族A	
产品6	666	1200	15	222	1.48	产品族C	
产品7	740	400	15	82	0.55	产品族A	
产品8	918	110	15	28	0.19	产品族C	
产品9	896	170	15	42	0.28	产品族A	
产品10	784	90	15	20	0.13	产品族A	
产品11	533	230	15	34	0.23	产品族B	
产品12	913	800	15	203	1.35	产品族B	

说明：（1）本线共有15个员工，故投入工作人数为15个

（2）需求工时 = 标准工时 × 月需求数 ÷ 3600

（3）加工天数 = 需求工时 ÷ 投入作业人数 ÷ 有效时间

（4）上班时间为11小时，稼动率为90%

最终模拟结果是只需要 17 天即可完成总加工任务，故加工天数不饱和。最佳的加工天数为 25 天，经过小组讨论分析后，将总人数减至 10 人刚好满足。

经过外出参观学习，在 PCBA 加工过程中，柔性生产的最佳典型是混流生产模式。经过小组多次讨论，该区域的产品也可以采用混流生产模式。改善设想为前段一人完成插件，可以多组同时进行，插件完成后，后段进行分离加工直至捆包。

产品的最终加工决定如下所述。

产品族 A 由 4 人完成，其工艺路线为：插件→波峰焊→修正 + ICT 测试→分割 + 外观检查→外观检查 + 捆包。

产品族 B 由 4 人完成，其工艺路线为：插件→波峰焊→修正＋ICT 测试→分割＋FCT 测试→外观检查＋捆包。

产品族 C 由 5 人完成，其工艺路线为：插件→波峰焊→修正＋ICT 测试→分割＋AOI 测试→外观检查＋FCT 测试→外观检查＋捆包。

4. 产品族加工天数模拟优化（第二次）

产品族加工天数模拟优化（第二次）见表 4-5。

表 4-5　产品族加工天数模拟优化（第二次）

产品名称	标准工时/s	月需求数/个	投入作业人数/个	总投入时间/h	加工天数/d	产品族类型	备注
产品1	630	300	4	53	1.31	产品族A	
产品2	610	600	4	102	2.54	产品族B	
产品3	780	200	5	43	0.87	产品族C	
产品4	570	80	4	13	0.32	产品族A	
产品5	859	60	4	14	0.36	产品族A	
产品6	666	1200	5	222	4.44	产品族C	
产品7	740	400	4	82	2.06	产品族A	
产品8	918	110	5	28	0.56	产品族C	
产品9	896	170	4	42	1.06	产品族A	
产品10	784	90	4	20	0.49	产品族A	
产品11	533	230	4	34	0.85	产品族B	
产品12	913	800	4	203	5.07	产品族B	

说明：　（1）产品族A或产品族B的投入作业人数为4人，产品族C的投入作业人数为5人

　　　　（2）需求工时＝标准工时×月需求数÷3600

　　　　（3）加工天数＝需求工时÷投入作业人数÷有效时间

　　　　（4）上班时间为11小时，稼动率为90%

通过加工天数模拟可以计算出各个产品族的投入天数。各个产品族的投入天数见表 4-6。

表 4-6　各个产品族的投入天数

产品族类型	工艺路线	作业人数 / 个	加工天数 /d	备注
产品族A	插件→波峰焊→修正+ ICT测试→分割+外观检查→外观检查+捆包	4	15	
产品族B	插件→波峰焊→修正+ ICT测试→分割+ FCT测试→外观检查+捆包	4	9	
产品族C	插件→波峰焊→修正+ ICT测试→分割+ AOI测试→外观检查+FCT测试→外观检查+捆包	5	24	

由表 4-6 可知，4 人小组为产品族 A 和产品族 B，5 人小组为产品族 C，4 人小组与 5 人小组同时开线可以满足一个月的订单需求。

4.2.3　作业切换时间分析

通过产品族分析来区分工艺路线可以大幅减少切换次数，那么作业切换时间分析是为了减少每次切换的时间，下面就对每次的切换流程进行统计。如果现场条件允许，建议用摄像机把作业切换记录下来并在会议室回放。在回放的过程中先引导大家发现问题，然后利用快速换产（Single Minute Exchange of Die，SMED）进行切换、改善。

1. 产品切换流程及时间分析

相似产品的切换为 12 分钟 / 次，非相似产品的切换为 21 分钟 / 次。切换流程以及时间分布如图 4-4 所示。

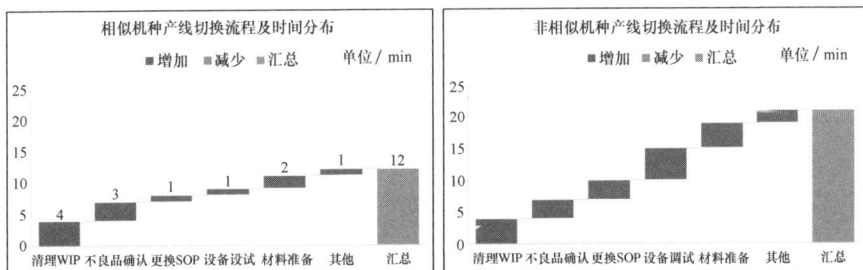

图 4-4　切换流程以及时间分布

2. 产品切换问题点

- 现场换线无明确的换线流程，换线损失的工时无记录。

- 在相似机种换线的过程中，大部分时间花在了清理在制品以及不良品的确认以及处理上。

- 非相似机种换线流程的外部工时并没有得到很好的区分。

- 在切换时，寻找与核对物料的时间较长。

4.2.4 生产作业布局分析

该区域的生产模式一直沿用传统的传送带直传作业，该生产模式在大批量生产时非常适用：一方面，呈现一体化布局，现场美观；另一方面，长长的传送带可以容纳相当多的人，以便大批量的生产作业。但是对于小批量、多品种的订单模式，原有的生产方式并不适用，浪费较严重。下面从生产作业布局和生产作业布局中的问题两个方面进行分析。

1. 生产作业布局

采取直线型流水线作业模式，线上共 15 人，其中，插件工序共有 8 人，修正工序共有 2 人，检测工序有 1 人，分板工序有 1 人，外观检查工序有 1 人，捆包工序有 2 人。直线型流水线人数如图 4-5 所示。

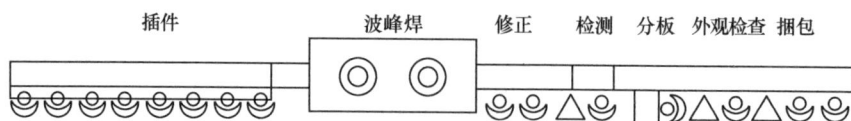

图 4-5　直线型流水线人数

由于缺乏多能工的培养，流水线上前段的插件人员很少会去后段协助其他人员；而后段工序因为部分产品工艺的不同，仅检测工序在相邻岗位具备互助的能力。现场作业实景如图 4-6 所示。

图 4-6　现场作业实景

2. 生产作业布局中的问题

- 开线时间较长，产品从第一道工序流至捆包的时间长达 12 分钟，意味着很多小订单在第一轮还没有结束就已经结束了投料。

- 后段工序有明显的空板等待。

- 在作业布局中并没有考虑空托盘回收的问题，导致需要安排专人从后段将空托盘送至第一个插件工序。

4.2.5　生产线平衡分析

在前面生产计划的分析中，前后段产能的差异导致了大量的生产堆积，那么为什么会产生这个问题？生产的瓶颈在哪里？这些问题可以通过生产线平衡分析来解决。由于是流水线作业，因此一定要思考生产线平衡的优化，生产线堆积只是问题的实际表现，大部分原因是生产线平衡率较低。当然，在实际的生产现场中，还会存在异常情况，例如，产品质量不稳定、作业不稳定等。因此在改善流水线作业堆积问题时，可以先改善生产线，然后再对生产线上的异常情况进行分析和改善。

1.代表产品的生产线平衡分析

代表产品的生产线平衡分析见表 4-7。

表 4-7　代表产品的生产线平衡分析

作业平衡分析					作业山积图
工序名	作业人数/个	作业时间/h	工序产能/件	作业负荷	
插件1	1	11	327	52%	插件1　11
插件2	1	9	400	43%	插件2　9
插件3	1	13	277	62%	插件3　13
插件4	1	14	257	67%	插件4　14
插件5	1	12	300	57%	插件5　12
插件6	1	8	450	38%	插件6　8
插件7	1	9	400	43%	插件7　9
压件	1	7	514	33%	压件　7
修正1	1	13	277	62%	修正1　13
修正2	1	14	257	67%	修正2　14
检测	1	21	171	100%	检测　21
分板	1	8	450	38%	分板　8
外观检查1	1	12	300	57%	外观检查1　12
外观检查2	1	11	327	52%	外观检查2　11
捆包	1	10	360	48%	捆包　10
总计	15	172	—	—	

2. 生产线平衡问题

由表 4-7 可知,生产线的整体平衡率仅为 55%,除瓶颈工序以外,大部分作业人员的生产负荷在 50% ~ 65%,这个数据意味着人员闲置问题比较严重。但从生产的实际场景来看,插件作业却很少等待,原因是插件在检测之前的生产工序采取了宁愿堆积半成品也不愿停止生产的方式。在检测工序时,生产线上已经积压了大量的半成品。

- 检测工序为整条生产线线的瓶颈工序,其作业内容为 AOI、ICT、FCT 3 个检测,每个产品检测的内容不一样。由于瓶颈工序的检测设备是由客户提供的,其程序优化的难度极大,所以每天会在检测工序前堆积很多的半成品。目前,组长要解决问题的方法就是让该工序的作业人员加班。

- 第二个堆积点在于分板作业,该作业通常将 PCB 板一分为四或一分为八,从外观检查来说很难跟上分板工序的速度,在外观检查 1 工序前堆积了不少的半成品。

由于产品的工艺流程不一,生产线规划也不一样,经常会出现以下问题。

- 产品不能按出货的先后顺序进行。

- 生产线作业时订单混乱,经常发生产品混放现象。

- 生产线的收尾时间较长。

4.2.6 物料配送分析

现场物料配送可能存在以下问题。

- 仓库配送的物料并没有实施三定,寻找物料以及确定数量的时间较长。

- 物料配送的频率不确定,基本由多能工配送,偶尔出现等料的现象。

- 因少批量、多品种导致尾数清点及退料处理时间较长。现场物料配送问题如图 4-7 所示。

| 现场工具/物品摆放随意 | 来料物品不配套 |

图 4-7　现场物料配送问题

4.2.7　人员技能分析

1. 多能工现状

在人员技能方面，本案例直接采取了技能矩阵的方法来了解现状。技能矩阵见表 4-8。

表 **4-8**　技能矩阵

姓名	插件	修正	AOI测试	ICT测试	FCT测试	分割	外观检查	捆包
小琴	√							
小勇			√	√	√			
小张	√							
×××		√	√					√
×××		√			√		√	
×××						√	√	

2. 多能工管理问题

我们从表 4-8 中可知，该班组平时采取流水线作业模式，很少进行多能工培养。在与一线管理者沟通时，我们发现以下 4 个问题。

- 对新员工而言，老员工更多的是将经验传授给他们。

- 普通岗位的员工要想技能熟练，需要经过两周的时间；关键岗位的员工（例如，ICT、FCT、AOI、外观检查工位）要想技能熟练，至少需要一个月的时间。

- 目前，企业在标准作业表方面比较完善，例如，SOP、标准检查程序（Standard Inspection Procedure，SIP）等，而在指导方法和标准作业方面做得不够完善。

- 员工技能是否达成，是以组长的经验判断为标准并无科学的考核方法。

4.2.8　单元生产线改善规划

从前期的分析可知，要达成项目目标，需要在以下 6 个方面取得突破。

1. 单元生产工艺流程设计

单元生产工艺流程设计是单元生产线导入的第一个重要步骤，需要充分考虑以下多个因素。例如，产品的市场需求情况、生产能力的设计、设备产能的考察、人员可以接受的单次作业循环时间、各种产品的相似性等。因此 PQ 分析与 PR 分析是必不可少的工具。通过 PQ 分析，我们不仅可以看出产品的市场需求，还可以计算该产品的节拍，以便进行产能设计、评估。PR 分析的目的在于将各种不同的产品按工艺的相似程度进行区分。PR 分析在单元生产线的工艺规划中至关重要，它决定了单元生产线的质量。一个全面的产品族分析归类可以大幅减少产品的切换时间和次数，同时保证产品质量的稳定。产品族划分完成后一定要对产品族的加工天数进行计算，以防止加工天数不足或者带来其他问题。

2. 布局物流设计

改善前的现状是一字铺开的长流水线生产模式，中间有较多的半成品库存，该模式必然会导致生产周期变长，新的生产布局的要点是如何将流水线缩短。从柔性化的角度来看，柔性化作业模式可分为以下 3 种程度。3 种程度的柔性化作业模式见表 4-9。

表 4-9　3 种程度的柔性化作业模式

柔性化程度	单元生产方式	具体内容	相关特征
低	短流水线	• 将长流水线缩短为3～10人的短流水线，实现分割式单元作业 • 设计的出发点基于最佳周期以及生产线的最优平衡来设定	• 改造难度不大，主要是基于IE的动作改善对工位进行合并
中	单人生产	• 由一个人完成所有的作业 • 对员工的技能要求较高 • 需要有防呆工装设计	• 改造难度较大，主要是基于产品物料的特征设计各种作业机构，要充分思考物流的便利性 • 人员难以培养
高	混线生产	• 多种产品在同一条生产线上同时生产 • 对人员的技能要求最高 • 从排产计划到物料准备等都需要适配混合生产模式	• 改造难度最大，物料摆放规划、设备工位设计等都需要考虑其兼容性与特殊性 • 设备的可兼容性改造投入较大

3. 硬件兼容改造

经分析和物流设计后，本案例采取柔性化程度较高的方式，其最大的难点在于硬件兼容性的改造。在案例推进期间，相关负责人曾多次到同行中寻找最佳混线生产的技术方案，这也决定了其项目的最终成败。在本案例中，需要解决的兼容性问题主要有以下 3 个。

- 如何使尺寸大小不一的产品在同一条插件线上流动。
- 尺寸大小和特征参数不同的产品如何在波峰炉内同时生产。
- 如何实现 ICT 和 FCT 测试程序的兼容。

在思考兼容性的过程中，可能会发生兼容改造技术过高而难以推进的情景，此时可以考虑从以下 3 个方面进行优化。

- 从排产上减少每次混线生产的种类。

- 对设备进行改造，将切换时间缩到最短。

- 用传送带同时并排连接不同的测试设备，在对应的设备测试完成后转送到下一工序。

4. 多能工培养

多能工技能的高低会直接影响产品的质量和生产效率，所以企业在培养多能工的过程中需要重点思考两个问题：如何设计多能工背后的绩效体系与晋升通道，让每个员工都乐于接受更多的技能；多能工的培养方法和前后逻辑。以下是培养多能工的 5 个关键步骤。

- 第一，制作预定训练计划表。设置该表的目的是有计划地对员工进行训练。训练谁、训练哪些内容、什么时候训练，都可以在该表中体现。预定训练计划表示例见表 4-10，在斜线的左上角记录人员的掌握情况，在斜线的右下角记录人员的训练日期。

表 4-10　预定训练计划表示例

关键技能	作业分解编号	小娜	老王	老林	小青	……	生产变化
插件							
检测							
包装							
……							
人事变动作业状况							

- 第二，在培训员工前，需要以科学的方法对员工进行指导。而作业分解表能解决指导不规范、无标准的问题。作业分解表的样式见表 4-11。

表 4-11　作业分解表的样式

No.

作业分解表

· 作业名：

· 部品：

· 工具材料：

主要步骤 （工作所需的主要程序）	要　点 · 成败——决定操作成功或者失败的因素 · 安全——防止作业人员受伤 · 技巧——使工作容易完成的方法	要点理由

· 第三，一线管理者需要具备工作指导的技能。工作指导是为了让作业人员正确、安全、有效地领悟工作方法。工作指导的四阶段法见表 4-12。

表 4-12　工作指导的四阶段法

第一阶段：学习准备	第二阶段：传授工作
✔ 使学习者轻松、愉快 ✔ 告诉他将做哪种工作 ✔ 了解他对这项工作的认识程度 ✔ 激发他学习这项工作的兴趣 ✔ 使他进入正确的学习位置	✔ 将主要步骤一步一步地讲给他听、做给他看 ✔ 明确强调要点 ✔ 清楚、完整、耐心地指导，说明要点的理由 ✔ 注意不要超出他的理解能力
第三阶段：尝试练习	**第四阶段：检验成效**
✔ 让他尝试去做——纠正错误 ✔ 让他边做边说出主要步骤 ✔ 让他边做边说出要点 ✔ 让他说明要点的理由并确认他已完全掌握	✔ 安排他开始工作 ✔ 指定可以帮助他的人 ✔ 不断检查 ✔ 鼓励他提出问题 ✔ 逐渐减少指导的次数

- 第四，导入标准作业。标准作业是以较少的投入生产出高品质产品的一种工作手法，是将作业人员、作业顺序、工序设备的布置、物流搬运等进行匹配，进而实现生产目标。在进行标准作业时有 3 个要素：节拍、作业顺序、标准手持。这是单元生产作业的基础之一。

- 第五，对新技能的学习进行跟踪，拟定新技能学习跟踪表。新技能学习跟踪表示例见表 4-13。

表 4-13　新技能学习跟踪表示例

部门			线别		生产组长							日期	
序号	员工姓名	工号	技能学习日期	管理跟踪人	跟踪内容								技能评估结论
					ESD	5S	元件识别	作业方法	自/互检	不良识别	熟练度	其他	
1													
2													
3													
4													
5													
6													
7													
8													

说明：（1）员工在学习新技能时必须由各线组长填写，并放在线头显著位置

（2）此表在员工学习技能两周后由跟踪人员填写相关内容并交给部门存档

（3）每个管理员需要跟踪5~10名学习新技能的员工并辅导他们直到合格为止

5. 品质保障体系建立

单元生产是将多工序合并为少数人或者一人进行操作，作业人员在生产产品时，每个产品的循环作业时间变长，需要作业人员记忆的数量增加。在本案

例中，遇到的难点就是插件作业，一个作业人员需要插件的数量多达 45 个，在作业前期经常会有漏插件以及反插件的现象发生。当时的解决思路如下所述。

- 作业顺序与物料的摆放顺序一致。

- 增加物料架的层数，使作业人员的双手在最佳的范围内运作。

- 导入半自动工装，感应每次的取料动作，使作业顺序与物料自动输送顺序一致。

6. 单点改善

在单元生产线导入后，流水线作业不再存在，剩下的是一个个独立的作业单元。单元生产线的好处是容易营造竞争的氛围。此时，只要对每个员工培训一些动作改善的常识，就可以促使他们进行自我改善。因为改善是自己提出、管理者协助实施，最终受益人是员工本身，所以改善的氛围就会自然形成。以下就是给员工分享的改善口诀——"短""平""直"。

- 短：指动作距离越短越好，让每个员工思考物料与作业的最佳位置。

- 平：指动作过程都在同一个作业水平面上，不需要切换高低。

- 直：指动作过程中无须翻转和切换作业，让每个员工思考作业完成后的状态。

4.3 工艺流程设计

4.3.1 产品族 A 作业工艺流程

产品族 A 作业工艺流程见表 4-14。

表 4-14　产品族 A 作业工艺流程

工序	插件	修正+ICT测试	分割+外观检查	外观检查+捆包
作业人数/个	1	1	1	1
作业时间/s	76	72	69	68

标准人力/个	周期时间/s	标准产能 件/h	操作效率 件/h·人	平衡率
4	76	47	12	94%

4.3.2 产品族 B 作业工艺流程

产品族 B 作业工艺流程见表 4-15。

表 4-15　产品族 B 作业工艺流程

工序	插件	修正+ICT测试	分割+FCT测试	外观检查+捆包
作业人数/个	1	1	1	1
作业时间/s	76	72	80	68

标准人力/个	周期时间/s	标准产能 件/h	操作效率 件/h·人	平衡率
4	80	45	11	93%

4.3.3 产品族 C 作业工艺流程

产品族 C 作业工艺流程见表 4-16。

表 4-16　产品族 C 作业工艺流程

工序	插件	修正+ICT测试	分割+AOI测试	外观检查+FCT测试	外观检查+捆包
作业人数/个	1	1	1	1	1
作业时间/s	87	79	83	92	81

标准人力/个	周期时间/s	标准产能 件/h	操作效率 件/h·人	平衡率	
5	92	39	8	92%	

4.4 布局物流设计

4.4.1 作业布局方案

作业布局方案主要分为线边仓备料区、插件段、插件后段。

* 备料区主要以物流小车整车齐套备料。

* 插件段由 1 人完成。

* 插件后段分成 3 人组和 4 人组，中间一人负责回收空托盘并将产品分至
  两个小组。

作业布局方案示意如图 4-8 所示。

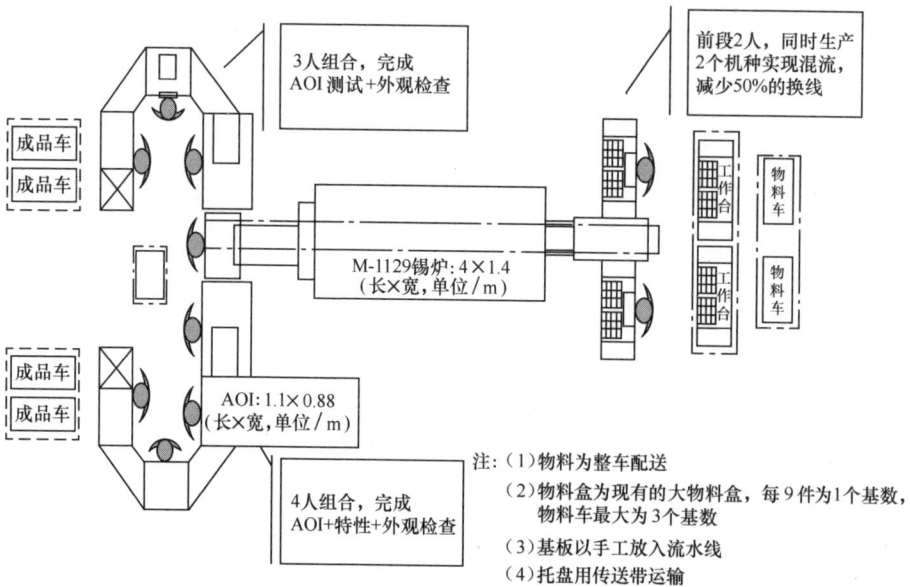

图 4-8　作业布局方案示意

4.4.2　前端插件作业台设计方案及实施

因为元件数量多，动作距离长，所以前段插件采取站姿作业。另外，对物料盒的工装重新设计，优化成阶梯式的物料放置盒。每个作业台的旁边摆放一个可以随时移动的印刷电路板（Printed Circuit Board，PCB）工装架。经过整体改善后，插件段由原来 10m 长的插件线变成不到 2m 的单元生产区。该区域分成两组，两组可同时生产不同型号的 PCB。前端插件作业台设计方案如图 4-9 所示。

图 4-9　前端插件作业台设计方案

4.4.3　插件后段加工作业台设计方案及实施

插件后段加工作业台设计方案 1 如图 4-10 所示。插件后段加工作业台设计方案 2 如图 4-11 所示。

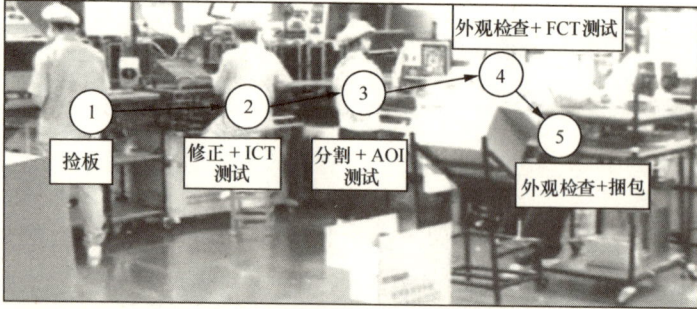

图 4-10　插件后段加工作业台设计方案 1

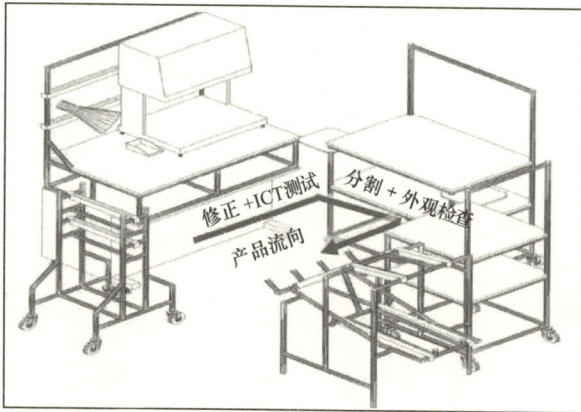

图 4-11　插件后段加工作业台设计方案 2

　　在后段三人组合的作业台设计中，考虑同时兼容产品族 A 与产品族 B，所以需要重点思考如何实现柔性化设计。在本案例中，作业台的柔性化设计主要体现在以下两个细节。

- 第一，将 ICT 测试设备的母机与测试工装架分离，这样在更换 ICT 测试时，母机只需要调出测试程序，对测试工装架进行切换即可。

- 第二，所有的作业台均带有轮子，便于工作台移动，这样可以进行成套切换，便于在线外进行调试。

4.4.4　分拣作业台设计

由于前段插件均采取托盘的方式进入波峰炉，其空托盘的回收需要重新设计。在本案例的方案设计中，在作业台巧妙地增加了空托盘回收孔，使空托盘滑落至空托盘的传送带上。分拣作业台的设计如图 4-12 所示。

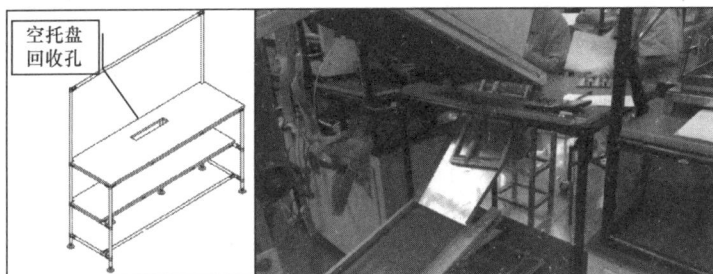

图 4-12　分拣作业台的设计

4.5　设备兼容性改造

4.5.1　插件混流托盘改造

插件混流托盘改造见表 4-17。

表 4-17　插件混流托盘改造

	改善前	改善后
改善过程		
改善措施	设计可调节的多用托盘，将各种不同大小的基板用托盘同时浸锡	
改善效果	解决了单元生产模式下两个或两个以上单元不能同时生产的问题	

4.5.2　选择性喷雾系统导入

选择性喷雾系统导入见表 4-18。

表 4-18　选择性喷雾系统导入

	改善前	改善后
改善过程		
改善措施	（1）设计制作选择性助焊剂喷涂装置，只在需要焊锡的部位涂助焊剂，减少助焊剂的浪费 （2）多机种混线生产的设计：在锡炉入口处装有识别基板宽度的传感器（例如，本表右图改善后所示），对入口处的基板识别并保存识别结果，再传入喷雾系统，从而将对应的基板应用程序调出，以自动切换不同大小的基板并使用不同的喷雾参数	
改善效果	（1）同时生产不同大小基板或生产托盘产品时，助焊剂可节约30% （2）助焊剂回落，使产品质量发生的事故概率降低	

4.5.3　空托盘回收传送带导入

空托盘回收传送带导入见表 4-19。

表 4-19　空托盘回收传送带导入

	示意图	效果图
改善过程		

（续表）

改善措施	（1）导入空托盘回收传送带 （2）在空托盘的末端加入红外感应停止装置
改善效果	（1）无须配置专人回收空托盘 （2）插件员工只需要伸手即可拿取空托盘，无须进行弯腰作业

4.6 多能工培养

4.6.1 多能工培养计划

多能工培养计划示例见表 4-20。

表 4-20 多能工培养计划示例

关键技能	作业分解编号	小娜	老王	老林	小青	小林	……	生产变化
插件		✓		✓	10号			
检测			✓	✓		✓		
分板			20号	✓				月底试运行单元生产
包装				✓	✓	10号		
……								
人事变动作业状况				老林于15号离职				

注：在表格的左上角打勾确定技能的掌握情况，在表格的右下角填入技能训练时间，制作时间为 2019 年 6 月

- 因多能工老林于 15 号离职，他需要在 10 号完成对小林的包装技能培训，同时他需要在 10 号完成对小青的插件技能培训。
- 因月底试运行单元生产，老王需要在 20 号完成分板技能培训。

4.6.2　多能工培养实施

多能工培养实施分成理论培训、岗位实践操作、员工技能跟踪 3 个方面。下面以外观检查岗位为例，多能工培养实施见表 4-21。

表 4-21　多能工培养实施

理论培训			操作培训			
日期	W1	W2	W3	日期	W4	W5	W6
元件知识	√			插件作业	√		
插件		√		外观检查		√	
PCT原理		√		AOI操作			√
ICT原理			√	FCT操作			√

过程记录							
培训结果 ＼ 人员	小娜	老王	老林	小青	小林	老谢	老张
理论培训	√	√	√	×	√	√	×
操作培训	√	√	√	√	√	×	×
最终考核结果	√	√	√	×	√	×	×

4.6.3　多能工技能津贴

多能工技能津贴是为了鼓励更多的人积极参与培训，技能认证通过后方可享受津贴补助，单元生产线上对应岗位的员工均可享受津贴补助。部分员工的技能津贴补助见表4-22。

表 4-22　部分员工的技能津贴补助

序号	项目	津贴补助
1	烙铁+ICT测试+盖印	150元/月
2	外观检查+分割+盖印	150元/月
3	外观检查+FCT测试+捆包	180元/月
4	AOI测试+外观检查	180元/月
5	插入10点（含以上）+波峰浸锡	150元/月

4.6.4　标杆线激励

为了使单元生产线能够顺利地试运行，同时保证员工的利益，单元生产线岗位上的所有人员在试运行的前3个月每月均可享受最高级别——A级的绩效津贴评价，每月初统一由生产管理负责人将实施单元生产线的人员名单提交给财务部审核，批准后这些人就可以享受相应的津贴补助。

4.7　品质保障体系建立

4.7.1　插件自动化工装导入

插件自动化工装导入改善措施与效果见表4-23。

表 4-23 插件自动化工装导入改善措施与效果

	改善前	改善后
改善过程		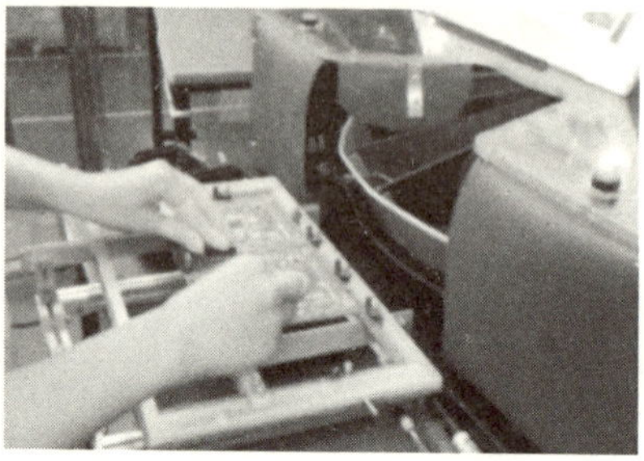
改善措施	（1）将所有物料按插入的顺序放到可以自动旋转的物料盘上 （2）插件每完成一次，转盘自动顺时针旋转一格	
改善效果	（1）实施品质防呆化 （2）操作效率提升10%	

4.7.2 异常警报灯导入

异常警报灯导入见表 4-24。

表 4-24 异常警报灯导入

改善过程	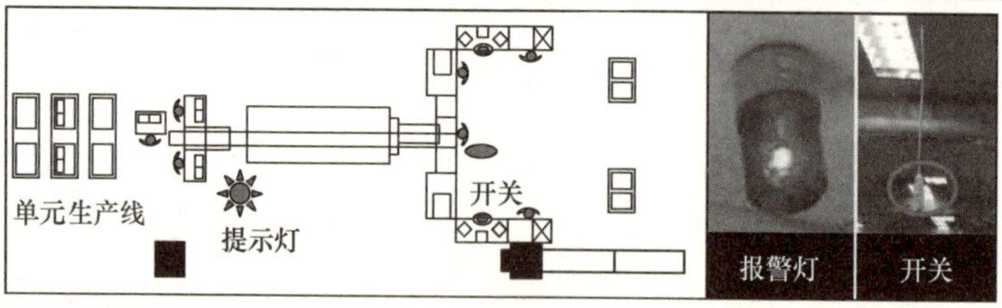
改善措施	用平时收集的旧电子器件制作供联络使用的报警装置，当生产异常时，作业人员按下开关将异常状况报告给现场管理负责人，便于及时处理单元生产线上的异常状况
改善效果	异常处理速度加快

4.7.3 产品间隔距离改善

产品间隔距离改善措施与效果见表 4-25。

表 4-25　产品间隔距离改善措施与效果

改善过程	改善前	改善后
改善过程	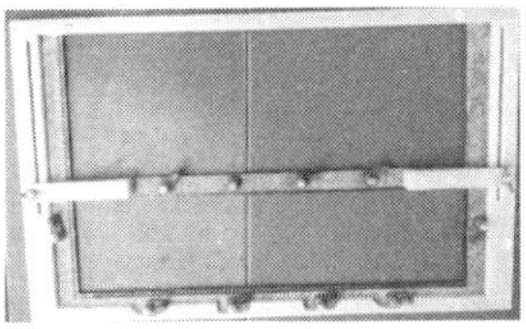	
改善措施	在托盘前加入一个2cm的螺丝，保证托盘间隔距离	
改善效果	保证插件喷雾效果最佳	

4.7.4　托盘品质改善

托盘品质改善措施与效果见表 4-26。

表 4-26　托盘品质改善措施与效果

	改善前	改善后
改善过程		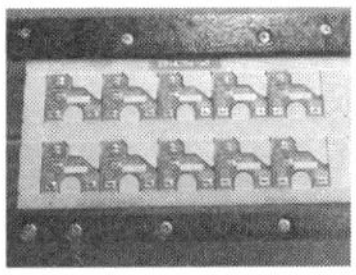
改善措施	（1）利用万能托盘过波峰 （2）增加40%的浸锡时间	
改善效果	端座短路不良，故障率由11%下降到0.5%	
改善过程	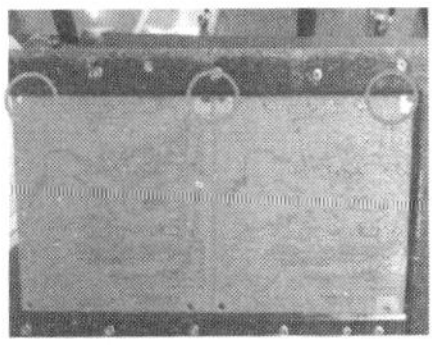	
改善措施	托盘用气动砂轮进行修理，露出螺纹孔	
改善效果	螺纹孔焊锡良好，焊锡不良率从 90% 降至 0	

4.8 单点改善

4.8.1 作业工装导入

在实际生产作业的过程中，存在一些不方便员工作业的地方。同时，因为前期设计考虑不周全，此时作业工装的导入非常有必要。导入所有工装是为了让员工的操作更加方便。本案例利用"短""平""直"三字改善口诀引导出一系列由员工参与设计、协助完成的工装架。此方法不仅获得了员工的认可，而且创造了很好的改善氛围。作业工装导入如图 4-13 所示。

图 4-13　作业工装导入

4.8.2 物流器具导入

物流器具导入可以帮助单元生产实现活性化，物流器具导入效果见表4-27。

表 4-27 物流器具导入效果

名称	插件盒标准化	托盘工装车	PCB来料小车
图片			
效果	物料间距标准化使作业人员在作业时更有节奏	按订单完成情况区分已用与将要使用的托盘	推车的两层与作业人员的作业高度适宜，下面一层用于放置即将使用的物料

4.8.3 零切换模式导入

从前期分析可知，原有配料模式仅仅是按订单的最小包装配送，每次切换时都需要整理物料。零切换模式导入如图4-14所示，这是经过小组多次共同讨论和试验的最佳方案。零切换模式导入改善前和改善后的对比见表4-28。

整个作业工作台切换

图 4-14 零切换模式导入

表 4-28　零切换模式导入改善前和改善后的对比

	改善前	改善后
改善过程	备料员将备好的物料放置在物料车；换线时，将物料车拉到对应的工位加料；在加料过程中，员工需等待	设置备料区域，并预置工作台；备料员在线外直接备料，不需要等待；换线时，备料员直接换工作台即可
	此层是一个机种 换线时，将此车拉至工作台旁，再将物料倒至工作台上的物料盒中	将备好的物料直接挂在作业台的物料架上；换线时，直接换工作台
改善措施	（1）增加一个插件单元工作台，在切换前，备料员将物料直接放置在物料盒中 （2）切换时，对整个单元插件工作台进行交换	
改善效果	物料切换等待时间由5min减至0min	

4.8.4　作业人员提出的优秀方法

在每个组长都接受了"短""平""直"的动作改善理念后，每个组长便成了生产线上的改善教练，每天都给一线作业人员宣传让其工作质量更高、工作更加安全、干活更加轻松的方法。经过 3 个月的改善，80% 的作业人员都能提出两个以上方法。以下是具有代表性的 4 个方法，方法一如图 4-15 所示，方法二如图 4-26 所示，方法三如图 4-16 所示，方法四如图 4-18 所示。

改善前	改善后
备料员将备好的物料放置在物料车内；换线时，备料员需要分层找物料 	在物料车上追加机种名；换线时、备料员可直接找到该机种材料 

图 4-15　方法一

改善前	改善后
对工位间产品的数量没有管控，造成工位间的产品堆积 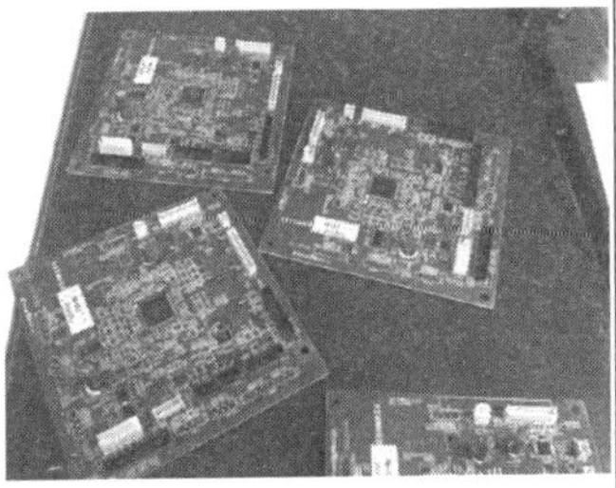	对工位间产品的数量进行管控 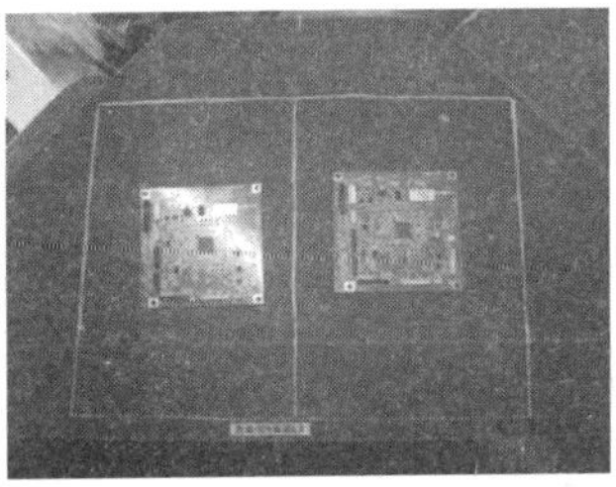

图 4-16　方法二

改善前	改善后
对托盘的各种状态没有规范管理，作业人员需要花时间识别各个托盘的状态 	明确各种状态下托盘的区域位置 

图 4-17　方法三

237

改善前	改善后
投入调试的托盘过多，堆积在作业台下	通过估算1个产品的作业时间，计算托盘在插件中的传送时间，从而将每个机种托盘的使用数量限制在6个以下（使用中1个，周转中3个，作业台下最多放2个）
	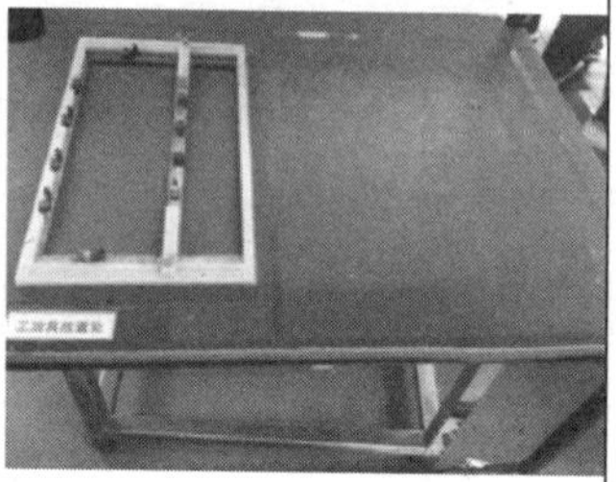

图 4-18　方法四

4.9　营造改善氛围

当所有人都积极主动地投入单元生产项目时，单元生产项目必将取得成功，如何驱动所有人积极主动地投入是一个非常有意义的问题。在提出该问题时，很多组员给出了非常好的建议。在此，我们整理了当时在营造改善氛围的过程中达成共识的三句话，具体如下所述。

- 做好每次培训，使相关人员从不知道到知道，平复因知识缺乏而产生的抵触情绪。

- 改善过程尽可能让全员参与，例如，工装设计、技能学习、物料摆放等，使相关人员从知道到做到，解决投入时间不足的问题。

- 通过早会、宣传看板、分享会等营造氛围，使相关人员更有意愿践行单元生产线中的每项任务，改善动力不足的问题。

接下来，我们将介绍两个改善过程实录：团队改善技能提升培训和宣传管理看板导入。

4.9.1　团队改善技能提升培训

团队改善技能提升培训安排见表4-29。

表4-29　团队改善技能提升培训安排

No.	课题培训主题	课时（h）	参与对象	验证及输出
1	项目管理	1.5	项目成员	例会汇报
2	单元生产	2	项目成员+员工	PQ/PR分析，节拍计算
3	改善双手作业	1	项目成员+组长	设计单元生产作业台
4	改善效率的方法	1	项目成员+组长	现场单点改善
5	改善动作的方法	2	项目成员+组长	现场定点寻宝活动
6	全面生产维护（Total Productive Maintenance，TPM）管理	2	项目成员+设备技术	点检及清扫标准清单
7	多能工培训及激励	2	项目成员+组长	多能工培养及考核机制
8	SMED	2	项目成员+组长	备料线外作业
9	现场三定化	1.5	项目成员+组长	制订容器标准及工装
10	安灯系统	1	项目成员	快速处理异常机制

4.9.2　宣传管理看板导入

看板张贴内容包括介绍单元生产的好处、项目开展的团队、项目开展实施计划、优秀个人等。宣传管理看板导入如图4-19所示。

PCBA单元生产推进项目管理看板

单元生产知识		项目推进整体过程		
传统流水线生产	单元生产优势	推进方案	实施计划	培训计划
单元生产要点	过程品质管理	推进亮点	优秀个人	多能工计划

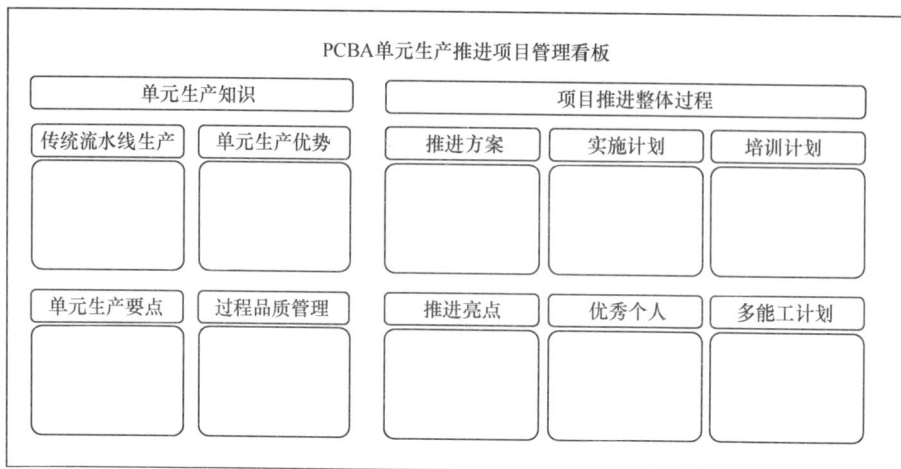

图 4-19　宣传管理看板导入

4.10　单元生产线后续改善机会

4.10.1　团队改善技能提升培训

- 取消或规范每个工位间的在制品数量，严格实施 A-B Control（下一个工位 B 有物品，上一个工位 A 就不生产）拉动模式。

- 设计最优的产品单元组合，从设计端降低混线的难度。

- 减少单元生产线作业人员的非标准操作，例如，取物料、设备修理、拆包装等，尽可能地利用水蜘蛛进行非标准作业，从而减少现场作业人员走动。

4.10.2　现场管理

- 推进现场透明化，实施 4 个"看得见"：目标看得见，结果看得见，问题看得见，对策看得见。

- 现场可考虑导入显示生产进度的电子看板。

- 搭建损失工时与效率体系。

- 设计最优的产品单元组合，在设计端尽量降低混线的难度。

4.10.3　物流配送

- 优化从仓库到现场的配料模式，从原材料、零部件到工装一次性地进行整套配送。

- 成立以减少物料清点时间为目标的课题组。

4.10.4　品质管理

- 提升产品品质的一次性直通率，对出现的问题进行深度剖析。

- 尽量避免生产不良品。

- 增加关于作业人员检测能力的培训。

- 设置设备运行防呆点。